高等学校"十一五"精品规划教材

统计方法与应用

主 编 孔 杏

副主编 郑宁国

中国水利水电出版社

www.waterpub.com.cn

内 容 提 要

本教材主要介绍了统计学的基本概念、原理及计算方法。本书内容共九章：第一章统计总论；第二章统计调查；第三章统计整理；第四章综合指标；第五章抽样推断；第六章相关与回归分析；第七章指数分析；第八章动态数列；第九章统计实训。其中前八章介绍了统计学的基本概念、原理及分析方法，第九章为实践内容，详细介绍了如何用 Excel 计算统计指标并进行分析。

本教材适用于电大成人专科经济管理类专业学生的学历教育，同时也可作为高职高专院校经济管理类各专业的教材，还可作为广大社会自学者学习统计知识的参考资料。

图书在版编目（ＣＩＰ）数据

统计方法与应用 / 孔杏主编. -- 北京 ：中国水利
水电出版社，2010.8（2018.7重印）
高等学校"十一五"精品规划教材
ISBN 978-7-5084-7767-1

Ⅰ．①统… Ⅱ．①孔… Ⅲ．①统计－方法－高等学校
－教材 Ⅳ．①C81

中国版本图书馆CIP数据核字(2010)第159397号

书　　名	高等学校"十一五"精品规划教材 **统计方法与应用**
作　　者	主编 孔杏　　副主编 郑宁国
出版发行	中国水利水电出版社 （北京市海淀区玉渊潭南路1号D座　100038） 网址：www.waterpub.com.cn E-mail：sales@waterpub.com.cn 电话：(010) 68367658（营销中心）
经　　售	北京科水图书销售中心（零售） 电话：(010) 88383994、63202643、68545874 全国各地新华书店和相关出版物销售网点
排　　版	中国水利水电出版社微机排版中心
印　　刷	北京市密东印刷有限公司
规　　格	184mm×260mm　16开本　13印张　308千字
版　　次	2010年8月第1版　2018年7月第6次印刷
印　　数	15501—17500册
定　　价	**29.00元**

凡购买我社图书，如有缺页、倒页、脱页的，本社营销中心负责调换

前　言

　　本教材是根据成人专科的教学要求和学生特点，在编者多年从事广播电视大学成人专科统计教学的实践和经验的基础上编写的。

　　本教材主要以广播电视大学成人专科教育的人才培养目标为指导，以社会经济领域的实际运用为归宿，突出教材的针对性、应用性和实践性。在编写过程中，遵循了"理论以必需、够用为度，重视实践，重视应用能力培养"的原则，在编写过程中，突出了以下特色：

　　（1）教材内容简明适用，突出应用性，坚持理论联系实际。为使学生更好地掌握统计的方法和技能，在每一章安排了具体的案例和练习题。这些案例来自于生活，紧密联系实际，使学生将所学知识与自己的生活经验紧密联系起来，从而激发学生的学习兴趣及探索知识的愿望。练习题部分包括判断题、单选题、多选题、计算题、实训题五种题型，内容涵盖了各章的主要知识点，既可考查学生对所学知识的掌握程度，也便于学生复习和总结。

　　（2）将统计方法与现代信息技术相结合。本教材第九章专门介绍 Excel 在统计中的应用，通过本章的学习，可提高学生运用统计方法分析和解决问题的能力，也可减轻学生的计算负担。

　　（3）丰富的案例资源。案例均取材于现实的社会经济现象，使学生能了解统计在生活中的应用。

　　本教材作为广播电视大学成人专科的特色教材，定位明确，理论适中，贴近实际，操作性强，既适用于成人专科经济管理类专业的学历教育，同时也可作为高职高专院校经济管理类各专业的教材，还可作为广大社会自学者学习统计知识的参考资料。

　　本教材由孔杏主编，负责全书整体框架的设计及全书的修改总纂和定稿；郑宁国担任副主编。编写的具体分工为：第二章、第五章、第七章和第九章由浙江广播电视大学孔杏编写，第一章、第三章和第六章由湖州广播电视大学郑宁国编写，第四章由台州广播电视大学陈松炜编写，第八章由金华广播电视大学王雪香编写。

在本教材的编写过程中，我们借鉴和参考了大量相关教材和著作，吸收了一些同类教材的成果，在此一并表示感谢！由于编者水平所限，教材中疏漏或不当之处在所难免，恳请同行和读者提出宝贵意见，以便不断改进与完善。

编者

2010 年 5 月

目　录

第一章 统 计 总 论

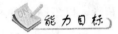学习目标

1. 了解统计活动与社会发展的关系。
2. 理解统计的含义、统计活动的特点和统计学的性质。
3. 了解统计的研究对象、研究方法和工作过程。
4. 掌握统计学中常用的基本概念。
5. 掌握统计指标设计的一般问题,并能根据统计研究的目的,进行简单的统计指标体系的框架设计。

能力目标

1. 统计基本概念的应用。
2. 简单指标体系的设计。

第一节 统计的基本问题

一、统计实践的产生和发展

统计实践活动自人类社会初期,即还没有文字的原始社会就有了。《周易正义》写到,原始社会"事大,大结其绳;事小,小结其绳;结之多少,随物众寡"。这就是人们对社会现象进行的简单的记录和计量活动,由此产生了最早的统计萌芽。奴隶制国家出现以后,统治者为了维护自己的统治地位,实现国家对内对外职能,需要征兵、徭役和赋税,开始对全国的人口、土地以及某些财富进行统计调查,并对调查资料进行分类管理、汇编成册,从而推动了统计的进步。

随着社会生产力的继续发展,自然经济向商品经济转化,国内市场日益扩大,并向国际市场拓展,经济竞争日趋激烈,统计活动也日趋复杂化。那种简单的人口、土地等资源性统计已不能满足经济发展和国家管理的需要,分散的统计活动逐步从行政记录、会计活动中分离出来,发展成为一个独立的部门,这使统计活动显现出勃勃生机。随之,统计内容趋于系统化,统计方法趋于科学化,统计在社会生活中的地位和作用不断提高,以至于在 19 世纪上半叶出现了统计狂热时代。

到了现今社会,统计成了经济管理工作者和经济研究人员所必备的一门知识。用统计的方法去搜集、整理、分析国民经济和社会发展的实际数据,并通过统计所特有的统计指

标和指标体系，表明所研究的社会经济现象的规模、水平、速度、比例和效益，以反映社会经济现象发展规律在一定时间、地点、条件下的作用，描述社会经济现象数量之间的联系和变动规律，显示出统计在国民经济和社会发展中的重要作用。

【例1-1】 据统计，2008年我国国内生产总值300670亿元，比上年增长9.0%。分产业看，第一产业增加值34000亿元，增长5.5%；第二产业增加值146183亿元，增长9.3%；第三产业增加值120487亿元，增长9.5%。第一产业增加值占国内生产总值的比重为11.3%，比上年上升0.2个百分点；第二产业增加值比重为48.6%，上升0.1个百分点；第三产业增加值比重为40.1%，下降0.3个百分点。年末全国就业人员77480万人，比上年末增加490万人。其中城镇就业人员30210万人，净增加860万人，新增加1113万人。年末城镇登记失业率为4.2%，比上年末上升0.2个百分点。这些都是统计信息的基本表现形式。统计是社会生产力发展的必然产物，是为适应人类社会生活的需要而产生的，并随着社会生产力的发展而发展。

二、统计理论的产生和发展

17世纪中叶，英国的威廉·配第《政治算术》一书的问世，标志着古典政治经济学的诞生，也标志着统计学的诞生。统计学从诞生开始，许多人从不同的角度，以不同的态度去认识研究有关统计理论，逐渐形成不同的统计学派，它们同时共存，互相影响，互相争论。在各学派的争论中又产生新的学派。在统计学的发展史上，主要的学派有政治算术学派、记述学派和数理统计学派。从统计学300多年来的产生和发展过程来看，大致可以划分为三个时期：统计学的萌芽期、统计学的近代期和统计学的现代期。萌芽期的统计理论有17世纪的国势学派、政治算术学派；近代期的统计理论有18世纪末至19世纪末的数理统计学派、社会统计学派；统计学的现代期是自20世纪初到现在的数理统计时期。理论界认为，在1920年之前，统计研究属于"资料整理"时期，即描述统计学时期；从20世纪30年代统计学现代期的主要代表人物R.费希尔开始，进入了"分析统计"时期，即推断统计学时期。

我们也可以从统计方法的改进和发展来看其历史。从初始的结绳计数、实物清点、登记造册，逐步发展到表列图示和现象间的水平计算、比较分析，并对事物进行大量观察。在此基础上，又逐步形成了平均数法、相对数法、统计表示法、统计图示法等一些统计方法。进而利用行政记录和会计核算资料，建立了国民经济账户体系。科学技术的进步，也为改进统计方法提供了条件。比如，概率论和其他数学方法的引入，使统计方法有了崭新的面貌；系统论、信息论、控制论的出现，对统计方法的改进和科学化也产生了重大的影响。这样，逐渐形成了由统计设计、设计调查、统计整理、统计分析等多种方法有机结合的统计方法体系。电子计算机的诞生和运用，又为统计处理手段的自动化提供了方便，改变了长期以来单靠手工操作的窘境，大大提高了工作效率，拓宽了统计服务领域。目前统计方法已成为科学研究和各种管理的重要工具，它是一门年轻而引人入胜的科学，并且还在不断地发展。

三、统计的含义

"统计"一词在不同的场合有不同的含义，即统计工作、统计资料和统计学。

（一）统计工作

统计工作是对社会经济现象的数量方面进行搜集、整理和分析的工作过程，即统计实践，也称为统计活动。常见的有工业统计、农业统计、企业的经营活动统计等。

（二）统计资料

统计资料是统计工作的成果，是统计工作过程中所取得的各项数字以及与之相联系的情况说明等资料的总称。比如，国家统计局发布的各种统计资料汇编、统计年鉴，企事业单位日常经营中的各种统计数字、统计表、统计图等，都是统计资料。

（三）统计学

统计学，即统计理论，是系统阐述统计工作原理和方法的科学。它是在统计工作的经验积累到一定程度时产生的，用于搜集、整理、描述、分析统计数据的方法和技术。

统计工作、统计资料和统计学三者具有密切关系，体现在以下两个方面：①统计工作和统计资料是过程和成果的关系，统计工作的好坏直接影响着统计资料的数量和质量；②统计学和统计工作是理论与实践的关系，统计学是统计工作的经验总结和理论概括，同时又对统计工作实践具有很大的指导作用。

四、统计学的性质

（一）统计学是一门方法论的科学

在统计学界，对统计学的性质有实质性科学和方法论科学之争。我们认为统计学密切联系事物的质，对事物进行定量描述、推断、预测，是一门实用性很强的方法论科学。就统计工作来说，它总是研究实际问题的，统计的方法也是从现实问题中产生的。然而统计学的发展有一个过程，早期的国势学派和政治算术学派虽然也利用一些统计方法来记述和分析现实问题，但这时还没有形成独立的统计学。随着统计方法的应用日益广泛，其内容也不断发展和充实，尤其是概率论的发展为统计方法提供了理论基础，使统计的方法相对独立地形成了自己的科学体系，即统计学。其内容包括如何去搜集资料，如何对搜集的资料加以整理、概括和表示，以及如何对取得的数据进行分析和推断等一系列方法。这些方法和原理构成了统计学的基本内容。从统计学的发展趋势来看，它的作用与功能已从描述事物现状、反映事物规律，向抽样推断、预测未来变化方向发展。它已从一门实质性的社会性学科，发展成为方法论的综合性学科。

（二）统计学研究的是总体现象的数量特征与规律性

统计学所研究的是总体的数量特征及其分布的规律性。总体是由许多个体组成的，各个个体在数量特征上受必然和偶然两种因素的支配，必然因素反映了该总体的特征，但由于受偶然因素的影响，这些个体又是有差异的，研究如何通过这些个体的差异来描述或推断总体的特征就要借助统计学。

第二节　统计学的研究对象和研究方法

一、统计学的研究对象

社会经济统计的研究对象是社会经济现象总体的数量方面，即以统计资料为依据具体说明社会经济现象总体的数量特征、数量关系及数量界限。早期统计所研究的问题有人口调查、出生与死亡的登记等，后来又扩大到社会经济和生物实验等方面。目前不论社会的、自然的、或实验的，凡是有大量数据出现的地方，都要用到统计学；凡能以数量来表现的均可作为统计学的研究对象。统计方法已渗透到其他科学领域，成为当前最活跃的学科之一。

【例 1 - 2】 2008 年，全球旅游业遇到史无前例的挑战：次贷危机引发的金融海啸和经济危机。许多公司破产或大规模裁员、燃油价格大幅波动、恐怖袭击等，这些不利因素均给各国旅游业发展带来沉重压力，世界旅游业的发展速度不断减缓。而我国国内旅游也由于受灾害事件影响，其快速增长的势头受到不小打击。年初的雪灾、西藏"3·14"事件。四川地震，都给我国旅游业带来了一定程度的损失。但是，北京奥运的成功举办，又为艰难前行中的旅游业注入了勃勃生机。2008 年我国全年入境旅游人数 13003 万人次，比上年下降 1.4%。其中，外国人 2433 万人次，下降 6.8%；香港、澳门和台湾同胞 10570 万人次，下降 0.1%。在入境旅游者中，过夜旅游者 5305 万人次，下降 3.1%。国际旅游外汇收入 408 亿美元，下降 2.6%。2008 年国内居民出境人数达 4584 万人次，增长 11.9%，其中因私出境 4013 万人次，增长 14.9%，占出境人数的 87.5%。国内出游人数达 17.1 亿人次，增长 6.3%；国内旅游收入 8749 亿元，增长 12.6%。这些统计资料具体描述了我国旅游业在 2008 年的发展情况。利用这种统计资料就能说明我国国内旅游的发展状况，生动形象，具有较强的说服力。

二、统计的工作过程

一个完整的统计工作过程应该包括统计设计、统计调查、统计整理和统计分析四个阶段。一项统计工作经过这四个阶段才能完成由定性认识到定量认识再到定性认识与定量认识相结合的过程，使人类对经济社会现象的认识得到升华。

统计设计是对统计活动各个方面和各个环节所作的通盘考虑和合理安排。如确定调查对象、设计指标体系、编制分类目录、制订调查、整理和分析方案等。优良的统计设计是科学、有效地组织统计活动的前提。

统计调查就是根据一定的目的，通过科学的调查方法，搜集社会经济现象的实际资料的活动。从统计工作的全过程来看，统计调查是搜集资料获得感性认识的阶段，它既是认识客观经济现象的起点，也是统计整理和统计分析的基础环节。

统计整理是对调查来的大量统计资料加工整理、汇总、列表的过程。通过统计调查取得的原始资料只能反映总体各单位的具体情况，是分散的、零碎的、表面的，而且精粗并存，真伪混杂，不能说明事物的全貌。要说明总体情况，揭示总体的特征，还需要对这些资料进行去粗取精、去伪存真、由此及彼、由表及里的加工整理，以便对总体作出概括性的说明。统计整理处于统计工作过程的中间环节，起着承前启后的作用。

统计分析是将加工整理好的统计资料加以分析研究，采用各种分析方法，计算各种分析指标，来揭示社会经济过程的本质及其发展变化的规律性。通过统计分析阶段，对事物由感性认识上升到理性认识。

统计工作过程的四个阶段并不是孤立、截然分开的，它们是紧密联系的一个整体，其中各个环节常常是交叉进行的。比如，小规模的调查，常把调查和整理结合起来；在统计调查过程中就有对事物的初步分析；在整理和分析过程中仍须进一步调查。

一般来说，统计设计以定性研究为基础，构筑定量研究的框架；统计调查在定性研究的前提下，侧重对个体事物量的认识；统计整理是通过个体事物量的综合，得到事物总体数量的规律性的认识；统计分析是以事实描述为基础，从定性和定量结合的角度，对现象总体进行本质或规律性的认识。

三、统计学的研究方法

统计学的研究对象和性质决定着统计学的研究方法。统计学的研究方法主要有大量观察法、统计分组法、综合指标法、统计模型法和统计推断法。

（一）大量观察法

大量观察法是指对所研究的事物的全部或足够数量进行观察的方法。统计研究的对象是客观现象总体的数量方面，只有通过对大量现象的观察，才能发现总体的数量规律。事实上，个别事物的表现往往具有随机性，当我们抽取足够数量的个体组成样本进行观察时，通过综合平均，个别事物的偶然因素和随机因素就会在平均中相互抵消，呈现出事物内在的性质。"大量"是一个相对概念，当有足够的总体单位，即构成统计总体的个别事物，能够说明现象总体时，就可以称为"大量"。有些现象总体十分庞大，但在统计工作中往往只抽出一定数量的个体组成样本进行观察，只要这个样本能够代表总体，就可以称为大量观察。从这个意义上讲，大量观察法也可以称为整体观察法。

（二）统计分组法

统计分组法就是根据事物的特点和统计研究的目的，按照一定的标志，将所研究现象划分为不同类型的组的一种统计方法。对于分析总体结构、分析现象间的依存关系、确定统计指标体系而言，没有统计分组是不可能做到的，这说明统计分组法在整个统计工作过程中是不可缺少的。统计工作在定性研究时需要运用统计分组法，在定量研究时也需要运用，它有利于我们从不同角度分析和研究问题。比如，我们在研究某专业学生总体时，除了观察这个总体的全貌外，还需要运用统计分组法，按成绩、年级等标志分成不同的部分，研究他们的学习情况，提出教学改革的新措施。

（三）综合指标法

综合指标法是利用各种综合指标对社会经济现象的数量方面进行综合、概括的分析方法，它是统计分析的基本方法之一。在统计分析中，广泛运用总量指标分析法、相对指标分析法、平均指标分析法、变异指标分析法、动态分析法、指数分析法、相关分析法等，可以综合地反映社会经济现象的规模、水平、比例关系、发展速度等，使我们对所观察的事物有一个更为深入的认识。

（四）统计模型法

用一套相互联系的统计分组和统计指标，对客观存在的总体及其运动过程作出比较完整的、近似的反映或描述的方法就是统计模型法。我们在统计工作中经常需要对相关现象之间的数量变动关系进行定量研究，以了解某一（些）现象数量变动与另一（些）现象数量变动之间的关系及变动的影响程度。在研究这种数量变动关系时，需要根据具体的研究对象和一定的假定条件，用合适的数学方程来进行模拟，从而产生了统计模型。统计模型法，可以说是大量观察法、统计分组法和综合指标法的进一步综合化、系统化，能够较为严谨地表现出总体的结构和功能，它是系统理论与统计工作相结合的产物。统计模型法通常有两种表达方式：一是依据统计指标之间存在的明确的数量关系，建立数学方程式或方程组，一般称为统计数学模型；二是依据统计指标之间的逻辑关系，构筑框架式的物理模型，一般称为统计逻辑模型。如回归分析属于统计数学模型的表达方式，国民经济指标体系属于统计逻辑模型的表达方式。

（五）统计推断法

在一定置信程度下，根据样本资料的特征，对总体的特征作出估计和预测的方法称为统计推断法。统计推断法是现代统计学的基本方法，在统计研究中得到了极为广泛的应用，它既可以用于对总体参数的估计，也可以用作对总体的某些分布特征的假设检验。从这种意义上来说，统计学是在不确定条件下作出决策或推断的一种方法。就时间状态而言，统计推断法有两种情况：一是依据同一时间的样本指标去推断总体指标，可称为静态统计推断；二是依据前一段时间的指标去推断后一阶段的指标，或依据当前的指标去推断未来的指标，可称为动态统计推断。像我国广为推广的家计调查属于静态统计推断的运用，市场商品需求预测或前景展望则是动态统计推断的运用。

第三节 统计学的基本概念

一、统计总体和总体单位

（一）总体

总体是由客观存在的、具有某种共同性质的许多个别事物组成的集合体。人们往往把形成总体的客观条件归纳为具有同时存在、相互依赖的同质性、大量性和差异性三个主要特征。

同质性是指总体内的各个单位至少具有某一相同的性质。从操作的角度讲，同质性还包括总体单位所处的空间范围和时间状态。同质性是构成统计总体的必要条件。

大量性是指总体不能由个别总体单位构成，而必须由许多单位组成。当若干单位组成的集合能够反映总体的特征和发展变化的规律时，这若干单位就符合大量性的要求。否则，还应增加符合总体要求的总体单位的数量。这是由统计活动的认识目的所决定的。只有大量的总体单位，才能消除个别现象的偶然因素，呈现出总体的一般特征和规律。

差异性是指总体内的各个个别事物除了某个或某几个性质相同以外，在其他方面存在的不同特征。统计研究同类现象总体的数量特征，它的前提是总体各单位的特征表现存在着差异，而且这些差异并不是由某种固定的原因事先给定的。例如一个地区的居民人口有多有少，居民的文化程度有高有低，住户的生活消费水平有升有降等等，正是各单位之间这种差异的存在，才需要研究地区的人口总数、居民文化结构、住户平均生活消费水平等统计指标。如果总体内的各个个别事物之间不存在差异，那么，统计研究就变成了毫无意义的活动。因此，同质性是构成总体的基础，差异性才使统计研究成为必要。

（二）总体单位

构成总体的个别事物，就是总体单位，简称单位。

【例 1 - 3】 我们要研究全国的企业发展状况，所有的企业就是总体，而每个企业就是总体单位。这些个别企业的共同性只有一个，即都是企业。当我们要研究全国股份制企业发展状况时，总体就是所有的股份制企业，而每个股份制企业是总体单位。这些个别企业的共同性有两个，即不但是企业，而且是股份制的企业。当我们要研究全国大型股份制企业发展状况时，总体就是所有的大型股份制企业，而每个大型股份制企业是总体单位。这些个别企业的共同性有三个：不但是企业、大型企业，而且是股份制企业。

总体和总体单位是相对而言的，在一次特定范围、目的的统计研究中，统计总体与总体单位是不容混淆的，二者的含义是确切的，是包含与被包含的关系。但是随着统计研究目的及范围的变化，统计总体和总体单位可以相互转化。同一事物在不同情况下，可以作为总体，也可以作为总体单位。比如，我们研究浙江省国有企业的经营情况，则总体为浙江省所有的国有企业，总体单位为浙江省每一个国有企业。如果我们只研究某一个国有企业的职工工资收入，则总体为这个企业的所有职工，相应的总体单位为这个企业的每一位职工。

二、标志和标志表现

（一）标志

标志是说明总体单位特征的名称。每个总体单位都有反映自己的一些特征。如果把学生作为总体单位，表示每个学生特征的名称包括性别、年龄、身高、体重、学习成绩等，性别、年龄、身高、体重、学习成绩就是标志。学校作为总体单位，表示每个学校特征的名称包括学生人数、学校类型、固定资产总额等，学生人数、学校类型、固定资产总额就是标志。

1. 品质标志和数量标志

按其表现的不同，我们可以把标志分为两类：品质标志和数量标志。

品质标志是表明总体单位的质的特征的名称。比如，工人的性别、民族、文化程度、工种等这一类标志，不能用数量而只能以性质属性上的差别即文字来表示，称为品质标志，表示事物的质的特征。

数量标志是表明总体单位的量的特征的名称。比如，工人的年龄、工龄、工资，工业企业的工人数、产量、产值、固定资产等，只能以数量的多少来表示，称为数量标志，表示事物的量的特性。其作用除了作为统计分组的依据、计算单位数以外，还用于许多其他方面的计算。在进行统计调查时，要求记录总体单位的数量标志名称的具体数值。

【例 1 - 4】 在学生作为总体单位时，学生的性别、学校的类型都属于反映总体单位属性特征的名称，是品质标志。学生的年龄、身高、体重、学习成绩、学校的学生人数、固定资产总额都属于反映总体单位的数量特征的名称，是数量标志。

2. 不变标志和可变标志

无论是品质标志还是数量标志，同一总体中在各个总体单位上都表现一样的标志就称为不变标志，它是形成总体的客观依据之一。比如，国有工业企业的经济类型是属于国家所有，这个标志对国有工业企业这一总体来说，就是不变标志。任何总体的各个总体单位至少要有一个共同的不变标志，才能使它们结合在一起，这个不变标志就是构成总体同质性的基础。

品质标志或数量标志在各个单位上的表现不完全相同的标志，称为可变标志。比如，在同专业的学生总体中，专业是不变标志；而成绩、民族、籍贯等则为可变标志。又如，在 35 岁教师总体中，年龄、职业是不变标志；而性别、专业、职称、工资等则为可变标志。不变标志是个别事物（单位）得以结合起来形成总体的条件，可变标志则是进行统计分组，研究总体的数量特征、数量关系及数量界限的基础。

可变标志在各个总体单位上的具体属性或数值是不尽相同的，这种差别统计上称为变异。客观事物普遍存在着变异性，变异是统计的前提条件。

3. 离散变量和连续变量

变动的数量标志简称为变量。变量的具体表现就是变量值（或标志值）。比如，国有商业企业的商品销售额、职工人数、人均工资等就是变量，某一国有商业企业某年某月的商品销售额 "5000 万元"、期末职工人数 "288 人"、人均月工资 "4500 元" 等，就是变量值。

变量按其数值表现是否连续，分为离散变量和连续变量两种。任意两个变量值之间取值有限的称为离散变量，如国有企业的职工人数、设备台数等。任意两个变量值之间取值无限的称为连续变量，如商品的重量、设备耗电量等。

（二）标志表现

标志表现是指标志在各总体单位中的具体表现。标志表现分为品质标志表现和数量标志表现。比如，性别是品质标志，其特征只能用文字来表现，表现为男或女，男或女是品质标志表现。学生的专业是品质标志，其特征具体表现为会计、法学或机电等，会计、法学或机电专业都是品质标志表现。学习成绩是数量标志，具体表现为 40 分、69 分、93 分等，40 分、69 分、93 分都是数量标志表现。数量标志表现是可以用数值来表现的，故又称为标志值。又如，企业的商品销售额 "3000 万元"、"5000 万元"、"8000 万元" 就是 "商品销售额" 的标志表现，即数量标志表现或标志值。

三、统计指标

（一）指标

统计认识社会经济现象是对现象总体进行观察。统计工作要根据研究目的要求，确定一系列统计指标，再通过调查登记总体单位各种有关的变动标志，进行整理、汇总，取得这些统计指标的数值，并进行分析，以说明大量社会经济现象的数量特征及其发展变化的规律性。因此，统计指标的基本作用在于从数量方面反映现象总体的事实，它在社会经济统计中占有中心地位。

所谓指标，就是说明总体数量特征的概念及其综合数值，故又称为综合指标。比如，人口数目、土地面积、工农业产品产量、工农业总产值、成本、利润、国民收入等，这些概念用于反映一定统计总体的数量方面时，就是统计指标。任何统计指标总是要通过一定的数值来加以说明的，这种数值称为统计指标数值。

【例1-5】 2009年，国家统计局对31个省、自治区、直辖市6.8万个农村住户的抽样调查结果显示，2008年农村居民人均纯收入4761元，比上年增加621元，增长15%，扣除价格因素影响，实际增长8%；农村居民的工资性收入人均1854元，比上年增加258元，增长16.1%，增幅与上年持平；工资性收入的增加额占全年农村居民纯收入总增量的41.5%，增幅比上年提高1.6个百分点。这些指标反映总体数量特征，表明全国农村居民收入保持较快增长，人民生活得到进一步改善。

一项完整的统计指标，应该由时间、空间、指标名称、指标数值和计量单位等构成。比如，2008年全年粮食产量52850万吨，这一指标就具体作了时间、空间、指标名称、指标数值和计量单位的规定。但有时也将指标名称作为统计理论研究中的指标概念。

统计指标按其所反映的数量特点和内容的不同，可以分为数量指标和质量指标两类。数量指标是反映总体范围、总体规模、总体水平的指标，也称为外延指标，如全国国有商业企业的企业总数、投资总额、固定资产总值、销售总额等。同一数量指标的数值，一般会随着总体范围的扩大而增加。数量指标是统计的基础数据，是认识总体数量的出发点。质量指标是反映总体内部数量关系或发展变化的指标，也称为内涵指标，如某商业企业的劳动效率、费用水平、商品销售额的增长速度等。其数值不一定随着总体范围大小的变化而变化。认识社会现象总体，不仅要了解总体的规模，而且要进一步研究总体中各单位的一般水平，总体内部的结构、发展变化，以及现象之间的对比关系等。这些说明总体现象质的属性的指标，一般表现为相对数或平均数。

指标与标志具有密切的关系，可以说没有标志就没有指标。随着研究目的的改变，若原来的统计总体变为总体单位，则与之相对应的统计指标也就成了标志，反之亦然。两者的区别主要表现在：

（1）反映的对象和范围大小不同。统计指标说明的是总体的数量特征，而标志则是反映总体单位的数量特征。

（2）表述形式不同。统计指标都可以用数值表示，而标志既有能用数值表示的数量标志，又有不能用数值只能用文字表述的品质标志。

两者的联系主要表现为：

（1）具有对应关系。在统计研究中，标志与统计指标名称往往是同一概念，具有相互对应关系。因此，标志就成为统计指标的核算基础。

（2）具有汇总关系。许多统计指标的数值是由总体单位的数量标志值汇总而来的，如某地区工业总产值就是各企业总产值加总之和。这里，地区工业总产值就是统计指标，而各企业总产值则是标志。同时，通过对品质标志的标志表现所对应的总体单位数进行加总，也能形成统计指标。例如上述的工业企业经济类型，汇总后可得出具有某种属性的总体单位数，如国有经济企业数、集体经济企业数等。

（3）具有变换关系。由于统计研究的目的不同，统计总体和总体单位具有相对性。统计总体和总体单位规定的非确定性，导致相伴而生的统计指标和标志也不是严格确定的。随着研究目的的变化，原有的总体转变为总体单位，相应的统计指标也就成为标志；反之亦然。这说明指标与标志之间存在着一定的联系和变换关系。

（二）指标体系

1．指标体系的概念

由若干个相互联系、相互制约的统计指标组成的一个统计指标系统叫做统计指标体系。统计指标体系中的各个统计指标不是孤立的，在一定的范围或条件下是相互联系的，单个指标反映总体现象的一个侧面，了解和研究总体现象要使用一套相互联系的统计指标。比如，一个工业企业把产品产量、净产值、劳动生产率、质量、消耗、成本、销售收入等统计指标联系起来就组成了指标体系，这便于我们全面、准确地评价该企业的生产经营情况。由于社会经济现象内在联系的不同特点，统计指标体系的形成一般有两种类型：一是数学式联系的指标体系，如"商品销售额＝商品销售量×商品销售价格"，"期初库存量＋本期购进量＝本期销售量＋期末库存量"等；二是框架式联系的指标体系，如国家统计局与原国家计委于 1995 年联合制定的"全国人民小康生活水平"的指标体系就包括经济水平、物质生活、人口素质、精神生活和生活环境五大方面，其指标包括人均国内生产总值、人均收入水平、人均居住水平、人均蛋白质摄入量、城乡交通状况、恩格尔系数、成人识字率、人均预期寿命、婴儿死亡率、教育娱乐支出比重、电视机普及率、森林覆盖率和农村初级卫生保健基本合格以上县的百分比等 13 个方面、共 16 项分指标。

2．指标体系的分类

由于社会经济现象相互联系的多样性和人们认识问题的多视角，反映现象总体的统计指标体系也可以从不同的角度进行分类。

指标体系按其反映内容不同，可分为社会统计指标体系、经济统计指标体系和科学统计指标体系。它们分别从人口社会、国民经济运行和科学技术发展三个方面，反映一定时期、一定范围内国民经济和社会科技发展的总体状况。

指标体系按其考核范围不同，可分为宏观指标体系、中观指标体系和微观指标体系。宏观指标体系反映整个社会、经济和科技情况，如反映整个国民经济和社会发展的统计指标体系。中观指标体系反映各个地区和各个部门、行业的社会、经济和科技情况，如反映各地区或各部门的统计指标体系。微观指标体系反映各企事业单位的生产经营或工作运行情况，如反映企业或事业单位的统计指标体系。

指标体系按其作用功能不同，可分为描述性指标体系、评价性指标体系和决策性指标体系。描述性指标体系主要是反映社会经济现象的现状、运行过程和结果。评价性指标体系主要是比较、判断社会经济现象的运行过程及结果是否正常。决策性指标体系是为了保证社会、经济、科技等方面有序、协调地发展。

3．指标体系的设计原则

统计指标体系的设计要遵循以下原则：

（1）科学性原则。统计指标体系的设计要符合总体本身的性质和特点，即统计指标体系要能够科学地反映出总体的真实情况。因此进行统计设计要根据各种经济理论对总体进行深刻的定性分析，以便使设计的指标数量、核心指标、指标口径、计算时间、计算方法和计量单位等都要符合科学原则的要求。

（2）目的性原则。统计指标体系的设计要依据统计研究的目的。只有明确了解目的，才有可能确定所要研究总体应设计哪些指标进行观察和考核。不同的目的，就有不同的需要，就应设计不同的指标。

（3）度量性原则。统计指标是用数据反映社会经济现象特征的，是可以测定和计量的，没有不能用数量表现的统计指标。统计指标的量化特点既区别于纯数学计算又为运用数学方法研究社会经济现象提供了条件。设计统计指标要求现象总体的数量特征在量化层次、计量单位、量化方法和形式等方面具有可操作性。例如，研究人们的"精神生活"是一个非常抽象的内容，在国家统计局和原国家计委联合研制的"小康生活水平指标体系"中，将"精神生活"设计了两个指标，即"教育娱乐支出比重"和"电视机普及率"，这使得"精神生活"的内容具有了度量性。

（4）统一性原则。统计指标体系的设计要力求与计划、会计和业务核算相统一，即设计时必须考虑到计划、会计、业务核算的实际情况和统计的需要，尽可能地使各种核算的原始记录统一、计算方法一样，包括范围、经济内容相同，起止时间一致。

（5）可比性原则。统计指标体系的设计，必须注意各地区各部门的一致性，以便于相互比较。随着社会经济的发展，统计指标体系也需要进行改革和充实。这时要注意保持各个指标在时间上的可比性，注意各个指标在不同时期的相互衔接和相对稳定，以便于分析、研究事物发展变化的规律性。

理论联系实际

杭州市 2009 年国民经济和社会发展计划执行情况

2009 年，面对国际金融危机的影响，杭州市上下以学习实践科学发展观为动力，认真贯彻中央"保增长、保民生、保稳定"决策部署和省委"标本兼治、保稳促调"工作方针，围绕保增长、扩内需、调结构、增活力、重民生、抓稳定、强党建，不断加强经济运行监测预测分析，科学决策，出台了一系列强有力政策，有效推动经济稳步回升，国民经济和社会发展计划执行良好。全市实现地区生产总值 5098.66 亿元，增长 10%；三次产业比例调整为 3.7：47.8：48.5，首次实现"三二一"产业结构。财政总收入 1019.43 亿元，增长 12%；地方财政收入 520.79 亿元，增长 14.4%。

一、产业结构进一步优化，现代产业体系构建取得新成效

（1）现代农业稳步发展。实现农业增加值 190.25 亿元，增长 3.2%。实现农业总产值 288.84 亿元，增长 5.5%。六大优势产业和五大特色产业实现产值 198.8 亿元，占农业总产值 68.8%。推进农业产业化经营，新增市级农业龙头企业 77 家。

（2）工业经济企稳回升。出台关于积极应对金融危机保持工业经济平稳较快发展等措施，制定实施十大产业调整和振兴三年行动计划，开展一系列为企业送温暖送服务活动。实现工业增加值 2157.1 亿元，增长 6%；实现规模以上工业销售产值 9245.99 亿元，增长 1.3%。

（3）服务业领先发展。实现服务业增加值 2473.52 亿元，增长 13.9%，占生产总值

比重比上年提高 2.2 个百分点。实施新一轮旅游国际化行动，实现旅游总收入 803.12 亿元，增长 13.6%。金融服务业加快发展，实现金融业增加值 444.12 亿元，增长 16.5%，占生产总值比重达 8.7%；全部金融机构存贷款余额分别达 14284.21 亿元、13113.3 亿元。楼宇（总部）经济快速发展，年税收超亿元楼宇达 28 幢。服务外包增势强劲，全市离岸服务外包合同执行额 9.19 亿美元，增长 3.5 倍。信息软件服务、现代物流等现代服务业加快发展，商业模式不断创新。

（4）文创产业增势良好。实现文创产业增加值 642 亿元，增长 15%，占全市生产总值的比重达 12.6%。十大文创园区和文创综合体建设顺利推进。

（5）科技创新能力有所提高。新增国家重点扶持高新技术企业 302 家，新认定国家、省、市级企业技术中心 87 家、研发中心 79 家。全社会研究开发投入占生产总值比重达 2.6%。专利申请量、授权量分别达 26075 件、15507 件，居省会城市第一。新产品产值率达 16.73%，比上年提高 2.53 个百分点。

二、需求格局进一步调整，经济增长内生动力取得新增强

（1）投资较快增长。完成全社会固定资产投资 2291.65 亿元，增长 15.7%。民间投资达 1112.74 亿元，增长 17.7%。获得新增中央预算内投资项目 130 个，争取资金 4.1 亿元。新一轮"十大工程"重点项目建设扎实推进，"五线一枢纽"、快速路网等工程加快建设；地铁一号线 30 个车站全部开工，二号线 6 个车站开工，完成投资 41.2 亿元；钱江新城、奥体博览城等新城和城市综合体建设稳步推进。背街小巷改造、危旧房改善、老旧小区物业管理改善等民生工程积极实施。

（2）消费持续升温。制定实施《关于构建"2+8"消费新模式扩大消费需求的若干意见》。实现社会消费品零售总额 1804.93 亿元，增长 15.8%。全市汽车销售 20.59 万辆，实现零售额 366.68 亿元，增长 19.1%。市区城镇居民人均家电用品消费支出 450 元，增长 68.4%；人均住房装潢支出 804 元，增长 43%。市区居民消费价格水平下降 1.4%。

（3）出口降幅收窄。受国际金融危机影响，实现外贸出口 271.8 亿美元，下降 19.1%，降幅较上半年收窄 5.1 个百分点。全面落实出口退税、信保补贴、商标注册补贴和展会补贴等措施，帮助企业拓市场。

三、城市化水平进一步提高，城乡统筹发展取得新进展（略）

四、重点领域改革进一步深化，体制机制创新取得新突破（略）

五、民生保障进一步改善，基本公共服务均等化取得新成果

（1）"破七难"继续推进。以困难救助和就业帮扶为重点，破解"困难群众生活就业难"，新增城镇就业人数 23.52 万人，帮助失业人员实现再就业 15.56 万人，其中困难人员再就业 8.98 万人，城镇登记失业率为 2.99%；以推进市属医院功能布局和专业设置两大调整为重点，破解"看病难"；以拓展名校集团化办学为重点，破解"上学难"；以完善

杭州特色住房保障体系为重点，破解"住房难"；以推进"公交优先"，坚持地铁、公共汽车、出租汽车、水上巴士、免费单车"五位一体"为重点，破解"行路停车难"；以深化行政审批制度改革和完善行政服务为重点，破解"办事难"；以开展"国内最清洁城市"和"健康城市"创建活动为重点，破解"清洁保洁难"。健全食品安全预警和服务体系，强化食品安全监管。提高供电、供水、供气、通信等行业的服务质量。

（2）社会事业加快发展。加快建设文化名城，积极推进西湖、京杭大运河、良渚遗址"申遗"和工业遗产保护利用；加强文艺精品创作，加强公益性文化事业发展。加快建设教育强市，优质教育覆盖率继续提高，15年基础教育、职业教育、社区教育水平稳步提升，杭州师范大学等院校加快建设。加快建设科技强市，创建3个省级高新技术特色产业基地；无线数字城市建设进度加快，"数字杭州"建设走在全国前列。加快建设卫生强市，成功创建首批省级卫生强市；推进名院集团化管理，完善医疗费用优惠减免等惠民政策；新型农村合作医疗参与合作率达97.62%。加快建设体育强市，成功举办第十七届市运会，全面推进健身运动，举办各种群众体育活动和一系列大型赛事。"平安杭州"建设取得新进展，实现全市刑事发案、交通事故、火灾事故"零增长"。计划生育工作扎实推进，人口自然增长率3.42‰。

（3）基本公共服务均等化水平不断提高。市本级财政用于改善民生支出达89.93亿元，民生支出增量占新增财力的76.8%。城乡居民收入较快增长，市区城镇居民人均可支配收入26864元，增长11.5%；农民人均纯收入11822元，增长10.6%。推进公共卫生服务均等化，改建社区卫生服务中心9个，新建农村社区卫生服务站530家，制定实施《在杭高校大学生参加城镇居民基本医疗保障实施办法（试行）》。加强外来流动人口的管理服务，促进弱势群体公平接受义务教育。初步形成"六房并举"的保障性住房杭州模式。社会保障水平有新提升，形成基本养老保障为主、社会养老保险为补充的城乡居民养老保险体系，全市企业职工基本养老保险参保人数达245.39万人。城乡公共服务更趋完善，农村社会保障水平不断提高，文化、教育、卫生资源、城市基础设施建设向农村不断延伸，市级新农村建设投入8.34亿元，增长21.6%。

（4）生态市建设进展顺利。深入实施"环境立市"战略，起草"低碳新政"，建设中国杭州低碳科技馆，推进"阳光屋顶工程"。推进生态文明建设，开展新"811"整治、大气环境综合整治、半山和北大桥地区环境综合整治，加强饮用水源保护，加大扬尘污染综合整治。实施生态建设"1250"工程643个，截污纳管项目329个，新增绿地799万平方米。淘汰落后产能，发展循环经济，推广"清洁生产"，完成126个节能技改项目与237家企业清洁生产审核，关停杭协热电，加快燃煤锅炉脱硫设施改造，淘汰高污染机动车2万辆。万元生产总值能耗下降5%以上，化学需氧量减少3%，二氧化硫排放量减少3%，杭州市成为唯一被列为全国第二批生态文明建设试点市的省会城市。

在充分肯定2009年杭州市国民经济和社会发展计划执行情况良好的同时，也要清醒地看到存在的困难和不足：一是结构性、素质性深层次矛盾尚未解决，产业转型升级不够快，大产业项目不够多，自主创新能力不够强；二是城乡和区域统筹发展仍不平衡；三是民生保障有待进一步加强，就业压力较大，社会保障体系有待完善；四是重点领域和关键环节的改革任务依然艰巨。受金融危机影响，2009年全市外贸出口和工业增加值增幅离年度计划目标有一定差距❶。

本 章 小 结

本章简要回顾了统计从一门实质性的社会性学科，发展成为方法论的综合性学科的发展史。介绍了"统计"一词在不同的场合有不同的含义，即统计工作、统计资料和统计学。统计学研究的是总体现象的数量的特征与规律性。它是研究客观事物数量方面的独立的方法论科学。统计研究的方法主要有大量观察法、统计分组法、综合指标法、统计模型法和统计推断法。

本章重点内容是统计学的几个基本概念：统计总体和总体单位；标志和标志表现；指标和指标体系。

练 习 题

一、判断题

1. 社会经济统计的研究对象是社会经济现象总体的各个方面。（ ）

2. 总体的同质性是指总体中的各个单位在所有标志上都相同。（ ）

3. 个人的工资水平和全部职工的工资水平，都可以称为统计指标。（ ）

4. 在全国工业企业普查中，全国企业数是统计总体，每个工业企业是总体单位。（ ）

5. 总体单位是标志的承担者，标志是依附于单位的。（ ）

6. 数量指标是由数量标志汇总来的，质量指标是由品质标志汇总来的。（ ）

7. 品质标志表明单位属性方面的特征，其标志表现只能用文字表现，所以品质标志不能直接转化为统计指标。（ ）

8. 某一职工的文化程度在标志的分类上属于品质标志，职工的平均工资在指标的分类上属于质量指标。（ ）

二、单选题

1. 工业企业的职工人数、职工工资是（ ）。

A. 连续型变量

B. 离散型变量

C. 前者是连续型变量，后者是离散型变量

D. 前者是离散型变量，后者是连续型变量

2. 对某城市工业企业未安装设备进行普查，总体单位是（ ）。

A. 工业企业全部未安装设备　　　　B. 工业企业每一台未安装设备

C. 每个工业企业的未安装设备　　　　D. 每一个工业企业

3. 总体的差异性是指（ ）。

A. 总体之间有差异

B. 总体单位之间至少在某一标志表现上有差异

---

❶ 摘自《关于杭州市 2009 年国民经济和社会发展计划执行情况与 2010 年国民经济和社会发展计划草案的报告》。

C. 总体随时间变化而变化

D. 总体单位之间有差异

4. 几位学生的某门课成绩分别是 67 分、78 分、88 分、89 分、96 分，学生成绩是（　　）。

A. 品质标志　　　　　　　　　　B. 数量标志

C. 标志值　　　　　　　　　　　D. 数量指标

5. 标志是说明总体单位特征的名称（　　）。

A. 它有品质标志值和数量标志值两类　　B. 品质标志具有标志值

C. 数量标志具有标志值　　　　　　　　D. 品质标志和数量标志都具有标志值

6. 在全国人口普查中（　　）。

A. 男性是品质标志　　　　　　　　B. 人的年龄是变量

C. 人口的平均寿命是数量标志　　　D. 全国人口是统计指标

7. 下列指标中属于质量指标的是（　　）。

A. 社会总产值　　　　　　　　　　B. 产品合格率

C. 产品总成本　　　　　　　　　　D. 人口总数

8. 指标是说明总体特征的，标志是说明总体单位特征的，（　　）。

A. 标志和指标之间的关系是固定不变的

B. 标志和指标之间的关系是可以变化的

C. 标志和指标都是可以用数值表示的

D. 只有指标才可以用数值表示

三、多选题

1. 要了解某地区的就业情况（　　）。

A. 全部成年人是研究的总体　　　　B. 成年人口总数是统计指标

C. 成年人口就业率是统计标志　　　D. 反映每个人特征的职业是数量指标

E. 某人职业是教师是标志表现

2. 统计研究运用的方法包括（　　）。

A. 大量观察法　　　　　　　　　　B. 统计分组法

C. 综合指标法　　　　　　　　　　D. 统计模型法

E. 归纳推断法

3. 在工业企业普查中（　　）。

A. 工业企业总数是统计总体　　　　B. 每一个工业企业是总体单位

C. 固定资产总额是统计指标　　　　D. 机器台数是连续变量

E. 职工人数是离散变量

4. 下列统计指标中，属于质量指标的有（　　）。

A. 工资总额　　　　　　　　　　　B. 单位产品成本

C. 出勤人数　　　　　　　　　　　D. 人口密度

E. 合格品率

5. 国家统计系统的功能或统计的职能有（　　）。

A. 信息职能   B. 咨询职能

C. 监督职能   D. 决策职能

E. 协调职能

四、实训题

【训练项目 1】 统计基本概念的应用。

请指出下表中总体的总体单位、数量标志、品质标志。

总 体	总 体 单 位	数 量 标 志	品 质 标 志
大学生			
农 民			
大学教师			
商店售货员			
汽 车			
计算机			
房屋建筑物			

【训练项目 2】 简单指标体系的设计。

一个统计指标只反映现象的某个特征，说明现象某一方面的情况，要客观、全面地反映现象各方面的联系，必须设立指标体系。例如，为了反映公司的经营状况，只设立利润这一指标是不够的，还必须设立由产量、产值、增加值、工人劳动生产率、职工人数、工资总额、利润、产值利税率、资金成本利润率等构成的指标体系，才能反映公司的经营全貌。又如，为了反映商品流转情况，必须设立由商品购进总额、商品销售总额、期末库存等构成的指标体系；为了反映全国工业经济运行情况，必须设立由产品销售收入、利润总额、税金总额、亏损企业亏损额、应收账款净额、产成品数量等等构成的指标体系。

问题：

（1）"用一个指标就可以反映总体的全面情况"，此说法是否正确？

（2）用你所熟悉的现象作为统计总体，为其设立相应的指标体系。

第二章 统 计 调 查

1. 了解统计调查的概念、意义和种类。
2. 掌握统计调查方案的内容构成。
3. 掌握统计调查的方法。
4. 了解问卷的基本结构和问卷设计的步骤,掌握问题的类型。

1. 能根据具体的情况选择合适的统计调查方法。
2. 能根据调查需要设计一份简单的调查问卷。

第一节 统 计 调 查 概 述

一、统计调查的概念

统计调查是按照统计研究的目的和任务,运用科学的统计调查方法,有组织、有计划地向调查单位收集数据资料的过程。统计调查是进行统计整理和分析的基础环节。

二、统计调查的意义和要求

(一)统计调查的意义

统计调查在整个统计工作中有非常重要的地位。从统计工作的全过程来看,统计调查处于基础阶段,是收集资料获得感性认识的阶段,它既是获取现象总体的真实资料的基础工作,又是下一阶段进行资料整理和分析的基本环节。如果调查工作做得不好,收集到的资料残缺不全或有错误,都将影响到以后汇总和分析工作的进行,不能从中得出正确的结论。统计调查和一般社会调查的相同之处是都属于调查研究活动,不同于一般社会调查的主要特征是收集到的是大量的、以数字资料为主体的信息。总之,统计调查是开展统计研究的基础,是整个统计认识活动的基础,它直接影响着统计认识活动的成果。

(二)统计调查的要求

统计调查必须达到准确性和及时性两个基本要求。准确性,就是指统计资料符合实际情况,准确可靠,这是统计调查最基本的要求,也是统计工作的生命。及时性,就是要求按照规定的时间,及时完成各项调查的任务,以满足研究的需要,使决策者能及时得到信息。因为过时的资料，反映不了实际情况，起不了应有的作用，而且某项统计调查任务如由许多单位共同来完成，只要一个调查单位的资料上报不及时，就会影响到全面的汇总综合工作。统计调查的准确性和及时性是衡量统计工作质量的重要标志。在统计调查中，准确性和及时性是相互结合、相互依存的。及时性只有在准确性的前提下才有意义，而准确性又是达到及时性的要求。

三、统计调查的种类

统计调查从不同的角度可以作不同的分类。

（一）根据被研究总体范围的不同，可以分为全面调查和非全面调查

全面调查是对构成调查对象总体的所有单位一一进行调查，其目的是要取得总体的全面、系统、完整的总量资料，包括全面统计报表和普查。全面调查能掌握比较完整的统计资料，了解调查单位的全貌，但它需要花费较多的人力、物力和财力，操作比较困难。

非全面调查是对调查对象中的一部分单位进行调查，包括非全面统计报表、抽样调查、重点调查和典型调查。非全面调查的调查单位少，可以用较少的时间和人力调查较多的内容，其缺点是掌握的材料不够齐全。

（二）根据调查登记的时间是否连续，可以分为连续调查和不连续调查

连续调查是指随着调查对象的变化，连续不断地进行登记，以了解事物在一定时期内发生、发展的全部过程。例如，产品产量指标就是某一时期对产量连续登记观察的结果。

不连续调查是指对事物每隔一段时期或在一定时点上的状态进行登记，以获得事物在某一时点上的水平、状况的资料。如人口数、机器设备台数等资料短期内变化不大，没有必要连续登记。不连续调查所得资料体现现象在某一瞬间所具有的水平。

（三）根据收集资料的方法不同，可以分为直接观察法、报告法、采访法、问卷调查法

直接观察法是调查人员亲自到现场，对被调查对象进行观察、计数或测量以取得资料的一种调查方法。如对商品库存的盘点、了解企业期末的在制品数量，都是由调查人员当场进行观察、计数。直接观察法可以保证资料的准确性，但需要花费大量的人力、物力和时间。

报告法是调查单位以各种原始记录和核算资料为基础，收集各种资料，按隶属关系逐级上报，提供统计资料的方法。我国现行的统计报表制度就是采用报告法收集资料逐级上报的。

采访法是根据调查提纲向被调查者访问，提出问题，由被调查者答复以取得统计资料的方法。具体可分为口头询问法和被调查者自填法两种。

第二节　统计调查方案

统计调查方案是统计设计在调查阶段的具体化，是统计设计的一项重要内容。在着手调查之前应该制订一个周密的调查方案，使得调查过程统一内容、统一认识、统一方法和统一步调，以便顺利完成任务。一份完整周密的统计调查方案，应包括以下几个方面基本内容。

一、确定调查目的

明确调查目的是任何一项调查方案首先要解决的问题。确定调查目的,即明确我们在调查中要解决哪些问题,通过调查要获得哪些资料,并说明取得这些资料有什么用途。调查目的一经确定,一切工作便有了一个目标,不至于无的放矢。例如,在某品牌口服液电视广告效果调查方案中,其调查目的是:分析现有的各种广告媒介的宣传效果,了解现行的广告作品的知晓度和顾客认同度,了解重点销售区域市场的消费特征和消费习惯,为该口服液下一年度的广告作业计划提供客观的事实依据,并据此提供相应的建设性意见。衡量一个调查方案设计是否科学和是否可靠的标准,主要就是看方案的设计是否符合调查目的和要求、是否符合客观实际情况。

二、确定调查对象和调查单位

有了明确的调查目的,我们就可以确定调查对象和调查单位。调查对象就是根据调查目的所确定的需要进行调查的某一社会现象的总体,它是由许多性质上相同的调查单位所组成的。调查单位就是所要调查的社会经济现象总体中的个体,即调查对象中的每一个具体单位,它是调查中要调查登记的各个调查项目的承担者。例如,人口普查,其调查对象是所有具有中华人民共和国国籍并在中华人民共和国境内居住的人,调查单位是每一个人。要了解某企业产品质量状况,该企业的全部产品就是调查对象,每一件产品为调查单位。为了研究某市广告公司的经营情况及存在的问题,需要对全市广告公司进行调查,该市所有广告公司就是调查对象,调查单位是每一间广告公司。

在明确调查对象和调查单位后,我们还必须确定填报单位。填报单位也叫报告单位,它是提交调查资料的单位,一般是基层企业、事业组织。例如,对某地区工业企业设备进行普查,调查单位为该地区工业企业的每台设备,而填报单位是该地区每个工业企业。人口普查中,调查单位是每一个人,而填报单位是每一户。需要指出的是,调查单位和填报单位有时一致,有时不一致。例如工业企业设备普查问题中,调查单位是每台设备,填报单位是每一个工业企业。又如,在普查某种水果树的种植时,调查单位是每一单株果树,而填报单位是农户或农场等农业生产单位。显然,这两种调查的调查单位与填报单位是不一致的。当我们调查国有工业企业产品产量、成本、利税等情况时,调查单位与填报单位又是一致的,均为每一个国有工业企业。

三、确定调查项目,拟定调查表

调查项目是指对调查单位所要调查的主要内容,确定调查项目就是要明确向被调查者了解些什么问题,调查项目一般就是调查单位的各个标志的名称。例如,经济普查的主要内容包括单位基本属性、从业人员、财务状况、生产经营情况、生产能力、原材料和能源消耗、科技活动情况等。全国人口普查的主要内容是了解我国人口基本状况、受教育程度、迁移流动状况、婚姻生育状况等。我们可以对这些内容设置具体的项目或指标,借以直接收集、登记数据。

在确定调查项目时,我们要注意以下几个问题:

（1）确定的调查项目应当既是调查任务所需，又是能够取得答案的。调查项目要充分满足这两个条件，否则不应列入。

（2）调查的每一个项目应该有确切的含义和统一的解释，以免调查人员或被调查者按照各自不同的理解进行问答，使调查结果无法汇总。

（3）确定调查项目应尽可能做到项目之间相互关联，使取得的资料相互对照，以便了解现象发生变化的原因、条件和后果，便于检查答案的准确性。

（4）调查项目的涵义要明确、肯定，如果需要，可以对调查项目附上详细的说明。

调查项目确定之后，就要进一步拟订调查表。把调查项目用表格的形式表现出来，就是调查表。调查表有单一表和一览表两种形式。单一表是在一份调查表中只登记一个调查单位，可以容纳较多的项目；一览表是一份调查表中登记若干个调查单位，调查项目比较简要，便于合计和相互核对。

调查表一般由表头、表体、表脚三部分组成。表头包括调查表的名称及调查单位名称、性质、隶属关系等；表体是调查表的主要部分，包括所有调查项目；表脚包括调查者的签名及填表日期等。

为了使被调查者正确填写调查表，调查表必须附有简明扼要的填表说明和项目解释。填表说明用来提示填表时应注意的事项；项目解释则是为了说明调查表中某些标志的含义、包括范围、计算方法等。

四、确定调查时间和时限

调查时间是指调查资料所属的时间。如果要调查的是时期现象，就要明确规定资料所反映的是调查对象从何时起到何时止的资料。例如，对某单位 2007 年产量进行调查则调查时间为 2007 年 1 月 1 日至 12 月 31 日。如果所要调查的是时点现象，就要明确规定统一的标准调查时点。例如，第二次全国基本单位普查的标准调查时点是 2001 年 12 月 31 日；我国第五次全国人口普查的标准调查时点是 2000 年 11 月 1 日零时。

调查时限是进行调查工作的期限，包括收集资料和报送资料的整个工作所需要的时间。假定企业 2007 年经济活动成果年报呈报时间规定在 2008 年 1 月 31 日前完成，则调查期限为一个月。2005 年全国 1‰ 人口抽样调查的启动时点为 11 月 1 日零时，11 月 10 日以前结束，调查时限为 10 天。为了提高信息资料的时效性，在可能的情况下，调查期限应尽量缩短。

五、确定调查工作的组织实施计划

调查的组织工作包括调查工作的领导机构和调查人员的组织；调查的方式方法；调查前的准备工作，包括调查交易工作、人员培训、文化印刷等；调查资料的报送方法；调查经费的预算和开支办法；提供或公布调查成果的时间等。在调查方案中有了周密详尽的组织实施计划，才能保证整个统计工作顺利进行。

第三节 统计调查方法

统计调查的主要方法有普查、抽样调查、重点调查、典型调查和统计报表等，它们各有其特点，应根据实际情况选择适当的调查方法。

一、普查

普查是专门组织的一次性的全面调查，主要调查一定时点上的社会经济现象的总量，收集那些不能够或者不适宜用定期全面报表收集的统计资料，以搞清重要的国情国力。如全国人口普查、经济普查、农业普查等。

普查是一种不连续调查，这是它的主要特点。普查的组织形式有两种：一是组织专门的普查机构，配备一定数量的普查人员，对调查单位直接进行登记。例如，2000 年第五次全国人口普查。另一种是利用普查单位的原始记录和核算资料，颁发一定的调查表格由调查单位自填上报，如物资库存普查等。

普查和全面统计报表都属于全面调查，但二者并不能互相代替。普查属于不连续调查，调查内容主要是反映国情国力方面的基本统计资料；而全面统计报表属于连续调查，调查内容主要是需要经常掌握的各种统计资料。全面统计报表要经常填报，因此报表内容固定，调查项目少；而普查是专门组织的一次性调查，在调查时可以包括更多的单位，分组更细，项目更多。

普查一般是在全国范围内进行的，涉及部门多，人员广，需要组织大量人力、物力、财力。因此，普查工作必须有统一的领导，统一的要求，在具体组织时要注意以下原则：

（1）必须统一规定调查资料所属的标准时间，使所有普查资料都反映这一时点上的状况，避免重复和遗漏。例如，我国第五次全国人口普查以 2000 年 11 月 1 日零时为普查标准时间，如果没有这个标准时间，就会因人口的出生和死亡、迁入和迁出得不到准确的数字。

（2）在普查范围内各调查单位或调查点尽可能同时进行调查，以便在方法上、步骤上保持一致，尽可能在最短期限内完成，保证资料的准确性和时效性。

（3）调查项目一经确定，不能任意改变或删减，以免影响汇总综合，降低资料质量。同一种普查，再次进行时，项目的规定也应力求一致。

二、抽样调查

抽样调查是按随机原则从总体中抽取一部分单位作为样本进行观察，用以推断总体数量特征的一种非全面调查。例如，我们要检验某种产品的质量，就要从整个产品中随机抽取若干个产品进行检验，看它们的合格率或不合格率是多少，然后以此推断全部产品的合格率或不合格率是多少。

抽样调查与其他非全面调查相比，具有两个基本特征：一是按照随机原则抽选样本单位，排除个人主观意图的影响；二是对总体的数量特征可以作出科学的推断。

抽样调查具有经济性、时效性、准确性、灵活性等优点，使之在各个领域得到广泛的应用。一是用于认识那些不能或很难进行全面调查的总体数量特征，如范围过大的总体，以及具有破坏性的产品质量检测等；二是用于认识那些发展变化比较稳定，有规律性而不必进行全面调查的现象总体的数量特征，如人的身高、男女性别比等；三是用于收集灵敏度高、时效性强或时间要求紧迫的统计数据，如市场需求信息、生产过程中的产品质量状况等；四是用于与其他数据收集方法相结合、相互补充和核对，如与普查相结合，既可以取得普查未能取得的数据，还可以对普查的质量进行抽查验证；五是用于对总体特征的某种假设进行检验，判断这种假设的真伪，决定方案的取舍，为行动决策提供依据。社会经济领域中常见的抽样调查有人口抽样调查、居民家计抽样调查、市场抽样调查、社会问题抽样调查和民意抽样调查等。

有关抽样调查的理论和方法将在本书第五章进行详细的介绍。

三、重点调查

重点调查是在所要调查的现象总体中选择一部分重点单位进行调查，借以了解总体的基本情况。

重点调查的关键是选择好重点单位。所谓重点单位，是从标志值方面而言的，这些单位的数目可能不多，在总体中所占比重不大，但就调查的标志值来说，它们在总体中却占有很大的比重。通过对这些重点单位的调查，可以从数量上说明整个总体在该标志总量方面的基本情况。例如，只要对全国几个大型钢铁企业如首钢、宝钢、鞍钢、包钢等进行调查，就可以了解全国钢铁生产的基本情况。这几个大型钢铁企业虽然在全国所有钢铁企业中所占的比重很小，但它们的钢铁产量却占全国钢铁产量很大比重，足以反映全国钢铁生产的基本情况。这些钢铁企业就是重点单位，这种调查方式就是重点调查。

重点调查的优点在于调查单位少，可以调查较多的项目和指标，了解较详细的情况，取得资料也及时，即用较少的人力和时间，取得较好的效果。但必须指出，由于重点单位与一般单位的差别较大，通常不能用重点调查的结果来推算总体的指标数值。

重点调查中重点单位的选择着眼于标志值的比重，因而重点单位的选择具有客观性。当调查目的是了解现象的基本情况，而部分单位又能比较集中地反映所研究的项目和指标时，可用重点调查。

四、典型调查

典型调查是根据调查的任务与目的，在对所研究的现象总体进行初步分析的基础上，有意识地选取若干具有代表性的单位进行调查，借以认识事物发展变化的规律。

典型调查的特点主要有以下两点：

（1）典型调查是深入细致的调查。通过对具有代表性的调查单位进行深入细致的调查研究，既可以收集到数字资料，又可以掌握不能用数字反映的具体、生动的情况，研究事物发展变化的过程和结果。

（2）调查单位是有意识选择出来的若干有代表性的单位，它更多地取决于调查者的主观判断和决策。

典型调查大体可分为两种：一种是对个别典型单位进行的调查研究，称为"解剖麻雀式"。这种方法适用于总体内各单位差别不太大的情况，通过对个别代表性单位的调查，从而估计总体的一般情况。另一种是对现象总体按与研究目的、任务有关的主要标志划分为若干个类型组，然后再在各类型组中分别抽选一两个具有代表性的单位进行调查，即称为"划类选典式"。这种方法适用于总体内部差异明显的情况。

五、统计报表

统计报表是指按照统一的表式、统一的报送时间和报送程序，自上而下统一布置，自下而上逐级上报，逐级汇总，提供基本统计数据的统计调查方法。

统计报表主要是进行全面调查，但也有一些是非全面调查。这种定期的、比较稳定的收集资料的方法在社会主义建设中具有重要作用。我国目前有关国计民生的重要的统计资料绝大部分是依靠统计报表取得的。

必须指出，统计报表也有其局限性：花费人力、物力大；在层层上报过程中，容易出现偏差，影响数字的准确性；社会经济现象复杂多变，统计报表实际上并未能收集到全部资料。所以，在市场经济条件下为了准确取得统计资料，还要根据调查目的和调查对象的特点，采取其他的调查方法。

第四节　问　卷　设　计

调查问卷是用来收集调查数据、获取信息的一种工具。我国改革开放以来，广泛采用调查问卷的方式来研究社会经济领域里的现象和问题，现在已将调查问卷纳入了统计制度的范围。调查问卷在统计调查中，扮演着越来越重要的角色。调查问卷的好坏，直接影响到数据的质量和分析的结论。本节介绍关于问卷设计中的有关问题。

一、调查问卷及其结构

（一）问卷的涵义

问卷是用来搜集调查数据的一种工具，是调查者根据调查目的和要求所设计的，由一系列问题、备选答案、说明所组成的书面文件。问卷是进行市场调查的工具，也是市场调查获得成功的关键。问卷调查最早起源于古代中国和埃及以课税和征兵为目的所进行的调查，到 20 世纪 30 年代，美国新闻学博士乔治·盖洛普成功地运用问卷对美国总统选举进行民意调查，从此问卷调查得以广泛采用。

（二）问卷的结构

问卷是市场调查的工具，了解问卷基本结构，对设计问卷和使用问卷来说都是必需的。针对不同的调查目的设计不同的调查问卷，它们在具体结构、题型、措辞、版式等方面会有所不同，但在结构上一般由开头部分、甄别部分、主体部分、背景部分、结束语五个部分组成。

1. 开头部分

开头部分一般包括问卷标题、问候语、填写说明和过程记录项目等内容。不同的问卷，开头部分所包括的内容会有一定差别。

（1）问卷标题。问卷标题是对问卷调查主题的基本概括，它的功能是能够使被调查者一目了然地了解该项问卷调查的主要内容和基本用意，因此问卷的标题应简明扼要，易于引起回答者的兴趣。例如，"北京市微波炉需求状况调查问卷"、"上海市数字电视需求状况调查"、"杭州市居民汽车消费状况调查"等。切忌采用"问卷调查"这样的标题，它既

23

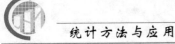

不能说明主题，又容易使被调查者产生疑问而拒答。

（2）问候语。问候语的语气要谦虚、诚恳、平易近人，文字要简练准确，并在结尾处表明对被调查者的参与和合作表示感谢。例如，下面是一份"航空公司旅客调查问卷"的问候语。

尊敬的旅客：

您好！为了进一步提高服务质量，改进服务工作，我们希望了解您乘坐本次航班的感受，并对航空公司的服务质量进行评价。请您协助填写这份调查问卷，谢谢您的支持与合作！

××市场调查公司

×年×月

（3）填写说明。填写说明，是调查者指导被调查者正确填写问卷的说明。内容包括填写问卷的要求、调查项目必要的解释说明、填写的方法、填写注意事项、调查人员应遵循事项等。这部分内容可以集中放在问卷的前面，也可以分散到各有关问题的前面。

下面是一份自填式问卷集中写明填写要求的例子：

> 填表说明：
> （1）请在每一个所给的备选答案中选择适合您的情况或您同意的答案，并在所选取答案前的"（）"内打"√"，或在问题的"——"处填写适当的内容。
> （2）若无特殊说明，每一问题只能选择一个答案；若要求选择多项答案，题目后面都有注明；若还要求对所选答案排序，则请按题后说明填写。
> （3）问卷内容较多，涉及面广，请在填答之前认真阅读一遍，然后按要求仔细填写。

（4）过程记录项目。过程记录项目主要用于识别问卷、调查者、被调查者姓名和地址、核对员、录入员等，以便于校对检查、更正错误、分清责任。

2. 甄别部分

甄别也称为过滤，它是先对被调查者进行过滤，筛选掉不需要的部分，然后针对特定的被调查者进行调查。甄别的目的是确保被调查者合格，使之能够作为该调查项目的代表，从而符合调查研究的需要。

下面是一份问卷的甄别部分：

S1. 请问您或您的家人中有在广告公司、市场调查公司、移动、联通或电信公司工作的吗？（单选）

有 □［终止访问］　　　　　　没有 □［继续访问］

S2. 请问您的年龄是：

1. 20 岁以下［终止访问］

2. 20～30 岁

3. 30～40 岁

4.40～50 岁

5.50 岁以上〔终止访问〕

3．主体部分

主体部分是调查问卷的核心部分，包括了所要调查的全部问题，主要由问题和答案所组成。问题及其答案的设计质量直接关系到整个调查问卷的质量。

4．背景部分

背景部分通常放在调查问卷的最后，主要是有关被调查者的一些背景资料，是调查问卷中不可缺少的内容。被调查者分个人和单位两大类。若是个人，其主要特征是姓名、性别、年龄、文化程度、职务或技术职称、个人或家庭收入、所在地区、民族等项目。若被调查者是企事业单位，则应包括行业类别、经济类型、单位规模、所在地区等。

5．结束语

结束语一般放在问卷的最后面，用来简短地对被调查者的合作表示感谢，也可征询一下被调查者对问卷设计和问卷调查本身的看法和感受。

例如：

1．您填答完这份问卷后有何感想？

很有意义（　　）　　可能有些用处（　　　）　　没有意义（　　　）　　不清楚（　　　）

2．您对问卷有什么建议和要求？＿＿＿＿＿＿＿＿＿＿＿＿＿＿＿＿

二、问卷设计的步骤

设计问卷是市场调查中的一项重要内容，它是影响调查质量的关键因素之一。问卷设计是整个调查活动的第一步，问卷设计的质量如何，将直接关系到调查的成败。为使调查问卷更科学化、程序化、高效化，设计调查问卷可按以下程序或步骤进行：

（1）准备阶段。准备阶段是问卷设计的基础工作，包括两项内容：一是明确调查的目的，把握调查主题；二是确定调查的项目。调查目的是设计调查问卷最基础、最关键的一步。在全面分析调查目的的基础上，确定某一调查主题，由此才能明确调查所需收集的特定范围的第一手资料。调查项目即具体的调查内容。在充分分析调查主题的基础上，确定所要调查的项目，要全面考虑，把各种与调查主题有关的内容一一罗列出来。

（2）初步设计阶段。这是问卷设计的核心工作。在确定调查的具体项目后，针对每一个调查项目，设计若干问题，确定问句的类型，形成调查问卷的主干部分。然后设计调查问卷的其他组成部分，如甄别部分、背景部分等内容。

（3）试答和修改阶段。对初步设计的问卷在小范围内进行试验性调查，及时发现存在的问题，并做必要的修改，使问卷更加完善，最后形成正式调查问卷。

（4）付印阶段。正式调查问卷确定以后，需将最后定稿的问卷，按照调查任务的要求，确定打印印制的份数，制成正式的调查问卷。

三、问题的类型

问卷的主体是问题与答案，因此，设计问卷时要首先解决的就是问题形式。问卷中的问题类型有两类：一类是开放式问题，另一类是封闭式问题。

（一）开放式问题

开放式问题是指对问题的回答未提供任何具体的答案，由被调查者根据自己的想法自由做出回答，属于自由回答型。开放式问题主要用于探索性调查，在实际的调查问卷中，这种问题不多。

例如：

您对"在公共场所吸烟"这一行为有什么想法？

_____。

您对杭州目前的房价有何看法？

_____。

开放式问题的优点是比较灵活，适合于收集更深层次的信息，特别适合于那些尚未弄清各种可能答案或潜在答案类型较多的问题。而且可以使被调查者充分发表自己的意见，从而可以获得较为广泛的信息资料。其缺点是：一方面，开放式问题在整理时费时费力。由于会出现各种各样的答案，因此在对答案进行分类和编码时，往往会出现困难。另一方面，开放式问题会造成访问误差。人的记忆力有好坏之分，记得慢的访问人员也许会在无意中错过重要信息，从而带来资料收集误差。

（二）封闭式问题

封闭式问题是调查者在提出问题的同时，事先将问题的可能答案列出，由被调查者从中挑选一个或几个作为自己的回答。封闭式问题是现代问卷调查中采用的主要问题形式，许多市场现象的问题都可采用封闭式。根据提供答案的方式不同，封闭式问题有以下几种类型：

1. 两项选择题

两项选择题，也称是非题，这种类型的问题只允许被调查者在给定的两个性质相反的备选答案中选取其一。最常见的是在"是"与"否"、"有"或"无"、"好"或"坏"、"喜欢"与"不喜欢"中选取其一。

例如：

"您是否打算在近一年内购买轿车？"

①是　②否

"您用过清扬洗发水吗？"

①用过　②没用过

两项选择题的优点是简单明了，而且易于统计。缺点是得到的信息量较少，当被调查者对两项答案均不满意时，很难做出回答。

2. 多项选择题

多项选择题是从多个备选答案中选择一个或几个答案。这是调查问卷中采用最多的一种问题类型。根据选择答案多少的不同，有以下两种选择类型。

（1）多项选一型。要求被调查者对所给出的多个问题答案选择其中的一项。

例如：

您愿意与教师交流吗？（在选择的方框中划"√"）

①非常愿意 □　②愿意 □　③一般 □

④不愿意 □　　⑤很不愿意 □

您在购买汽车时，最先考虑哪种因素？（在选择的方块中划"√"）

①价格 □　②外观 □　③速度 □

④油耗 □　⑤安全 □

（2）不限项选择型。要求被调查者在所给出的多个问题答案中，选出自己认为合适的答案，数量不受限制。

例如：

请问您在购买电脑时考虑的因素有哪些？（不限项选择）

①配置 □　②品牌 □　③外形 □

④价格 □　⑤售后服务 □

您选择本航空公司的原因？（不限项选择）

①安全有保障 □　　②航班时刻适当 □　　③机型好 □

④服务好 □　　　　⑤票价有折扣 □　　　⑥航班正点 □

⑦旅行社安排 □　　⑧无其他航班 □　　　⑨其他_____

设计多项选择题需要相当大的工作量，要将问题的所有答案一一列出，才能使每个调查者有答案可选，不至于因找不到合适的可选答案而放弃回答。有时备选答案不一定能恰当地表达出被调查者的所有看法，这时可将最后一个备选答案设为"其他"（如上例），以便被调查者能够有机会表达出自己的真实看法和实际情况。

对多项选择题答案的选择一般没有个数限制，但有时为了便于统计，也可要求被调查者最多只可从备选答案中选择指定的项数或者不超过指定的项数。

3. 排序式问题

排序式问题是在多项选择的基础上，要求被调查者根据自己的偏好程度判断所列答案的重要程度，并按顺序排列答案。

例如：

请按您的喜欢程度对以下品牌进行编号，最喜欢者为 1 号，以此类推。

①飘柔 □　②潘婷 □　　③沙宣 □

④力士 □　⑤海飞丝 □　⑥舒蕾 □

⑦清扬 □　⑧百年润发 □

您认为决定个人收入高低的因素有哪些？按其重要性从大到小将下列因素进行排序。

A. 工作时间　　　B. 学历　　　　C. 职务　　　D. 工作态度

E. 业务技术能力　F. 与上司的关系　G. 成绩贡献　H. 风险责任

I. 体力指数

4. 量表式问题

所谓量表，就是通过一套事先拟定的用语、记号和数目，来测量人们心理活动的度量

27

工具。量表的种类很多，可以参照不同的标志加以划分。量表式问题在问卷中常需要对被调查者的态度、意见、感觉等心理活动方面的问题进行判别和测定，并且在数据分析中，可以使用较复杂的统计分析方法。

（1）评比量表。评比量表指调查者在问卷中事先拟定有关问题的答案量表，由回答者自由选择回答。量表的两端是极端性的答案，在两个极端之间可以划分为若干层次，少则3个，多则5个、7个、9个等。要注意的是，在两个极端之间应该设计一个中性层次，中性层次左右两端的层次最好相等。

例如：您喜不喜欢喝咖啡？

三段量表：

不喜欢	无所谓	喜欢
−1	0	1

或

不喜欢	无所谓	喜欢
1	2	3

五段量表：

很不喜欢	不太喜欢	一般	比较喜欢	很喜欢
−2	−1	0	1	2

或

很不喜欢	不太喜欢	一般	比较喜欢	很喜欢
1	2	3	4	5

（2）李克特量表。李克特量表在问卷设计中运用十分广泛，它要求被调查者要表明对某一表述赞成与否，并且赞成程度分成若干个分段，通常是从非常不赞成到非常赞成5段。

例如：请问您对"先成家后立业"这句话的态度是：

非常不同意	不同意	无所谓	同意	非常同意
1	2	3	4	5

四、问题设计中的注意事项

问卷中问句设计是否合理，会直接影响到调查结果的真实性，从而影响调查效果，因此在设计问句时，需要注意以下几点。

1. 提问的内容尽可能简短

如果问卷的问句过于复杂、冗长，容易引起误会或产生歧义的可能性也就越大，同时也容易使被调查者意识到费时太多，不愿回答，影响问卷的回收率，即使勉强回答也是敷衍了事，影响调查的效果。

2. 用词要确切、通俗

（1）用词要确切。问卷中的用词要保证所要提问的问题清楚明了。用词是否确切，具体可按"6W"准则加以推敲。6W 即 Who（谁）、Where（何处）、When（何时）、Why（为什么）、What（什么）、How（如何），以此来判断问题是否清楚。当然，并不是一项提问中必须同时具备这六要素。例如：

"请问您使用什么品牌的化妆品？"

这个问题中的"Who"（谁）很清楚，"What"（什么）指化妆品的牌子，"When"（何时）则没有明确是过去还是现在，让回答者不知所措，容易造成偏差。因此，可以改为：

"请问您最近一个月使用什么品牌的化妆品？"

要避免使用"一般"、"经常"、"大概"等意思不明确的词语，不同的人可能会有不同的理解，从而造成回答的偏差。除此之外，还有一些问题过于笼统。例如：

"请问您觉得雅马哈电子琴怎么样？"

这里的"怎么样"的含义很笼统，被调查者不知要回答哪方面的问题。因此可改为：

"请问您觉得雅马哈电子琴的音质怎么样？"或"请问您觉得雅马哈电子琴外观设计怎么样？"

（2）用词要通俗。提问时应采用通俗易懂的语言，不要采用研究者才用的专业术语，那样会增加被调查者的填答难度，或使被调查者根本无法正确理解问题。例如：

"您知道 2007 年中国的 GDP 是多少吗？"

有些人可能受知识能力所限，不知道什么是"GDP"，因此无法回答这样的问题。

3. 一次提问只包含一个内容

如果在一次提问中包含了两项以上的内容，被调查者就很难做出回答。例如：

"请问您对奥妙洗衣粉的价格和外包装满意吗？"

这个问题里包括了"对价格的态度和外包装的态度"两项内容的调查。如果被调查者对价格满意，而外包装不满意，或者对价格不满意，对外包装满意，都很难做出回答。所以，应把它分为两个问题：

"请问您对奥妙洗衣粉的价格满意吗？"
"请问您对奥妙洗衣粉的外包装满意吗？"

4. 避免诱导性和倾向性问题

合格的问卷中的每个问题都应该是中立的、客观的，不应该带有某种倾向性或诱导性，不要引导被调查者作出何种回答或如何选择。例如：

"各国医学界已确认吸烟对人体危害很大，您准备戒烟吗？"

"您认为本单位职工的平均工资水平是否应该提高？"

在前一个问句中，显然是期待被调查者回答"准备戒烟"，后一问句中的"是否应该提高"透露出调查者对目前本单位职工平均工资水平的态度，即认为工资水平偏低，诱导被调查者做出"应该提高"的回答。

5. 避免提断定性问题

有些问题是先判定被调查者已有某种态度或行为，基于此进行提问。例如：

"您喜欢喝什么酒？"

问这个问题的前提是"您是喝酒的"，但事实上该被调查者可能不喝酒，这样就令他无所适从。因此，在提这类问题前，先设计一个"过滤"问题。例如：

"您喝酒吗？"

喝（　　　）　　偶尔喝一点（　　　　）　　不喝（　　　　）

如果被调查者回答"喝"或"偶尔喝一点"，接下来再用断定性问题继续问下去，如果被调查者回答"不喝"，则在该过滤性问题后就不再问"喜欢喝什么酒"。

6. 避免直接提出敏感性问题

敏感性问题是指被调查者不愿意让别人知道答案的问题。例如：

"除了工资收入外，您还有其他收入吗？"

"您是否经常出入高档场所？"

这些问题可能会引起被调查者的反感，从而拒绝回答，或采用虚报、假报的方法来应付回答，从而影响整个调查的质量。对有些调查，必须涉及敏感性问题的，应当在提问的方式上进行推敲，尽量采用间接提问的方式，用语要特别婉转，以降低问题的敏感度。

理论联系实际

资料一

大学生手机消费状况调查问卷

同学，您好！

为了了解大学生对手机消费的需求，更好地为大学生服务，我们特地展开了此次调查活动，希望您在百忙中抽出一点宝贵的时间，协助我们完成以下这份调查问卷。谢谢您的合作！

一、基本信息

年龄：_____　　性别：_____　　平均每月生活费：_____

所在院校：_____

二、问卷回答（填写要求：请按照您个人的真实情况进行填写，若无特别说明，均为单项选择。）

1. 您使用手机已有多长时间？

A. 不足一年　　　　　　　　B. 一至两年

C. 两至三年　　　　　　　　D. 三至五年

E. 五年以上

2. 您多长时间更换一部手机？

A. 没换过　　　　　　　　　B. 一年左右

C. 两年左右　　　　　　　　D. 更长

3. 您更换手机的原因是？

A. 手机坏了　　　　　　　　B. 追求时尚

C. 手机丢失　　　　　　　　其他_____

4. 您目前使用的手机具有哪些功能？（可多选）

A. 收发短信　　　　　　　　B. 收发彩信

C. 和弦铃声　　　　　　　　D. MP3 功能

E. MP4 功能　　　　　　　　F. 拍照功能

G. 摄像功能　　　　　　　　H. 蓝牙

I. 红外

其他：_____

5. 现在的手机功能越来越多，如摄像、MP3、MP4 等，您的看法是？

A. 不特别追求，无所谓　　　B. 完全不需要这类东西

C. 渴望拥有

6. 对于您目前使用的手机，您个人满意吗？

A. 很满意　　　　　　　　　B. 还可以

C. 不满意

7. 如果您购买手机，您认为合适的价位是多少？

A. 1000 元以下　　　　　　　B. 1000～1500 元

C. 1500～2000 元　　　　　　D. 2000 元以上

8. 购买手机时，您会优先考虑？

A. 国外品牌手机　　　　　　B. 国内品牌手机

C. 无所谓

9. 请将以下几项，根据您在选购手机时在意的程度，按重要性由高到低把字母排序：_____

A. 价格　　　　　　　　　　B. 品牌

C. 质量　　　　　　　　　　D. 售后服务

E. 外观　　　　　　　　　　F. 操作便利性

G. 功能

10. 您目前所使用的手机卡是属于哪种类型?

A. 动感地带   B. 神州行

C. 神州大众卡   D. 全球通

E. UP 新势力   F. 联通大众卡

G. 移动情侣卡   H. 联通情侣卡

其他_____

为什么选择此类手机卡? _____。

11. 目前,您每个月的手机费用大约是多少?

A. 20 元以下   B. 20～30 元

C. 30～50 元   D. 50～80 元

E. 80～100 元   F. 100 元以上

12. 在您的同学当中,使用手机的人数占多少?

A. 极少   B. 30% 左右

C. 50% 左右   D. 大部分

E. 几乎所有   F. 不清楚

13. 您对目前的手机服务［如手机维修、移动（联通）公司客户服务等］有什么意见?

资料二

乡村旅游对湖州农村发展影响的调查

湖州乡村旅游起步虽然较晚,但发展势头迅猛。据市旅游局初步统计,2009 年接待国内旅游 2299.15 万人次,同比增长 18%;入境旅游 28.39 万人次,同比增长 16.5%;门票收入 1.64 亿元,同比增长 20%;旅游总收入 162.02 亿元,同比增长 23%。在 2009 "中国·湖州国际生态(乡村)旅游节论坛"期间,"湖州模式"生态(乡村)旅游业的发展得到了不少专家的肯定。毋庸置疑,湖州乡村旅游的崛起,推动了新农村建设,促进了地方区域经济的发展。

2009 年 6～11 月,我们在湖州地区的吴兴区、南浔区、德清县、长兴县和安吉县进行了乡村旅游对农村发展的影响的调查工作,课题组成员与广播电视大学开放教育农村经济管理专业的农民大学生参与了调查工作。我们深入三县两区调查研究,问卷发到 65 个乡村。调查工作得到各地旅游局、乡镇政府的大力支持。这次调查发放"乡村旅游对农村发展的影响调查问卷"400 份,回收 350 份,有效问卷 247 份,回收有效率 61.8%。样本基本情况分析见表 2-1。该问卷由"旅游发展对农村的总体影响"、"乡村旅游发展对农村环境影响"、"旅游发展对农村经济的影响"、"旅游发展对农村社会文化的影响"四大部分50 个问题组成,其中,湖州地区乡村旅游对农村经济发展影响的问题有"促进当地经济发展"、"增加当地财政税收"、"增加就业机会"、"增加农民个人收入,提高生活水平"、

"改善经济结构，吸引更多投资"等14项。

表 2 - 1　　　　　　　　　　实测样本基本情况统计表（$n=247$）

特 征 变 量		样本数量（%）	百分比（%）
年龄	18 岁及以下	13	5.4
	18～25 岁	92	37.1
	26～44 岁	104	42.1
	45～64 岁	25	10.0
	65 岁以上	13	5.4
性别	男	154	62.2
	女	93	37.8
文化程度	初中及以下	25	10.0
	高中/中专	119	48.3
	大学	93	37.8
	研究生及以上	10	3.9

从样本的分布状况来看，接受调查的游客主要以男性为主，占调查总人数62.2%；年龄18～44岁的青年占调查总人数的79.2%；文化程度高中（中专）及大学学历的占调查总人数的86.1%。

乡村旅游对湖州市农村经济发展影响感知的统计结果见表2-2。

表 2 - 2　　　　　乡村旅游对湖州市各区县经济发展影响感知的统计

区县	问题项	频次（人）和百分比（%）					描述性统计量	
		非常同意	同 意	一般	不同意	非常不同意	均值	标准差
湖州市	就业因子	95 (39.1)	138 (56.8)	10 (4.1)	0 (0)	0 (0)	4.34	0.56
	收入因子	92 (37.6)	141 (57.6)	9 (3.7)	2 (0.8)	1 (0.4)	4.31	0.62
	改善因子	79 (32.4)	129 (52.9)	26 (10.7)	10 (4.1)	0 (0)	4.12	0.76
	物价因子	5 (2.1)	18 (7.4)	54 (22.3)	109 (45)	56 (23.1)	2.39	3.27
吴兴区	就业因子	26 (56.5)	19 (41.3)	1 (2.2)	0 (0)	0 (0)	4.40	0.72
	收入因子	27 (58.7)	18 (39.1)	1 (2.2)	0 (0)	0 (0)	4.56	0.55
	改善因子	21 (45.7)	11 (23.9)	7 (15.2)	7 (15.2)	0 (0)	3.98	1.12
	物价因子	2 (4.4)	8 (17.4)	8 (17.4)	11 (23.9)	17 (37.0)	3.33	7.36
南浔区	就业因子	20 (44.4)	22 (48.9)	3 (6.7)	0 (0)	0 (0)	4.38	0.61
	收入因子	19 (40.4)	23 (48.9)	4 (8.5)	0 (0)	1 (2.1)	4.26	0.79
	改善因子	23 (50.0)	15 (32.6)	7 (15.2)	1 (2.2)	0 (0)	4.30	0.81
	物价因子	2 (4.3)	3 (6.5)	8 (17.4)	18 (39.1)	15 (32.6)	2.11	1.08
德清县	就业因子	2 (33.3)	4 (66.7)	0 (0)	0 (0)	0 (0)	4.33	0.52
	收入因子	1 (16.7)	5 (83.3)	0 (0)	0 (0)	0 (0)	4.17	0.41
	改善因子	1 (16.7)	4 (66.7)	1 (16.7)	0 (0)	0 (0)	4.00	0.63
	物价因子	0 (0)	1 (16.7)	3 (50.0)	1 (16.7)	1 (16.7)	2.67	1.03
长兴县	就业因子	5 (55.6)	3 (33.3)	1 (11.1)	0 (0)	0 (0)	4.00	0.82
	收入因子	4 (44.4)	4 (44.4)	1 (11.1)	0 (0)	0 (0)	4.00	0.82
	改善因子	4 (44.4)	4 (44.4)	1 (11.1)	0 (0)	0 (0)	3.75	0.50
	物价因子	0 (0)	1 (11.1)	1 (11.1)	3 (33.3)	4 (44.4)	2.50	1.29
安吉县	就业因子	42 (30.7)	90 (65.7)	5 (3.6)	0 (0)	0 (0)	4.26	0.56
	收入因子	41 (29.9)	91 (66.4)	3 (2.2)	2 (1.5)	0 (0)	4.25	0.57
	改善因子	30 (21.9)	95 (69.3)	10 (7.3)	2 (1.5)	0 (0)	4.11	0.58
	物价因子	1 (0.7)	5 (3.7)	34 (25.2)	76 (56.3)	19 (14.1)	2.22	0.75

注　括号前的数字为频次，括号内的数字为百分比。

从问卷的分析结果来看，湖州居民整体上对旅游的经济影响基本上都持认同态度（认同包括非常同意和同意之和），认为旅游业对促进经济、增加收入、增加就业、改善交通、提高生活等方面都是有利的。但在旅游业发展和物价、房地产价格的关系等方面，居民基本上认为乡村旅游业的发展是造成这些物价上涨的重要原因。

各个区县的感知也有所差异，吴兴区居民普遍赞同旅游业促进就业、增加收入两因子（达 93.3% 和 89.3%）；南浔区和长兴、德清、安吉三县除赞同旅游业促进就业、增加收入两因子（均达 97.8%）外，还普遍认为旅游业在改善交通等公共设施等方面也起到了重要作用（达 82.6%）。

附件 1：乡村旅游对湖州农村发展影响的调查问卷

日期：   地点：   编号：

尊敬的女士/先生：

我们现在正在进行的这项工作是关于"乡村旅游对新农村发展影响"的社会调查，将有关问题以问卷的形式展现在您的面前，希望得到您宝贵的建议。调查采用不记名方式，您无需任何疑虑。问卷不涉及您的个人隐私，仅为科学研究所用。为得到比较科学合理的结果，本次问卷所设项目较多，对于您能拿出宝贵时间和耐心所给予的配合与支持，我们表示由衷的感谢！

下面是关于"旅游发展对农村的总体影响"的一些表述，请您在后面符合您看法的一项中打"√"

	非常反对	反对	中立	同意	非常同意
1. 发展旅游业利大于弊	☐	☐	☐	☐	☐
2. 促进新农村建设	☐	☐	☐	☐	☐
3. 增加就业机会	☐	☐	☐	☐	☐
4. 增加农民收入，提高生活水平	☐	☐	☐	☐	☐

下面是关于"乡村旅游发展对农村环境影响"的一些表述，请您在后面符合您看法的一项中打"√"。

	非常反对	反对	中立	同意	非常同意
1. 加快环境建设，提升地方形象	☐	☐	☐	☐	☐
2. 改善交通状况（内部及对外交通）	☐	☐	☐	☐	☐
3. 提高水电通讯等的建设标准和利用率	☐	☐	☐	☐	☐
4. 政府环保意识增强	☐	☐	☐	☐	☐
5. 农民环保意识增强	☐	☐	☐	☐	☐
6. 改善自然环境质量	☐	☐	☐	☐	☐
7. 使居住和生活环境质量提高	☐	☐	☐	☐	☐
8. 破坏宁静的生活氛围	☐	☐	☐	☐	☐
9. 游人多，居民使用休憩设施的机会减少	☐	☐	☐	☐	☐
10. 旅游生活垃圾多，处理难度大	☐	☐	☐	☐	☐
11. 使噪音增多	☐	☐	☐	☐	☐
12. 过度的商业性开发影响当地风貌	☐	☐	☐	☐	☐
13. 使交通和人口过度拥挤	☐	☐	☐	☐	☐

下面是关于"旅游发展对农村经济的影响"的一些表述，请您在后面符合您看法的一项中打"√"

	非常反对	反对	中立	同意	非常同意
1. 促进当地经济发展	□	□	□	□	□
2. 增加当地财政税收	□	□	□	□	□
3. 增加就业机会	□	□	□	□	□
4. 增加农民个人收入，提高生活水平	□	□	□	□	□
5. 改善经济结构，吸引更多投资	□	□	□	□	□
6. 增加了交通、公共设施等的投入	□	□	□	□	□
7. 房产和地价上涨	□	□	□	□	□
8. 导致物价、服务价格上涨	□	□	□	□	□
9. 旅游发展只使少数人受益	□	□	□	□	□
10. 旅游就业季节性明显	□	□	□	□	□
11. 青年人的经济独立性增强	□	□	□	□	□
12. 外地来本地工作地人数增加	□	□	□	□	□
13. 赚取外汇，平衡收支	□	□	□	□	□
14. 资金通过与旅游相关的企业流出本地	□	□	□	□	□

下面是关于"旅游发展对农村社会文化的影响"的一些表述，请您在后面符合您看法的一项中打"√"

	非常反对	反对	中立	同意	非常同意
1. 旅游提高了本地的知名度	□	□	□	□	□
2. 丰富了农民的文化生活	□	□	□	□	□
3. 提高了农民的凝聚力和对本地的热爱	□	□	□	□	□
4. 促进了民族文化之间的交流	□	□	□	□	□
5. 促进了居民思想观念的更新和开放	□	□	□	□	□
6. 使古建筑、文物得到保护与复兴	□	□	□	□	□
7. 使居民购物和娱乐及服务质量改善	□	□	□	□	□
8. 居民文明礼貌和对陌生人的好客度增加	□	□	□	□	□
9. 居民商品经济意识增强	□	□	□	□	□
10. 普通话得到推广，方言减少	□	□	□	□	□
11. 干扰了居民的日常生活	□	□	□	□	□
12. 本地社会道德标准下降	□	□	□	□	□
13. 使犯罪和不良现象增加	□	□	□	□	□
14. 引起了居民和旅游者之间的冲突	□	□	□	□	□
15. 使本地传统文化的开发商业化庸俗化	□	□	□	□	□
16. 商业道德规范较差	□	□	□	□	□
17. 旅游建筑破坏了本地传统的形象	□	□	□	□	□
18. 旅游促进土特产销售	□	□	□	□	□
19. 旅游导致人际关系恶化	□	□	□	□	□

基本信息：

1. 您的性别：

□女性　　　　□男性

2. 您的年龄：

□18 岁以下　　□18～25 岁　　□26～45 岁　　□46～65 岁　　□65 岁以上

3. 您的受教育程度：

□初中及以下　　□高中/中专　　□大学　　　　□大学以上

4. 您的月收入（人民币）为：

□500 元以下　　□500~1000 元　　□1000~3000 元　　□3000~5000 元　　□5000 元以上

5. 您对乡村旅游的态度

□支持　　　　□中立　　　　□反对

（案例资料由湖州电大提供）

本 章 小 结

本章介绍了统计调查概念、统计调查种类、统计调查方案、统计调查方法、问卷设计等内容。统计调查是按照统计研究的目的和任务，运用科学的统计调查方法，有组织、有计划地向调查单位收集数据资料的过程。一项完整的统计调查方案应包括调查目的、调查对象和调查单位、调查项目和调查表、调查的时间和时限、调查的组织工作等方面。统计调查方法包括普查、抽样调查、重点调查、典型调查和统计报表。一份调查问卷应包括开头部分、甄别部分、主体部分、背景部分和结束语。问卷中的问题类型有两种，一类是开放式问题，一类是封闭式问题。

本章的重点包括统计调查方案设计、普查的概念、抽样调查概念及特点、重点调查的概念、典型调查的概念及特点、问卷的基本结构、问题的类型等内容。

练 习 题

一、判断题

1. 全面调查和非全面调查是根据调查结果所得到的资料是否全面来划分的。（　　）

2. 对某市下岗职工生活状况进行调查，要求在一个月内报送调查结果。所规定的一个月时间是调查时间。（　　）

3. 对我国主要粮食作物产区进行调查，以掌握全国主要粮食作物生长的基本情况，这种调查是重点调查。（　　）

4. 调查单位和填报单位在任何情况下都不可能一致。（　　）

5. 在对现象进行分析的基础上，有意识地选择若干具有代表性的单位进行调查，这种调查属于重点调查。（　　）

二、单选题

1. 统计调查是进行资料整理和分析的（　　）。

A. 基础环节　　　　　　　　　　B. 中间环节

C. 最终环节　　　　　　　　　　D. 必要补充

2. 连续调查与不连续调查的划分依据是（　　）。

A. 调查的组织形式不同　　　　　B. 调查登记的时间是否连续

C. 调查单位包括的范围是否全面　D. 调查资料的来源不同

3. 下述各项调查中属于全面调查的是（　　）。

A. 对某种连续生产的产品质量进行检验

B. 对某地区对工业企业设备进行普查

C. 对钢铁生产中的重点单位进行调查

D. 抽选部分地块进行农产量调查

4. 下列调查中，调查单位与填报单位一致的是（ ）。

A. 企业设备调查　　　　　　　　B. 人口普查

C. 农村耕地调查　　　　　　　　D. 工业企业现状调查

5. 某市工业企业 2009 年生产经营成果年报呈报时间规定在 2010 年 1 月 31 日，则调查期限为（ ）。

A. 一日　　　　　　　　　　　　B. 一个月

C. 一年　　　　　　　　　　　　D. 一年零一个月

6. 重点调查中重点单位是指（ ）。

A. 所调查的标志值在总体中占有很大比重的单位

B. 具有重要意义或代表性的单位

C. 那些具有反映事物属性差异的品质标志的单位

D. 能用以推算总体标志总量的单位

7. 抽样调查的主要目的是（ ）。

A. 计算和控制抽样误差　　　　　B. 推断总体总量

C. 对调查单位作深入研究　　　　D. 广泛运用数学方法

三、多选题

1. 统计调查的方法有（ ）。

A. 统计报表　　　　　　　　　　B. 普查

C. 抽样调查　　　　　　　　　　D. 重点调查

E. 典型调查

2. 普查是一种（ ）。

A. 专门组织的调查　　　　　　　B. 一次性调查

C. 经常性调查　　　　　　　　　D. 非全面调查

E. 全面调查

3. 在工业企业设备普查中（ ）。

A. 工业企业是调查对象　　　　　B. 工业企业的全部设备是调查对象

C. 每台设备是填报单位　　　　　D. 每台设备是调查单位

E. 每个工业企业是填报单位

4. 制定统计调查方案，应确定（ ）。

A. 调查目的和调查对象　　　　　B. 调查单位和填报单位

C. 调查项目和调查表　　　　　　D. 调查资料的使用范围

E. 调查的时间和时限

5. 我国第四次全国人口普查的标准时间是 1990 年 7 月 1 日零时，下列情况应统计人口数的有（ ）。

A. 1990 年 7 月 2 日出生的婴儿　　　B. 1990 年 6 月 29 日出生的婴儿

C. 1990 年 6 月 29 日晚死亡的人　　　　D. 1990 年 7 月 1 日 1 时死亡的人

E. 1990 年 6 月 26 出生，7 月 1 日 6 时死亡的婴儿

四、实训题

【训练项目】　针对本校学生就"大学生吸烟问题"草拟一份市场调查问卷。

第三章 统 计 整 理

1. 了解统计整理在统计活动中的作用。
2. 了解统计整理的内容、组织形式、统计资料审核与汇总的技术。
3. 掌握统计分组的基本理论与方法。
4. 理解分布数列的一些特征。
5. 了解统计图的基本内容。
6. 掌握编制分布数列和统计表的方法。

1. 能依据实际资料进行统计分组。
2. 能依据实际资料编制分布数列和统计表。

第一节 统计整理概述

一、统计整理的概念和意义

统计整理是根据统计研究目的和任务的要求，对统计调查来的各种原始资料进行分组、汇总，使其条理化、系统化，从而得到表现总体特征的综合统计资料的工作过程。统计整理包括对原始资料和次级资料的整理。

统计整理是统计工作的主要环节之一。

首先，统计管理对提炼综合调查资料作用显著。事实上，统计调查取得的各种原始资料往往是分散的、不系统的，表明的是各个总体单位的具体情况，只反映了事物的表面现象或一个侧面，不能说明研究总体的特征与全貌。因此，只有对这些资料进行加工、整理，才能认识事物的总体及其内部联系。

【例3-1】 浙江省新农村建设中，在乡村旅游对农村经济发展影响调查时，所抽样调查的每个乡村资料，只能说明被调查的每个乡村的财政税收、就业机会、农民个人收入等具体情况。必须通过对所有资料进行分组、汇总等加工处理后，才能得到乡村旅游对浙江省农村经济发展影响的综合情况，从而提出发展浙江省乡村旅游的科学决策。

其次，统计整理是统计调查的继续，也是统计分析的基础，它在统计研究中起着承前启后的作用。因此，资料整理得是否正确，直接决定着整个统计研究任务完成的质量，不恰当的加工整理，不完善的整理方法，往往使调查得来的丰富、完备的资料失去价值。因此，必须十分重视统计整理工作。

二、统计整理的方法

统计整理的方法有分组、汇总和编表三种。分组是根据研究任务的要求，对调查所得的原始资料，确定哪些分组或分类。统计分组是统计整理的关键。汇总是在统计分组的基础上，把总体单位各种标志的标志值汇总起来，汇总主要有手工汇总和电子计算机汇总。编表是把汇总的资料按一定的规则在表格上表现出来。

下面先介绍审核与汇总方法，分组和编表方法在后面介绍。

（一）统计资料的审核

为了保证统计资料的质量，在统计资料进行整理前，应该对统计调查材料的准确性、及时性、完整性进行严格的审核，看它们是否达到准确、及时、完整，若发现问题及时纠正。汇总后需对其结果进行逻辑检查和技术性检查，这是保证统计汇总质量的重要手段。统计资料的审核，包括汇总前审核和汇总后审核。

1. 汇总前的审核

为了保证统计质量，汇总前必须对调查资料进行审核。审核的主要内容有三方面：一是审核资料的完整性，主要检查被调查单位是否有遗漏，调查的内容是否齐全。二是审核资料的及时性，检查资料是否按规定时间报送，以及未按时报送的原因。三是审核资料的准确性，检查所调查的原始资料是否准确可靠，这是审核的重点。对资料准确性的审核，通常有两种方法，即逻辑审核和计算审核。逻辑审核主要是看资料的内容是否符合逻辑，指标之间是否有相互矛盾的地方；计算审核是检查调查表或报表中资料的计算口径、方法是否正确，计算结果有无差错，计算单位有无与规定不相符等。

2. 汇总后的审核

汇总后必须对整理好的资料再一次进行审核，改正在汇总过程中所发生的各种差错，保证汇总工作的质量。汇总后的审核可从以下几个方面进行：一是复计审核，即对每个指标数值进行复核计算。二是表表审核，即审核不同统计表上重复出现的同一指标数值是否一致；对统计表中互有联系的各个指标数值，则审核它们之间是否衔接和符合逻辑性。三是对照审核，即对某些统计、会计、业务三种核算都进行计算的指标数值，进行相互对照检查，以便从中发现可能出现的错误。四是表实审核，即对汇总得到的指标数值，与了解的实际情况联系起来进行检查。无论是汇总前还是汇总后，在审核中发现错误时，应查明原因，及时订正。

（二）统计资料的汇总

1. 统计汇总技术

根据汇总的要求和工作条件选择适当的汇总组织形式和具体方法对原始资料进行整理、加工。汇总技术主要有两种：手工汇总和电子计算机汇总。

手工汇总是指以算盘和计算器为手段，通过手工操作对统计资料进行汇总。实际工作中常用的方法有点线法、过录法、折叠法、卡片法等四种。由于手工汇总速度慢、易出差错，已被逐步淘汰，取而代之的是现代化的汇总技术——电子计算机汇总。

电子计算机汇总，是统计工作现代化的重要标志之一。它不仅具有计算容量大、速度快、准确程度高的特点，而且还可以进行逻辑运算和数据储存。运用电子计算机进行数据处理，其全过程大致分为5个步骤：

（1）编辑。即根据汇总方案编制计算机运行程序，包括统计分组、汇总、制表等程序设计。

（2）编码。即根据程序的规定把汉字信息数字化。编码的质量不仅影响数据录入的速度和质量，而且还将影响数据处理的最终结果，如我国1982年第三次全国人口普查组织了10万多人进行了细致的编码工作。

（3）数据录入。即把经过编码后的数据和实际数字通过录入设备记载到存储介质上（如软磁盘、磁带、纸带、穿孔卡片等），以备电子计算机操作时调用。

（4）逻辑检查（也称编辑）。即按照事先规定的一套逻辑检查规则对输入电子计算机的原始数据进行分析、比较、筛选和整理。将误差超过允许范围的数据退回审改，允许误差范围以内的个别错误则由计算机按编辑规则自行改正。决定逻辑检查效果的关键，是制定的编辑规则是否合乎情理。

（5）制表打印。在所有数据经过逻辑检查之后，由电子计算机按照事先规定的汇总表示和汇总层次进行统计制表，并通过输出设备把结果打印出来。

电子计算机的这些功能，不仅极大地节省了人们的手工劳动，而且给整个统计工作过程带来重大变革。

2. 统计汇总的基本组织形式

统计汇总的基本组织形式有逐级汇总和集中汇总，此外还有由这两种形式结合而成的综合汇总。在这几种组织形式中，逐级汇总是最常用的。

（1）逐级汇总。逐级汇总即按照一定的统计管理体制，自下而上地逐级对调查资料进行汇总。这种组织形式的优点是能满足各地区、各部门对资料的需要，同时便于就地审核和订正原始资料。缺点是汇总层次较多，耗费时间较长，发生差错的可能性比较大。我国的定期统计报表一般都属于逐级汇总。

（2）集中汇总。集中汇总即将全部原始资料集中在组织调查的最高机关或它指定的机构进行汇总。这种组织形式的特点是：不经过中间环节，可以大大缩短汇总时间，便于贯彻统一的汇总纲要，并且可以使用现代化的汇总手段来提高汇总效率和质量。因此，对时效性强的快速普查和对汇总要求很高的一些重要调查，常常采用集中汇总形式。但集中汇总不能及时满足地方或基层领导的需要，审核和订正资料也较困难。

（3）综合汇总。综合汇总即对各级都需要的基本资料实行逐级汇总，对调查所得的其他资料则实行集中汇总。这种组织形式既满足了各级对统计资料的需要，又有利于节约时间，是逐级汇总和集中汇总相结合的产物。

第二节 统 计 分 组

统计分组是根据研究任务的要求和现象总体内在的特点，将统计总体按照一定的标志划分为若干组成部分的一种统计分析方法。总体的这些组成部分称为"组",也就是大总体中的小总体。统计分组对总体而言是"分",即把统计总体划分为一定意义上的性质相异的若干个组;对个体而言是"合",即把一定意义上的性质相同的个体组合成一组。其分组原则是,保证组间各单位具有差异性,组内各单位具有同质性。对统计总体进行分组,是由统计总体中各个总体单位所具有的"差异性"特征所决定的。统计总体中的各个单位,一方面,在某一个或几个标志上具有相同的性质,可以被结合在同一个性质的总体中;另一方面,又在其他标志上具有彼此相异性质,从而又可以被区分为性质不同的若干个组成部分。

【例 3 - 2】 在浙江省星级酒店这个总体中,我们可以按照不同的星级将酒店划分为三星级酒店、四星级酒店、五星级酒店等组,每一组内各星级酒店规模相同,而组与组之间的经营规模不同。又如,可以把浙江省成人高校学生总体按专业、年级、性别、年龄等方面的不同划分为各个不同的组。

一、统计分组的意义

统计分组是统计特有的方法。统计分组的目的就是揭示各组之间性质上的差异。通过分组使组与组之间产生性质上的差异,而各组内性质保持相同,从而实现统计总体内部结构的分类。通过对总体进行科学分组,才能对社会经济现象进行分门别类的研究,通过对现象各个局部的了解,可以更加深刻地认识事物的本质。

二、统计分组的作用

统计分组在统计分析中具有重要的作用,主要表现在区分社会经济现象的类型、反映社会经济现象总体的内部结构、分析社会经济现象之间相互依存的关系三个方面。

(一) 区分社会经济现象的类型

社会经济现象千差万别,性质各异,任何一批数据都存在着差异,在进行统计分组之前,这种差异处于无序状态,显现不出来,通过统计分组,反映出了统计总体的基本性质和特征。分组实际上就是按差异的大小进行分类,差异小的归入一组,差异大的归入不同的组。因此,统计分组的结果使组内的差异缩小,而组与组之间的差异扩大。所以说,统计分组的过程就是区别事物性质的过程。把复杂社会经济现象中的各个性质不同的社会经济现象的类型加以区分,找到它们之间质的差别,这种统计分组具有一定的政治经济意义。

【例 3 - 3】 国民经济按行业分组,可以划分为 20 个行业门类:①农、林、牧、渔业;②采矿业;③制造业;④电力、燃气及水的生产和供应业;⑤建筑业;⑥交通、运输、仓储及邮政业;⑦信息传输、计算机服务和软件业;⑧批发和零售业;⑨住宿和餐饮业;⑩金融业;⑪房地产业;⑫租赁和商务服务业;⑬科学研究、技术服务和地质勘探业;⑭水利、环境和公共设施管理;⑮居民服务和其他服务业;⑯教育;⑰卫生、社会保障和社会福利业;⑱文化、体育和娱乐业;⑲公共管理和社会组织;⑳国际组织。通过这样的分类,可以反映我国各行业的现状分布情况,为进一步研究其水平与结构,以及科学发展提供了直观的统计资料。

(二)反映社会经济现象总体的内部结构

对零星分散的统计资料,经过统计分组后,可以从数量上发现总体内部的结构。在分组的基础上以计算各部分占总体的比重来表达总体内部结构,可体现部分与整体的关系以及各部分之间存在的差别和相互联系。通过比较总体内部结构的动态变化,还可以揭示现象发展变化的过程和规律。

【**例 3 - 4**】 某公司有 100 名工人,平均分成 10 个小组,生产定额为每人每天生产零部件 500 件,2010 年 1 月 10 日每个工人完成生产定额的情况如下(单位:件):

一组:520 520 520 520 550 550 580 580 580 580
二组:540 540 540 540 540 540 540 540 540 540
三组:540 540 540 540 540 540 540 540 580 580
四组:520 520 520 520 530 500 500 500 500 500
五组:510 510 520 520 520 500 510 510 500 500
六组:530 530 530 540 620 620 620 620 720 720
七组:720 720 630 630 630 630 620 620 620 620
八组:650 650 650 650 650 650 650 650 650 650
九组:580 580 580 580 580 580 580 580 580 580
十组:480 480 480 480 480 450 450 420 430 430

从上面资料中,我们只能大体看出各组完成生产定额情况有高有低,而很难看出 100 人总的情况及特点。下面将资料进行分组并汇总进行观察,见表 3 - 1。

表 3 - 1　　　　　　　　　　　　**某公司工人完成生产定额情况**

按完成件数分组(件)	工人人数(人)
500 以下	10
500～550	48
550～600	16
600～650	12
650～700	10
700 以上	4
合　计	100

从表 3 - 1 的资料中,我们可以对该车间生产情况作出综合评价,指出其特点:

(1) 90% 以上的工人完成了生产定额。

(2) 在完成生产定额的工人中,略超过生产定额的工人(完成 500～550 件)占 48%,超过生产定额较多的工人占 42%。

总的结论是该公司工人生产定额完成得比较好,绝大部分能完成或超额完成生产定额。如果不经过上述分组,就难以观察出这些特点。

【**例 3 - 5**】 改革开放以来我国第一、第二、第三产业之间的关系见表 3 - 2。

表 3 - 2　　　　　国内生产总值中各产业比例构成变化情况表　　　　　　　%

年　　份	1983	1988	1993	1998	2003	2008
第一产业	33.2	25.7	19.7	17.6	12.8	11.3
第二产业	44.4	43.8	46.6	46.2	46.0	48.6
其中：工业	39.9	38.4	40.2	40.3	40.5	42.9
建筑业	4.5	5.4	6.4	5.9	5.5	5.7
第三产业	22.4	30.5	33.7	36.2	41.2	40.1
其中：交通运输、仓储和邮电业	4.6	4.5	6.1	5.5	5.8	5.9
批发和零售业	3.3	9.9	8.0	8.2	8.2	7.3

注　资料来源于 2008 年《中国统计年鉴》。

从表中的各组构成情况，可以看到国民经济内部产业结构随着时间的推移不断地发生变化，尤其明显的是，第三产业的比例在逐渐上升，说明人民的消费水平在不断提高。

（三）分析社会经济现象之间相互依存的关系

根据统计的研究目的，按照一定标志对总体进行分组，然后观察相关标志的变化。可以发现社会经济现象之间广泛存在着相互联系、相互依存和相互制约的关系。

【例 3 - 6】　工业企业中，劳动生产率与利润的依存关系；商业企业中，商品销售额与流通费用的关系；人口统计中，吸烟者与肺癌患者的关系等都可以通过分组来解释。

三、统计分组的种类

统计分组按其分组标志的多少及其排列形式，可以区分为简单分组、复合分组和分组体系。

在现实经济生活中，这三种形式都有广泛的应用价值。

（一）简单分组

简单分组就是对被研究现象总体只按一个标志所进行的分组。这种分组比较简单，它只能说明社会经济现象某一方面的状况。例如，人口按性别或年龄分组、企业按所有制或规模大小进行分组等。

（二）复合分组

复合分组就是对被研究现象总体按两个或两个以上的标志结合起来所进行的分组。具体的排列形式既可以是层叠式又可以是交叉式。复合分组能对总体作出更加全面和深入的分析，反映其内部类型和结构特征。但复合分组的组数将随着分组标志个数的增加而成倍地增加。因此，在进行复合分组时，分组标志个数不宜过多，要适当加以控制（表 3 - 3）。

表 3 - 3　　　　　　　2008 年全国高等学校分科在校学生数

指　标	总　　计	经济学	工　学	管理学	……
合计	20210249	1028338	7272009	3958899	
本科	11042207	668269	3475740	1800764	
专科	9168042	360069	3796269	2158135	

（三）分组体系

在统计整理中，为了全面认识被研究现象总体，常常需要运用多个分组标志对总体进行分组，形成一系列相互联系、相互补充的分组体系。应用分组体系，可以从不同角度、不同方面对某一社会经济现象作出比较全面的说明。例如，对国民经济总体进行统计研究，必须通过按经济类型、部门、产业、地区、管理系统等多种分组，形成国民经济分组体系。在我们所要研究现象总体中，总是可以选择一系列标志进行分组，所以分组体系是客观存在的，组与组之间层层深入、相互联系、相互补充。

　　统计分组体系分为平行分组体系和复合分组体系两种。平行分组体系就是对同一总体同时选择两个或两个以上的标志分别进行简单分组，然后并列在一起就形成了平行分组体系。表3-4是研究大学生毕业就业情况的平行分组体系。复合分组体系就是多个复合分组组成的分组体系，见表3-5。

表 3-4　　　　　　　　　　　大学生毕业就业情况平行分组体系

项 目	按学历分组		按性别分组		按学科性质分组	
	本科	专科	男学生	女学生	文科	理科
就业人数						
合 计						

表 3-5　　　　　　　　　　　大学生毕业就业情况复合分组体系

大 学 生 分 组			就 业 人 数
本科	文科	男学生	
		女学生	
		小计	
	理科	男学生	
		女学生	
		小计	
专科	文科	男学生	
		女学生	
		小计	
	理科	男学生	
		女学生	
		小计	
合　计			

　　平行分组体系的特点是，每一分组只能固定一个因素对差异的影响，不能固定其他因素对差异的影响。应用平行分组体系，其多种分组相互独立而不重叠，既可以从不同的角度、不同方面对某一社会经济现象作出比较全面的说明，反映事物的多种结构，又不至于使分组过于繁琐，故这种分组被广泛采用。复合分组体系的特点是，第一次分组只固定一个因素对差异的影响，第二次分组同时固定两个因素对差异的影响，依次类推，当最后一次分组时，则所有的分组标志对差异的影响已全部被固定。复合分组体系可以更深入细致地研究总体的内部结构，反映问题全面深入。但其组数会随着分组标志的增加而成倍地增

加，使各组的单位数减少，次数分布不集中，不易揭示总体的本质特征。因此复合分组体系不宜采用过多的分组标志，也不宜对较小总体进行复合分组。

四、品质分组与变量分组

根据分组标志的不同特征，统计总体可以按品质标志分组，也可以按数量标志分组。

（一）按品质标志分组

按品质标志分组就是用反映事物属性的标志作为分组标志，它可以将总体单位划分为若干性质不同的组成部分。直接反映事物间质的差别，给人以明确、具体的概念。因为事物的属性差异是客观存在的，有些品质标志分组，由于界限清晰，分组标志有几种具体表现，就分成几组。例如，职工按性别、文化程度、技术等级、籍贯等标志分组；企业按经济类型、轻重工业、企业规模等标志分组等。

（二）按数量标志分组

按数量标志分组就是用反映事物数量差异的标志作为分组标志，将总体各单位划分为若干个组。按数量标志分组的目的，并不是单纯确定各组在数量上的差别，而是要通过数量上的变化来区分各组的不同类型和性质。因此，按数量标志分组，应根据事物内在特点和统计研究的要求，先确定总体在某数量标志的特征下有几种性质不同的组成部分，再研究确定各组成部分之间的数量界限。正确选择决定事物性质差别的数量界限是按数量标志分组中的一个关键问题。

根据总体各单位某一数量标志值的变动特征，可供选择的分组方式有单项式分组和组距式分组两种。

1. 单项式分组

单项式分组即按每一个具体变量值对现象总体所进行的分组。

【例 3 - 7】 杭州某 4S 店 2010 年 1 月员工销售汽车数分组表（表 3 - 6）。

单项式分组一般适用于离散型变量，且在变量值不多、变动范围有限的条件下采用。当离散型变量变动范围比较大、统计单位数又很多的情况下，若采用单项式分组，把每一变量值作为一组，则必然会使分组的组数过多，各组次数过于分散，不能反映总体内部各部分的性质和差异，从而失去了统计分组的真正意义。至于连续型变量，由于其变量值无法一一列举，更不能采用单项式分组，在这些情况下就需要采用组距式分组方法。

表 3 - 6　杭州某 4S 店 2010 年 1 月员工销售汽车数分组表

按销售汽车数分组（辆）	工人数（人）
1	3
2	3
3	2
4	2
合计	10

2. 组距式分组

组距式分组即按变量值的一定范围对现象总体所进行的分组。在现象总体的变动范围内，将其划分为若干个区间，各区间内的所有变量值作为一组，其性质相同，组与组之间的性质相异。与单项式分组相比较，各组的变量值不是某一具体的点值，而是一个区间。

【例 3 - 8】 2009 年浙江湖州某集团公司下属 15 个企业受经济危机的影响，生产计划完成程度情况不理想，具体分组如下（表3－7）。

表3－7　　　　　浙江湖州某集团公司下属15个企业生产计划完成程度分组表

企业按生产计划完成程度分组 （％）	企业数 （个）	计划产值 （万元）	占计划产值 比重（％）
90以下	2	1000	5
90～100	5	6000	30
100～110	5	8000	40
110～120	2	4000	20
120以上	1	1000	5
合计	15	20000	100

　　组距式分组一般在变量值变动幅度较大的条件下采用。在组距式分组中，涉及到组限、组距、组数、组中值等分组要素。

　　组限是用来表示各组之间界限的变量值，是决定事物质量的数量界限。其中，在每一组中最小的变量值为下限，最大的变量值为上限。如表3－7中，左栏数据都是组限，在第二组中"90"是下限，"100"是上限。

　　组限的表达形式与变量的特点密切相关。如果分组标志是连续型变量，组限一般用重叠式表达；如果分组标志是离散型变量，组限一般用不重叠式表达。所谓重叠式，就是相邻两组中，前一组的上限与后一组的下限数值相重叠。如表3－7的组限100既作为第二组的上限，又作为第三组的下限，数值重叠。那么这些变量值应归属于哪一组呢？统计上一般按"上限不在内"的原则进行处理，反过来说，就是下限在内，如"完成计划100％"的企业应归属于第三组，其余类推。所谓不重叠式，是指前一组的上限与后一组的下限，两变量值紧密相连但不重叠。

　　组距是指一组变量值的区间长度，也就是每一组的上限与下限之间的差量，即"组距＝上限－下限"。如表3－7中，第二组的组距＝100％－90％＝10％。

　　组距式分组中，常常会遇见首末两组"开口"的情况，即用"×××以下"表示第一组，用"×××以上"表示最后一组，这些有上限无下限或有下限无上限的组，称为开口组。如表3－7中"90以下"和"120以上"两组。

　　组距式分组中，根据各组的组距是否相等可以分为等距分组和异距分组。各组组距都相等的分组称为等距分组，不相等则称为异距分组。表3－7是异距分组。

　　组数，即分组个数。在研究总体一定的情况下，组数的多少和组距的大小是紧密联系的。一般来说，组数和组距成反比关系。在对同一现象进行分组时，组数少，则组距大；组数多，则组距小。如果组数太多，组距过小，会使分组资料繁琐、庞杂，难以显现总体内部的特征和分布规律；如果组数太少，组距过大，可能会失去分组的意义，达不到正确反映客观事实的目的。在确定组距和组数时，应注意保证各组都能有足够的单位数，组数既不能太多，也不宜太少，应以能充分、准确体现现象的分布特征为宜。

　　组中值，即各组变量值的代表性水平。在重叠式组限的分组中，它是各组上限与下限的简单平均数；在非重叠式组限的分组中，它一般是本组下限与后一组下限的简单平均数，即

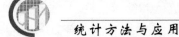

重叠式组限组的组中值＝（上限＋下限）÷2　　　　　　　　　　（3－1）

非重叠式组限组的组中值＝（本组下限＋后一组下限）÷2　　　　（3－2）

当遇到缺少上限或缺少下限的开口组时，其组中值以相邻组组距为依据计算。即

缺下限组的组中值＝上限－邻组组距÷2　　　　　　　　　　　（3－3）

缺上限组的组中值＝下限＋邻组组距÷2　　　　　　　　　　　（3－4）

应当指出，在组距式分组中，组距掩盖了分布在组内各单位的实际变量值，因此需要用组中值来代表该组的一般水平，这就是组中值在统计分析中被广泛采用的原因。利用组中值计算的平均指标等都是近似值。

第三节　统　计　分　布

统计分布是统计整理结果的一种重要表现形式，也是统计描述和统计分析的重要内容。它可以表明总体的分布特征和内部结构，并为研究总体中某种标志的平均水平及其变动规律提供依据。

一、统计分布的概念和种类

将总体按某一标志进行分组，并按一定顺序排列出每组的总体单位数，形成总体中各个单位在各组间的分布，称为统计分布，也称为分配数列和次数分布。在分配数列中，分布在各组的总体单位数叫做次数，又称频数。各组次数与总次数之比称为比重，又称频率。由此可见，分配数列有两个组成要素：一个是分组，另一个是次数或频率。

根据分组标志性质的不同，分布数列分为两种：一是按品质标志分组而形成的品质分布数列，简称品质数列；二是按数量标志分组而形成的变量分布数列，简称变量数列。变量数列按其分组方式不同又有两种，即按单项式分组而形成的单项式数列和按组距式分组而形成的组距式数列。

【例3-9】　我国2000年第五次全国人口普查中，人口按民族、性别、籍贯等分组所形成的数列都属于品质数列。表3-8是人口按性别分组形成的品质数列。

表3-8　　　　　　　　　　　　2000年我国人口性别构成情况

人口按性别分组	人口数（万人）	占总人口的比重（%）
男	65355	51.63
女	61228	48.37
合　计	126583	100

二、统计分布的编制

品质数列和单项式变量数列的次数分布表相对比较简单。但是组距式变量数列的编制，其灵活性较大，即使对于同一研究目的和同一原始资料，由于不同工作者的认识水平和工作习惯不同，也会得出不同的结果，但必须强调，编制组距式变量数列一定要客观反映现象的总体特征。

(一) 单项式变量数列的编制

【例 3-10】 某生产车间 50 名工人日加工零件数（单位：个）如下：

117 122 124 129 139 107 117 130 122 125
108 131 125 117 122 133 126 122 118 108
110 118 123 126 133 134 127 123 118 112
112 134 127 123 119 113 120 123 127 135
137 114 120 128 124 115 139 128 124 121

试编制单项式变量数列。

首先，将总体各单位标志值由小到大排列：

107 108 108 110 112 112 113 114 115 117
117 117 118 118 118 119 120 120 121 122
122 122 122 123 123 123 123 124 124 124
125 125 126 126 127 127 127 128 128 129
130 131 133 133 134 134 135 137 139 139

其次，以总体各单位标志值为各组标志值，以总体各单位标志值出现的次数为各组次数编制单项式变量数列，见表 3-9。

表 3-9 　　　　　　　　　某车间 50 名工人日加工零件数分组表

零件数（个）	频数（人）	零件数（个）	频数（人）	零件数（个）	频数（人）
107	1	119	1	128	2
108	2	120	2	129	1
110	1	121	1	130	1
112	2	122	4	131	1
113	1	123	4	133	2
114	1	124	3	134	2
115	1	125	2	135	1
117	3	126	2	137	1
118	3	127	3	139	2

通过所给资料我们编制成了单项式变量数列，但却很难看出 50 名工人日加工零件数的分布特点。因为该资料中，变量值不但多达 27 个，而且变量值由 107～139 变动的范围也比较大，即使能一一列举，也不适宜编制单项式变量数列。如果编制成组距式变量数列，又会是什么结果呢？

(二) 组距式变量数列的编制

仍以上题为例，编制组距式变量数列。编制过程如下：

第一步，计算全距。

将总体各单位标志值由小到大排列，找出最大标志值与最小标志值，二者之差就是全距。上例中全距＝139－107＝32（件）。

第二步，确定组数和组距。

在同一变量数列中，组数与组距相互制约，组距大，组数就少；组距小，组数就多。组数与组距的确定，应力求符合现象的实际情况，充分体现总体分布的特征。二者谁先被确定，应视具体情况全面考虑。如果先确定组距，除考虑上述要求外，还要充分考虑原始资料分配的集中程度或集中趋势，以及组内的同质性、组间的差异性。一般来讲，组数确定为 5～7 为宜。

上例中，组距为 5 件，相应的组数为 7 组。

第三步，确定组限和组中值。

确定组限要考虑以下几点：

（1）最小组的下限（起点值）可以略低于最小变量值，最大组的上限（终点值）可以略高于最大变量值。

（2）如果组距是 5，10，…，100，则每组的下限最好是它的倍数。

（3）组限的具体表示方法，应视变量的性质而定。

第四步，计算各组次数和组中值，见表 3－10。

表 3－10   某车间 50 名工人日加工零件数分组表

按零件数分组（个/人）	频数（人）	频率（%）	组中值（个/人）
105～110	3	6	107.5
110～115	5	10	112.5
115～120	8	16	117.5
120～125	14	28	122.5
125～130	10	20	127.5
130～135	6	12	132.5
135～140	4	8	137.5
合　计	50	100	—

从组距式变量数列中可以看到，50 名工人日加工零件数主要集中在 115～129 件，占 64%。在某一变量数列中，标志值构成的数列表示标志值的变动幅度，而频数构成的数列则表示相应标志值的作用程度。频数越大则相应组的标志值对全体标志水平所起的作用也越大；反之，则相应组的标志值所起的作用越小。因此，在整理和分析的时候，我们不但要注意各组标志值的变动范围，而且，也要注意各组标志值的作用大小，即频数的大小。将各组单位数和总体单位数相比，既可以表明各组标志值出现的频率的大小，也可以表明各组标志值对总体的相对作用程度。

三、累计频数和累计频率

在研究次数分布的时候，我们常常还需要编制累计频数数列和累计频率数列。其方法通常是首先列出各组的组限，然后依次累计到本组为止的各组频数，求得累计频数。将累计频数除以频数总和即为累计频率。承上例，累计频数与累计频率计算见表 3－11。

表 3-11			某车间 50 名工人日加工零件数分组表			
按零件数分组 (个/人)	频数（人）	频率（%）	向上累计		向下累计	
			频数（人）	频率（%）	频数（人）	频率（%）
105~110	3	6	3	6	50	100
110~115	5	10	8	16	47	94
115~120	8	16	16	32	42	84
120~125	14	28	30	60	34	68
125~130	10	20	40	80	20	40
130~135	6	12	46	92	10	20
135~140	4	8	50	100	4	8
合　计	50	100	—	—	—	—

累计频数和累计频率的意义是很明显的。上表中"向上累计"栏是将各组频数和频率从变量值低的组向变量值高的组累计，故称为向上累计，各组累计数的意义是各组上限以下的累计频数或累计频率。当我们所关心的是标志值比较低的现象的次数分布情况时，通常采用向上累计，以表明在这些数值以下的所有数值所占的比重。例如，表 3-11 中的第一组资料说明在 50 个工人中，日加工零件数在 109 件以下的有 3 人，占总数的 6%；第二组资料说明日加工零件数在 114 件以下的有 8 人，占总数的 16%，等等。有时为表示在一定标志值以上的累计频数和累计频率，则要从变量值高的组向变量值低的组累计，来求得累计频数和累计频率，称为向下累计，见表 3-11 "向下累计"栏，各组累计数的意义是各组下限以上的累计频数或累计频率。当我们所关心的是标志值比较高的现象的次数分布情况时，通常采用向下累计，以表明在这些数值以上的所有数值所占的比重。例如，表 3-11 中的第五组资料表示在 50 个工人中，日加工零件数在 125 件以上的有 20 人，占总数的 40%；第三组资料表示日加工零件数在 115 件以上的有 42 人，占总数的 84%，等等。由此可见，累计频数和累计频率可以更简便地概括总体各单位的分布特征。

四、次数分布的主要类型

社会经济现象总体的性质不同，其次数分布也不同。次数分布曲线多种多样，人们通过长期观察和总结，将其归纳为四种类型。

（一）钟形分布

如果一个次数分布数列呈现这样的特征：较大变量值和较小变量值的分布次数都较少，中间变量值分布次数较多，绘制成的曲线图形状宛如一口古钟，这时就可以称该现象的次数分布为钟形分布，有时也称为丘形分布，如图 3-1 (a) 所示。这类分布以标志变量的平均值为中心，沿着对称轴向两边发展，愈接近中心，分配的次数愈多，愈远离中心，分配的次数愈少，形成"两头小，中间大"的钟形的分布曲线。钟形分布在社会经济现象中最为常见，也最符合人们认识问题的习惯。例如，一个班级学生的考试成绩，差的和好的总是少数，居于中游者人数最多。再如人群身高的分布、机械零件公差的分布、一般社会居民收入的分布等，基本上都表现为钟形分布或接近钟形分布的分布特征。了解这些分布状态,将有助于我们进一步认识事物的本质及其发展变化的规律性。

(二)U 形分布

U 形分布的特征与钟形分布恰恰相反,靠近中间的变量值分布次数少,靠近两端的变量值分布次数多,分布特征是"两头大,中间小"。绘成的曲线图,形如英文字母"U",如图 3-1(b)所示。例如,人口在不同年龄上的死亡率一般近似地表现为 U 形分布。因为在正常情况下的人口总体中,幼儿死亡率和老年人死亡率较高,而中年人死亡率较低(特殊时期例外)。

(三)J 形分布

J 形分布有正反两种情况:次数随变量值增大而增多,绘成的曲线图形如英文字母"J",称为 J 形分布,如图 3-1(c)所示;次数随变量值增大而减少,绘成的曲线图犹如反写的英文字母"J",称为反 J 形分布,如图 3-1(d)所示。

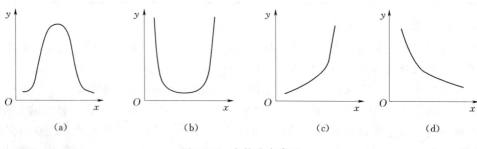

图 3-1　次数分布类型

(四)洛伦兹分布

洛伦兹曲线专门用以检定社会收入分配的平等程度。洛伦兹曲线拓展可运用于其他社会经济现象,研究总体各单位标志分布集中状况或平均性。洛伦兹曲线又称集中曲线,其运作的条件是:现象总体各组频率与相应的各组标志总量的比重。

第四节　统 计 表 和 统 计 图

一、统计表

统计调查得来的大量原始资料,经过汇总整理之后,按照规定的要求填在相应的表格内,这种填有统计资料的表格叫做统计表。

统计表对表现统计资料具有重要的作用:

第一,它能够把说明总体单位特征的原始资料过渡为综合反映总体数量特征的表格资料,使统计资料的表现条理化、系统化和标准化。

第二,它能够科学合理地组织统计资料,便于比较对照、分析研究现象的规模、速度和比例关系。

(一)统计表的结构

(1)从统计表的形式看,统计表由四部分构成(表 3-12)。

1）总标题：它是统计表的名称，用以概括表中统计资料的主要内容，一般位于表的上方居中。

2）横行标题：它是各组的名称，反映总体单位的分组情况。一般是横行内容的名称，代表统计表所要说明的对象（总体及其分组），通常也称为主词，一般列在表内的左边。

3）纵栏标题：它是分组标志或指标的名称，说明纵栏所列各项资料的内容。一般是纵栏内容的名称，是用来说明主词情况的统计指标名称，通常也称为宾词，一般在表内的上方。

4）数字资料：也称指标数值，它是统计表的具体内容，每一项指标数值都由相应的横行标题和纵栏标题加以限定。

（2）从统计表的内容看，统计表包括主词和宾词两个部分（表3-12）。

主词是统计表所要说明的总体，以及总体的各单位、各组的名称，或者各个时期。

宾词是统计表用来说明主词的各个指标，包括指标名称、单位及指标数值。

总标题

表 3-12 　　　　　　　　　　　　**2002 年固定资产投资情况**

	绝对数（亿元）	比上年增长（%）	纵栏标题
全社会固定资产投资	43202	16.1	
其中：国有及其他固定资产投资	31020	17.0	数字资料
集体经济投资	5902	11.8	
城乡居民个人投资	6280	15.7	

（左侧纵向文字：横行标题）　　　主词栏　　　　　　　　　　　　宾词栏

另外，为了补充统计表中未说明的问题，统计表往往还附有一些说明，包括资料来源、指标计量方法、填报单位、填表人、填表日期等。

（二）统计表的种类

统计表的种类可根据主词的结构来决定，按照主词是否分组和分组的程度，分为简单表、分组表和复合表。

1. 简单表

简单表是主词未经任何分组的统计表，主词是由总体单位名称组成的一览表，主词是由地区、国家、城市等目录组成的区域表，主词是按时间顺序组成的编年表等。

2. 分组表

分组表是主词按一个标志进行分组的统计表，利用分组来揭示现象的不同特征，研究总体的内部构成，分析现象之间的依存关系。

3. 复合表

复合表又称复合分组表，是对总体的统计单位按两个或两个以上的标志进行交叉重叠分组而形成的统计表。复合表可以反映所研究对象受几种因素的共同影响而发生的变化。

我们这里所说的简单表、分组表和复合表，是按同一个原始资料设计的，请注意它们之间的联系，特别是指标计算上的联系。

（三）统计表的编制规则

为使统计表的设计合理、科学、实用、简明、美观，在编制统计表时，必须遵守以下规则：

（1）统计表的各种标题，特别是总标题的表达，应该十分简明、确切，能够概括地反映出统计表的基本内容，总标题还应该标明资料所属的时间和空间。

（2）统计表的左右两端习惯上均不画线，采用开口式。

（3）如果统计表的栏数较多，通常要加以编号，主词和计量单位等栏，用（甲）、（乙）、（丙）等文字标明；宾词指标各栏，用（1）、（2）、（3）等数字编号。各栏之间若有计算关系，可以用数字符号表示。如（3）＝（2）×（1），表示第（3）栏等于第（2）栏乘以第（1）栏。

（4）表中数字应该填写整齐，对准位数，当数字为 0 或因数小可忽略不计时，要写上 0；当缺乏某项资料时，用符号"…"表示；不应有数字时用符号"—"表示。

（5）表中的横行"合计"，一般列在最后一行（或最前一行），表中纵栏的"合计"一般列在最前一栏。

（6）统计表中必须注明数字资料的计量单位，当表中只有一种计量单位时，可以把它写在表头的右上方。如果表中需要分别注明不同的单位，横行的计量单位可以专设一栏；纵栏的计量单位，要与纵栏标题写在一起，用小字标写。

（7）必要时，统计表应加说明或注解。例如，某些指标有特殊的计算口径，某些资料只包括一部分地区，某些数字是由估算来插补的，这些都要加以说明。此外还要注明统计资料的来源，以便查考。说明或注解一般写在表的下端。编制实用、美观的统计表，关键在于实践，通过经常观察、揣摩并动手绘制，才能熟练掌握。

二、统计图

（一）统计图的概念

统计图是利用几何图形或具体形象表现统计资料的一种形式。在统计学中把利用统计图形表现统计资料的方法叫做统计图示法。其特点是：形象具体、简明生动、通俗易懂、一目了然。因而绘制统计图是统计整理的重要内容之一。

统计图可以表明现象的规模、水平、结构、对比关系、依存关系、发展趋势和分布状况，有利于进行统计分析和研究。目前主要利用 Excel 绘制统计图。

（二）统计图的种类

常用的统计图主要有柱形图、圆形图、曲线图、象形图和统计地图。

1. 柱形图

柱形图又称条形图、直方图，是以宽度相等的条形高度或长度的差异来显示统计指标数值多少或大小的一种图形。柱形图简明、醒目，是一种常用的统计图形。它可以用来说明或比较同一指标在不同时间、地点、单位的发展变化。

【例 3-11】 由表 3-13 可以绘制国内生产总值中第三产业比重变化柱形图（图 3-2）。

表 3-13　　　　　　　　　国内生产总值中第三产业比重变化情况表　　　　　　　　　%

年　　份	1983	1988	1993	1998	2003	2008
第三产业	22.4	30.5	33.7	36.2	41.2	40.1

2. 圆形图

圆形图是以圆形或圆内扇形的面积大小来显示统计资料的一种图形。它主要用于反映现象的内部结构及其变化。绘制圆形图时，每个圆的面积代表100%，然后分别绘制各部分所代表的百分比。其方法是用圆的总度数360度分别乘以各部分的比例，从而换算出相应部分在圆内的圆心角度数，据此分割圆内总面积。如果将不同时间或不同单位的圆形图绘制在一起，还应依据两者该项总量指标之间的比例关系来确定圆与圆之间的比例关系。圆形图要有图例说明。

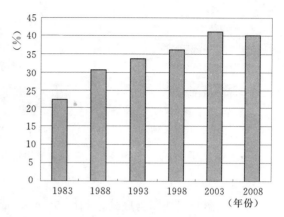

图3-2　国内生产总值中第三产业比重变化情况

【例3-12】　图3-3是2007年国内生产总值中各产业比例圆形图。

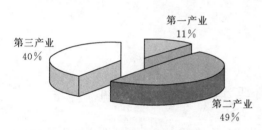

图3-3　2007年国内生产总值中
各产业比例圆形图

3. 曲线图

曲线图又称折线图，是利用曲线的升降变化来表示被研究现象发展变化趋势的一种图形。它在分析研究社会经济现象的发展变化、依存关系等方面具有重要作用。绘制曲线图时，如果是某一现象的时间指标，应将时间绘在坐标的横轴上，指标绘在纵轴上。如果是两个现象依存关系的显示，可以将表示原因的指标绘在横轴上，表示结果的指标绘在纵轴上。同时还应该注意整个图形的长宽比例。

【例3-13】　某城市2007年、2008年和2009年家用轿车年销售量为1.81万辆、2.72万辆和3.56万辆，可用曲线图表示（图3-4）。

4. 象形图

象形图是以表示现象本身形象的长度、大小、多少来显示统计指标数值的一种图形。它是统计图中最具体、最鲜明生动的图形，可给人以深刻的印象，在进行成果展览、群众性宣传等方面得到了广泛的应用。绘制象形图时，应先确定显示统计数据的面积，然后将实物形象与面积大小相结合，从而给人以具体、形象、生动活动的印象。

【例3-14】　某城市家用轿车2007～2009年年销售量分别为1.81万辆、2.72万辆和3.56万辆，销售量变化象形图见图3-5。

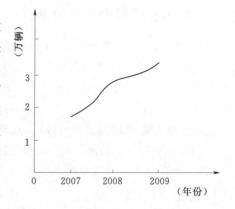

图3-4　某城市家用轿车年销售量曲线图

2007 年(1.81 万辆)　　　　2008 年(2.72 万辆)　　　　2009 年(3.56 万辆)

图 3-5　某城市家用轿车销售量变化象形图

5. 统计地图

统计地图是以地图为底景，利用点、线、面或形象符号等标志来比较各区域某种指标值大小的图形。利用统计地图可以突出说明现象在区域上的分布，便于进行地区间的比较，反映现象所处的位置及现象分布的密集程度。绘制统计地图时，应先画一张简明的地图作为底本，然后根据统计资料在地图上的相应位置绘出点、线、面、象形物而形成图形。

理论联系实际

2010 年 1～2 月浙江省工业生产情况分析

在浙江省省委、省政府一系列政策措施的引导和扶持下，浙江省工业企业主动调整应对危机，积极作为谋求发展，生产经营状况逐步趋好，积极变化不断显现。2010 年，浙江省工业经济承接上一年良好回升态势。1～2 月，浙江省规模以上工业增加值 1260.9 亿元，同比增长 25.3%，增幅比去年同期提高 33.5 个百分点，比 2009 年 12 月提高 9.1 个百分点；销售产值 6035.1 亿元，增长 37.1%，增幅比去年同期提高 50.3 个百分点，比 2009 年 12 月提高 12.3 个百分点。

一、工业产销的主要特点

从走势看，浙江省规模以上工业生产增长速度于 2009 年 1～2 月到达最低点，为 -8.2%，3 月开始反转向上运行，4 月份实现正增长，此后短期高点不断被刷新。2010 年 1～2 月，25.3% 的较高增速再创 2008 年以来新高，月度生产增速基本形成 V 形反弹图形（图 3-6）。

（1）重工业生产增速快于轻工业的趋势延续。1～2 月，轻、重工业增加值分别为 547.7 亿元和 713.2 亿元，同比分别增长 18.5% 和 31.3%。重工业增加值增幅比轻工业高 12.8 个百分点。重工业生产增速自 2009 年 9 月份开始高于轻工业，目前增幅差距进一步拉大。

（2）私营、港澳台商和外商投资企业生产较为活跃。1～2 月，私营企业、港澳台商投资企业和外商投资企业增加值同比分别增长 26.7%、28.0% 和 27.9%。国有企业增加

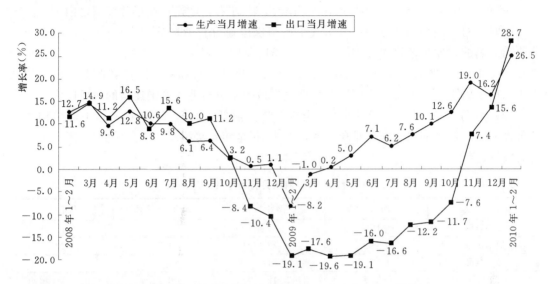

图 3-6　2008 年以来浙江省规模以上工业生产和出口增长图

值仅增长 17.2%，低于平均水平 8.1 个百分点。有限责任公司和股份有限公司增加值分别增长 24.1% 和 24.6%，分别低于平均水平 1.2 和 0.7 个百分点。

（3）小型企业生产增速快于大中型企业。1～2 月，大型、中型和小型企业增加值分别为 231.8 亿元、467.5 亿元和 561.7 亿元，同比分别增长 22.0%、23.2% 和 28.5%。小型企业增加值占规模以上工业的比重达到 44.5%，比去年同期提高 1.0 个百分点。

（4）新产品产值率有所提高。1～2 月，浙江省规模以上工业新产品产值 1022.8 亿元，同比增长 44.5%，增幅比工业总产值高 6.7 个百分点；新产品产值率达 16.5%，比去年同期提高 0.8 个百分点。

（5）出口大幅增长。自 2009 年 11 月开始，浙江省规模以上工业企业出口交货值结束了连续长达 12 个月的负增长，逐步恢复增长（图 3-6）。2010 年 1～2 月，浙江省规模以上工业企业出口交货值 1305.2 亿元，同比增长 28.7%，增幅比去年同期提高 47.8 个百分点，比 2009 年 12 月提高 15.2 个百分点。出口拉动销售产值增长 6.6 个百分点。装备制造业出口回升快，特别是前期出口受到重创的通信设备出口增幅高达 49.6%；而与居民生活及提高生活质量密切相关的行业出口增长相对较慢，服装、工艺品、家具、文教用品、纺织、皮革和塑料等行业出口增幅均低于规上工业。

二、工业产销过程中需要关注的问题（略）

三、原因与预测

（1）生产增速较快增长的原因。2009 年 1～2 月，是本轮工业经济运行过程中的最低谷。在工业经济逐步回暖情况下，去年同期数小将有利于推动生产同比增速大幅上升。2008 年和 2009 年同期生产增速走势呈现出双喇叭交叉态势。2010 年 1～2 月对应的是上年同期 -8.2% 的近年最低增速，生产增速创 25.3% 的短期最高点不足为奇。据测算，

统计方法与应用

2010 年 1～2 月与 2008 年同期相比，年均增长 8％左右，增速仍在正常范围之内。

同时，对比两年制造业和煤电水气生产与供应业分行业数据（表 3－14），上年同期增速前 5 名的行业生产增速分别滑落至 32、31、21、33、30 名，而后 5 名的行业分别升至 2、5、1、9、22 名；仅交通运输、黑色金属、化学原料和医药的排名在上年靠前基础上仍向前了若干位。可见，去年同期数低是导致大部分行业生产增速高的主要因素。

（2）后期走势判断。由于 2009 年全年走势"前低后高"，2010 年又是工业结构调整的关键一年，经济的波动在所难免，预计 2010 年全年走势呈现"前高后低"、逐步下行的动态发展趋势。

表 3－14　　　　　　　　　　2009 年和 2010 年前两月分行业生产增速表

行　业	2009 年 1～2 月	排名 1	2010 年 1～2 月	排名 2
废弃资源	−18.6	31	68.0	1
通信设备	−38.6	33	54.7	2
橡胶制品	−13.1	24	46.5	3
交通运输	−5.2	12	40.1	4
通用设备	−25.6	32	37.1	5
黑色金属	−7.0	17	34.5	6
化学原料	−5.6	13	34.2	7
医药	−6.8	16	28.9	8
专用设备	−17.8	30	28.8	9
非金属矿物	−6.2	14	27.6	10
电气机械	−3.6	9	27.1	11
文体用品	−10.9	20	26.5	12
造纸	−9.3	19	26.0	13
金属制品	−11.9	23	25.9	14
有色金属	−14.5	26	25.3	15
木材	−14.8	27	25.1	16
电力	−6.2	15	23.1	17
印刷	−7.7	18	21.7	18
仪器仪表	−16.5	28	21.7	19
皮革	−11.0	21	21.0	20
食品	5.3	3	20.3	21
石油	−16.9	29	19.8	22
塑料	−1.2	6	19.4	23
农副食品	−4.0	10	19.4	24
纺织	−4.0	11	17.3	25
水的生产和供应	−3.0	8	17.2	26
工艺品	−13.7	25	17.2	27
家具	−11.5	22	16.5	28
服装	−2.0	7	15.0	29
化学纤维	4.1	5	14.2	30
燃气生产和供应	6.4	2	13.8	31
烟草	10.3	1	5.5	32
饮料	5.2	4	−2.6	33

本 章 小 结

本章介绍了统计整理概念，其内容包括对资料的审核、分组、汇总和编制统计表等。其组织形式主要是逐级汇总和集中汇总，也有两者结合的综合汇总形式。统计分组是统计整理的关键，而正确选择分组标志又是统计分组的关键。统计分组可按品质标志分组，也可按数量标志分组。统计分组按其分组标志的多少及其排列形式，可分为简单分组、复合分组和分组体系。统计分布是在统计分组的基础上形成的，是反映总体单位在各组中分布状况的统计数列。它可以是品质数列，也可以是变量数列。变量数列可以编制成次数分布表和分布图。次数分布一般有钟形分布、U 形分布和 J 形分布三种类型。另外，还介绍了统计表、统计图（包括柱形图、曲形图、圆形图和统计地图）。

本章的重点是统计分组问题，以及如何根据资料来编制一个分配数列。

练 习 题

一、判断题

1. 统计分组的关键问题是确定组距和组数。（　　　）

2. 某企业职工按文化程度分组形成的分配数列是一个单项式分配数列。（　　　）

3. 对资料进行组距式分组，是假定变量值在各组内部的分布是均匀的，所以这种分组会使资料的真实性受到损害。（　　　）

4. 按数量标志分组的目的，就是要区分各组在数量上的差异。（　　　）

5. 统计分组以后，掩盖了各组内部各单位的差异，而突出了各组之间单位的差异。（　　　）

6. 分组以后，各组的频数越大，则组的标志值对于全体标志水平所起的作用也越大；而各组的频率越大，则组的标志值对全体标志水平所起的作用越小。（　　　）

二、单选题

1. 统计整理的关键在（　　　）。

A. 对调查资料进行审核　　　　　　B. 对调查资料进行统计分组

C. 对调查资料进行汇总　　　　　　D. 编制统计表

2. 统计分组的关键在于（　　　）。

A. 正确选择分组标志　　　　　　　B. 正确确定组距

C. 正确确定组数　　　　　　　　　D. 正确确定组中值

3. 在组距分组时，对于连续型变量，相邻两组的组限（　　　）。

A. 必须是重叠的　　　　　　　　　B. 必须是间断的

C. 可以是重叠的，也可以是间断的　D. 必须取整数

4. 下列分组中属于按品质标志分组的是（　　　）。

A. 学生按考试分数分组　　　　　　B. 产品按品种分组

C. 企业按计划完成程度分组　　　　D. 家庭按年收入分组

5. 有一个学生考试成绩为 70 分，在统计分组中，这个变量值应归入（　　　）。

A. 60～70 分这一组　　　　　　　　B. 70～80 分这一组

C. 60～70 或 70～80 两组都可以　　　　D. 作为上限的那一组

6. 有 20 个工人看管机器台数资料如下：2，5，4，4，3，4，3，4，4，2，2，4，3，4，6，3，4，5，2，4。如按以上资料编制分配数列，应采用（　　）。

A. 单项式分组　　　　　　　　　　B. 等距分组

C. 不等距分组　　　　　　　　　　D. 以上几种分组均可以

7. 复合分组是（　　）。

A. 用同一标志对两个或两个以上的总体层叠起来进行分组

B. 对某一总体选择一个复杂的标志进行分组

C. 对同一总体选择两个或两个以上的标志层叠起来进行分组

D. 对同一总体选择两个或两个以上的标志并列起来进行分组

8. 对总体按某个标志进行分组，得到的统计表属于（　　）。

A. 分组表　　　　　　　　　　　　B. 复合表

C. 简单表　　　　　　　　　　　　D. 整理表

三、多选题

1. 统计整理的方法是（　　）。

A. 统计分组　　　　　　　　　　　B. 划分经济类型

C. 检验统计资料　　　　　　　　　D. 统计汇总

E. 编制表统计

2. 统计分组的作用是（　　）。

A. 划分社会经济类型　　　　　　　B. 说明总体的基本情况

C. 研究同质总体的结构　　　　　　D. 说明总体单位的特征

E. 研究现象之间的依存关系

3. 在组距数列中，组中值（　　）。

A. 上限和下限之间的中点数值　　　B. 用来代表各组标志值的平均水平

C. 在开放式分组中无法确定　　　　D. 就是组平均数

E. 在开放式分组中，可以参照相邻组的组距来确定

4. 在次数分配数列中（　　）。

A. 总次数一定，频数和频率成反比

B. 各组的频数之和等于 100

C. 各组频率大于 0，频率之和等于 1

D. 频率越小，则该组的标志值所起的作用越小

E. 频率表明各组标志值对总体的相对作用程度

5. 下列分组哪些是按品质标志分组（　　）。

A. 职工按工龄分组　　　　　　　　B. 科技人员按职称分组

C. 人口按民族分组　　　　　　　　D. 企业按经济类型分组

E. 人口按地区分组

6. 统计表按主词是否分组及分组的程度，可分为（　　）。

A. 简单表　　　　　　　　　　　　B. 一览表

C. 分组表 D. 复合表

E. 单一表

四、计算题

1. 某班 40 名学生统计学考试成绩分别为:

57	89	49	84	86	87	75	73	72	68
75	82	97	81	67	81	54	79	87	95
76	71	60	90	65	76	72	70	86	85
89	89	64	57	83	81	78	87	72	61

学校规定:60 分以下为不及格,60~70 分为及格,70~80 分为中,80~90 分为良,90~100 分为优。要求:

(1) 将该班学生分为不及格、及格、中、良、优五组,编制一张次数分配表。

(2) 指出分组标志及类型;分组方法的类型;分析该班学生考试情况。

2. 某生产车间 40 名工人日加工零件数(件)如下:

30	26	42	41	36	44	40	37	43	35
37	25	45	29	43	31	36	49	34	47
33	43	38	42	32	25	30	46	29	34
38	46	43	39	35	40	48	33	27	28

要求:

(1) 根据以上资料分成如下几组:25~30,30~35,35~40,40~45,45~50,计算出各组的频数和频率,整理编制次数分布表。

(2) 指出分组标志及类型;分组方法的类型;分析工人日加工零件情况。

第四章 综 合 指 标

学习目标

1. 了解总量指标的概念、作用及其种类。
2. 理解相对指标的概念、作用及常见相对指标的性质、特点和计算方法。
3. 掌握平均指标的概念、作用及几种平均数的特点和计算方法。
4. 理解变异指标的概念及计算。

能力目标

1. 能根据实际资料计算相对指标和平均指标。
2. 能运用变异指标进行现象分析。

对社会经济现象进行研究分析时综合指标法是最基本的方法，不同的统计指标不仅可以反映现象的规模、水平、结构、比例、集中和分散等数量特征，还可以从不同侧面全面深入地认识社会经济现象。本章所指的综合指标包括总量指标、相对指标和平均指标。

第一节 总 量 指 标

一、总量指标的概念和作用

（一）总量指标的概念

总量指标是反映社会经济现象发展的总规模、总水平或工作总量的综合指标，用绝对数表示。例如，2010 年 3 月 5 日温家宝总理在十一届全国人大三次会议上所作《政府工作报告》中指出：2009 年我国国内生产总值达到 33.5 万亿元，粮食产量 53082 万吨；财政收入 6.85 万亿元；城镇新增就业 1102 万人。这些都是总量指标，都是利用绝对数说明我国 2009 年国民经济发展的总体规模、总体水平。

（二）总量指标的作用

总量指标的作用表现在：

（1）总量指标是认识社会经济现象总体的起点。这是因为经济现象总体的基本情况首先表现为总量，例如，掌握了企业的资金总额、职工人数、主要产品产量、工业总产值、净利润等一系列总量指标，就可以了解企业的规模、经营状况等基本情况。

（2）总量指标是编制计划、实行经营管理的主要依据。例如，宏观经济调控中的供给与需求的平衡、经济发展计划的编制等都需要应用总量指标。

（3）总量指标是计算相对指标和平均指标的基础。例如，2007 年年末全国总人口为 132129 万人，全国土地面积约 960 万平方公里，据此计算的人均土地面积为 72.66 平方公里/万人。

二、总量指标的种类

（一）总体单位总量和总体标志总量

按反映现象总体内容的不同，分为总体单位总量指标和总体标志总量指标，简称为单位总量和标志总量。单位总量表示一个总体包含的总体单位的总数，说明总体本身规模的大小。标志总量表示总体各单位某一数量标志值的总和，说明总体某一数量特征的总量（表 4-1）。

表 4-1　　　　　　　　　　　　　某市工业企业生产经营情况

经济类型	企业数（个）	工人数（人）	总产值（万元）	实现利税（万元）	年末固定资产原值（万元）
国有	164	73900	204510	63850	22375
民营	160	75800	197585	59780	22398
其他	161	75670	201348	62375	22536

　　　　　　　　　　　单位总量　　　　　　　　　　　　　　　标志总量

（二）时期指标和时点指标

按反映时间状况的不同，可分为时期指标和时点指标。

（1）时期指标是反映某种社会经济现象在一段时间内发展过程的总量指标。它反映的是一段时间连续发生变化的过程。例如，我国 2009 年实现国内生产总值 33.5 万亿元，是指在 2009 年这一年的时间内，我国国民经济各行业每天所创造增加值的总和。再如，产品产量、社会零售商品销售额等都是时期指标。时期指标具有如下特点：

1）具有可加性。时间上相邻的时期指标相加能够得到另一更长时期的总量指标。

2）指标数值的大小与所属时期的长短直接相关。一般来讲，时期越长，指标数值就越大。

3）必须连续登记而得。时期指标数值的大小取决于整个时期内所有时间上的发展状况，只有连续登记得到的时期指标才会准确。

（2）时点指标是反映社会经济现象在某一时刻（瞬间）状态上的总量指标。如《2008 年中国统计年鉴》显示 2007 年底我国共有各类法人单位 606.89 万个，这仅能说明我国在 2007 年 12 月 31 日这一天的基本单位的数量情况。再如人口数、商品库存额、外汇储备额等也都是时点指标。时点指标具有如下特点：

1）不具有可加性。不同时点上的两个时点指标数值相加不具有实际意义。

2）数值大小与登记时间的间隔长短无关。时点指标仅仅反映社会经济现象在一瞬间上的数量，每隔多长时间登记一次对它没有影响。

3）指标数值是间断计数的。时点指标没有必要进行连续登记，有的也是不可能连续进行登记的。

三、总量指标的计量单位

总量指标按实物单位、货币单位和劳动量单位计量。

（一）实物单位

实物单位是指依据事物的自然属性和特点采用的单位，有自然单位、度量衡单位、双重单位、复合单位和标准实物单位。在统计上将实物单位计量的统计指标称为实物指标。

（1）自然单位。如车辆按辆计算，设备按台计算。

（2）度量衡单位。如钢产量按吨计算，木材按立方米计算。

（3）双重单位。如发电机按台/千瓦计算，拖拉机按马力（1马力＝735.499瓦）/台计算。

（4）复合单位。如货运量按吨公里计算，旅客周转量按人公里计算。

（5）标准实物单位。如不同品种的煤折合成每公斤燃烧热量7000大卡的标准煤。

实物单位最主要的特点是能直接反映产品的使用价值或现象的具体内容，但它也有局限性，即不同种类的实物指标，其指标数值不能直接加总。

（二）货币单位

以货币单位计量的总量指标又称为货币指标和价值指标，通常以元、千元、亿元等来表示。例如成本、利润、国民生产总值、商品销售额等，价值指标的最大特点是具有最广泛的综合性能和概括能力。价值指标经常被用于综合表现各种不同使用价值的产品或商品的总量，但是价值指标的缺点是脱离了物质的实际内容，比较抽象，有时不能准确反映实际情况。

（三）劳动量单位

劳动量单位是用劳动时间表示的计量单位，如工时（工人数和劳动时数的乘积）、工日（工人数和劳动日数的乘积）等。一般仅限于一个单位内部或同行业内使用。

四、计算和运用总量指标应注意的问题

为使总量指标资料准确，在进行总量指标统计时有以下要求：

（1）对总量指标的实质包括其含义、范围作严格的确定。总量指标数值的计算并不是一个单纯技术性的加总问题，而必须正确规定总量指标所表示的各种社会经济现象的概念、构成内容和计算范围，确定计算方法，然后才能进行计算汇总，以取得正确反映社会经济现象的总量资料。

（2）计算实物量统计指标时要注意现象的同类性。即不同种类的实物总量指标的数值不能简单加总，比如，煤、石油、电视机、汽车产量不能进行直接加总（特殊情形除外）。

（3）要有统一的计量单位。我国从1991年起统一使用以国际单位制为基础的我国法定计量单位制度，将促进实物指标的准确计量。

第二节　相　对　指　标

在社会经济生活中，不仅要借助总量指标来了解总体各个方面的特征，还要从事物内部各成分之间及与其他事物的关联的角度进行深入研究，从而更好地认识事物的本质和规律。可见，要深入研究社会经济现象，应在总量指标的基础上，计算各种相对指标，开展对比分析。

一、相对指标的概念和作用

（一）相对指标的概念

相对指标又称相对数，它是两个有相互联系的事物现象数量对比关系的综合指标，用以反映现象的发展程度、结构、强度、普遍程度或比例关系。用来对比的两个数，可以是绝对数，也可以是平均数和相对数。

（二）相对指标的作用

（1）相对指标为人们深入认识事物发展的质量与状况提供客观的依据。例如，我国2007 年国内生产总值中，第一产业占 11.3％，第二产业占 48.6％，第三产业占 40.1％；与第一产业比较，第三产业是第一产业的 3.5 倍，这些相对指标反映了产业内部之间的结构以及各产业之间的比例关系。

（2）计算相对指标可以使不能直接对比的现象找到可以对比的基础，进行更为有效的分析。例如，某棉纺织厂棉布上年产量 95 万米，今年产量 125 万米；某毛线厂毛线产量上年产量 65 万公斤，今年产量 74 万公斤。由于产量的指标单位不同，不能直接比较，转化为产量增长情况时分别为 31.58％和 13.85％，说明棉纺织厂在生产增长方面比毛线厂好。

二、相对指标的表现形式

相对指标的表现形式有无名数和有名数。

（一）无名数

无名数通常以百分数、千分数、成数、系数或倍数等表示。

1. 百分数 （％），千分数 （‰）

百分数是将对比的基数作为 100 而计算出来的相对数；千分数是将对比的基数作为1000 而计算出来的相对数，适用于比数比基数小得很多的情况，例如人口出生率、人口死亡率等多用千分数表示。

2. 成数

成数是将对比的基数作为 10 而计算出来的相对数。例如今年气候良好，粮食产量比去年增产 1 成，即增加 10％。

3. 系数或倍数

系数或倍数是将对比的基数作为 1 而计算出来的相对数。系数常用于对比的比数与基数差别不大的情况，如工资等级系数；倍数常用于比数与基数相差很多时，一般是比数远远大于基数，如某行业工资水平较十年前的工资水平增长 10 倍左右。

（二）有名数

有名数通常是由于分子、分母的单位不同，对比后分子、分母的单位都被保留下来的一种复名数，例如人口密度的单位用"人/平方公里"表示。

三、相对指标的种类及计算方法

随着研究问题的目的和对比的基础不同，也就产生不同的相对指标，可以分为结构相对指标、比例相对指标、比较相对指标、强度相对指标、动态相对指标和计划完成程度相对指标。

（一）结构相对指标

结构相对指标，是总体中部分数值与总体数值的对比，用来反映总体内部的组成情况。其计算公式为：

$$结构相对数 = \frac{总体中部分总量}{总体总量} \times 100\% \qquad (4-1)$$

结构相对指标的计算结果通常用百分数来表示，各组比重总和等于 100% 或 1，见表 4-2。

表 4-2   2007 年我国国内生产总值构成情况

产业	国内生产总值（亿元）	国内生产总值构成（%）
第一产业	28095.1	11.26
第二产业	121381.3	48.64
第三产业	100053.5	40.10
合　计	249529.9	100

注　资料来源于《2008 年中国统计年鉴》。

（二）比例相对指标

比例相对指标，是总体中某部分总量与另一部分总量的对比，也就是总体中不同部分数量对比的结果，用以反映总体范围内各个局部、各个组之间的比例关系和协调平衡状况。其计算公式为：

$$比例相对数 = \frac{总体中部分总量}{总体另一部分总量} \times 100\% \qquad (4-2)$$

比例相对指标的计算结果通常用百分数来表示。还有以比较基数单位为 1、100、1000 时被比较单位数是多少的形式来表示。

【例 4-1】 2007 年末我国男性人口数为 68048 万人，女性人口数为 64081 万人，则男女性别比例为：

$$男女性别比例 = \frac{男性人口数}{女性人口数} \times 100\% = \frac{68048}{64081} = 106.2 : 100$$

（三）比较相对指标

比较相对指标，是指同类现象在不同空间（地区）的对比，用以反映某一同类现象在同一时间内各单位发展的不平衡程度，以反映同类事物在不同条件下的数量对比关系。其计算公式为：

$$比较相对数 = \frac{甲单位某指标值}{乙单位同类指标值} \qquad (4-3)$$

比较相对指标的计算结果通常用百分数和倍数来表示。

【例4-2】 2007年浙江省人均地区生产总值为37128元，同期上海人均地区生产总值为65347元，则两地区比较相对数为：

$$两地区比较相对数 = \frac{65347}{37128} \times 100\% = 176\%$$

计算结果表明，2007年两地人均地区生产总值相比较，上海地区要高出浙江省76%。

（四）强度相对指标

（1）概念。强度相对指标，是两个性质不同但有一定联系的总量指标的对比，用来反映某一现象在另一现象中发展的强度、密度和普遍程度。其计算公式为：

$$强度相对数 = \frac{某一总量指标数值}{另一有联系而性质不同的总量指标数值} \qquad (4-4)$$

【例4-3】 某地区2008年末人口总数为16万人，该地区现有商业网点240个，该地区的医生人数840人，则：

$$商业网点密度 = \frac{某地区商业网点数（个）}{某地区人口数（万人）} = \frac{240}{16} = 15 \text{个/万人（正指标）}$$

$$商业网点密度 = \frac{某地区人口数（万人）}{某地区商业网点数（个）} = \frac{160000}{240} = 667 \text{人/个（逆指标）}$$

$$医疗服务水平 = \frac{某地区医生人数（人）}{某地区人口数（万人）} = \frac{840}{160000} = 0.525\% \text{（正指标）}$$

$$医疗服务水平 = \frac{某地区人口数（万人）}{某地区医生人数（人）} = \frac{160000}{840} = 191 \text{（逆指标）}$$

（2）强度相对指标的特点。

1）它和其他各种相对指标的根本不同点，就在于它不是同类现象指标的对比。这里所指的不同类现象是分别属于不同的总体，也可能是同一总体中不同的标志或指标。

2）强度相对指标以双重计量单位表示，是一种复名数。

3）强度相对指标有正逆指标之分。例如每万人拥有的商业机构数为正指标，每个商业机构所服务的人数为逆指标。一般来说，正指标越大越好，逆指标则越小越好。

强度相对指标是统计中重要的对比分析指标，它可以说明一个国家、地区和部门的经济实力或为社会服务的能力。同时借助该指标进行国家、地区之间的比较，确定发展不平衡和发展的差距。

（3）强度相对指标不同于平均数，虽然强度相对数有"平均"的涵义，但它不是同质总体的标志总量与总体单位数之比，所以不是平均数。

（五）动态相对指标

动态相对指标，是指同一经济现象在不同时间上的对比，又称发展速度。动态相对指标用来反映现象发展速度，并据以推测现象变化的趋势。其计算公式为：

$$动态相对数 = \frac{报告期数值}{基期数值} \times 100\% \qquad (4-5)$$

式中用来作为比较基础的时期叫基期，与基期对比的时期叫报告期。动态相对指标在统计分析中应用广泛，将在第八章"动态数列"中作详细介绍。

（六）计划完成程度相对指标

1. 概念

计划完成程度相对指标是实际完成数与计划完成数之比，用来检查和分析计划执行的进度和均衡程度，反映计划执行的结果，并作为编制下期计划的参考。最基本的计算公式为：

$$计划完成程度相对数 = \frac{实际完成数值}{计划完成数值} \times 100\% \qquad (4-6)$$

计划完成程度指标的分子是根据实际完成情况进行统计得到的数据，分母是下达的计划任务指标。该公式的分子与分母不能调换，并且要求分子分母的指标含义、计算口径、计算方法、计量单位以及时间长短和空间范围等方面要一致。

2. 计划完成程度相对指标的计算

（1）根据计划任务的要求不同，对计划完成程度的评价也有所不同。若计划指标是以最低限额规定的，如产量、产值、劳动生产率、利润等，计划完成程度指标以等于100%为完成计划任务，大于100%的部分为超额完成计划部分。若计划指标如单位成本、经费预算等以最高限额规定的，则小于100%部分为超额完成计划部分。

【例4-4】 某企业2009年计划工业总产值为580万元，实际完成638万元，其计划完成程度为：

$$工业总产值计划完成程度 = \frac{638}{580} \times 100\% = 110\%$$

该企业2009年工业总产值超额完成计划10%。

【例4-5】 某厂甲种产品单位成本100元，计划单位成本降低4元，实际单位成本降低了6元，则：

$$成本降低的计划完成程度 = \frac{94}{96} \times 100\% = 97.9\%$$

该厂甲种产品的单位成本超计划降低2.1%。

（2）根据计划数的具体表现不同，计划完成程度相对指标的分子分母既有可能是总量指标，也有可能是相对指标或平均指标，所以在具体计算时，要根据情况采用不同的方法。

【例4-6】 某企业计划2009年劳动生产率比2008年提高10%，2009年实际比2008年提高15%，则：

$$劳动生产率计划完成程度 = \frac{115\%}{110\%} \times 100\% = 104.5\%$$

该企业劳动生产率超额完成计划4.5%。

【例4-7】 某企业某月生产某种产品，计划每人每日平均产量为50件，实际每人每日平均产量为60件，则：

$$平均产量的计划完成程度 = \frac{60}{50} \times 100\% = 120\%$$

该企业每人每日平均产量超额完成计划 20%。

3. 长期计划执行情况的检查

长期计划主要是指国民经济的五年计划或十年计划完成程度的考核，由于计划下达时规定的任务性质不同，因而产生了两种不同的检查方法。

（1）累计法。凡是计划指标是按计划期内各年的总和规定任务时，或者说是按计划全期（如五年）提出累计完成量任务时，就要求按累计法计算。

【例 4-8】 某地区"九五"计划规定五年累计完成固定资产投资额为 90 亿元，实际执行情况见表 4-3。

表 4-3　　　　　　　　　某地区"九五"期间固定资产投资完成情况

时　间	第一年	第二年	第三年	第四年	第五年			
					一季度	二季度	三季度	四季度
实际完成投资额（亿元）	15	16	18	19	7	7	8	7

$$计划完成程度 = \frac{15+16+18+19+7+7+8+7}{90} \times 100\% = 107.78\%$$

表明该地区固定资产投资超额完成计划 7.78%；该地区固定资产投资额从执行计划的第一年开始累计至第五年第三季度止，实际完成投资额 90 亿元，说明提前一季度（3个月）完成了五年计划的投资任务。

（2）水平法。制定长期计划时，有些计划指标是以计划期末应达到的水平来下达的，这样检查其计划完成情况就要用另一种方法——水平法来检查。

【例 4-9】 某地区五年计划规定最后一年的钢产量达到 1000 万吨，实际执行情况见表 4-4。

表 4-4　　　　　　　　　某地区钢产量五年计划执行情况

时间	第一年	第二年	第三年		第四年				第五年			
			上半年	下半年	一季度	二季度	三季度	四季度	一季度	二季度	三季度	四季度
钢产量（万吨）	780	800	400	450	220	230	240	250	250	260	268	275

$$计划完成程度 = \frac{250+260+268+275}{1000} \times 100\% = 105.3\%$$

计算结果表明，该地区超额完成计划 5.3%，超额完成 53 万吨。按水平法检查计划执行情况，计算提早完成计划的时间，是根据连续 1 年时间（不论是否在一个日历年度，只要连续 12 个月即可）的产量和计划规定最后 1 年的产量相比较来确定的。由于该地区钢产量从第四年第三季度算起到第五年第二季度末止连续 12 个月的钢产量总和为 1000 万吨，达到了计划规定的水平，说明提前两个季度（6 个月）完成了计划任务。

四、计算和运用相对指标应注意的问题

1. 要注意两个对比指标的可比性

严格保持相对指标的可比性是计算和运用相对指标的基本要求。所谓指标的可比性就

是拿来对比的两个指标是否符合所研究任务的要求进行合理对比，对比的结果要能说明我们所要研究的问题。指标可比性包括的内容：首先，必须根据同样的方法计算所比较的指标（指标内容的可比）；其次，可比性还包括对比应在同样的对象范围内进行（指标范围的可比）；再次，用同样的单位计量被比较指标也是可比性的重要问题（计量单位的可比）。此外，指标在不同空间比较时，资料所属时期或时点也应该统一可比。

2. 要注意各种相对数的结合运用

由于一种相对指标只能说明现象的某一个侧面，如果能把反映现象总体的多种相对指标结合起来运用，将有助于我们全面地分析和认识经济现象。例如，研究一个工业企业的生产经营活动情况时，将实际产量与计划产量相比，说明产量计划完成程度；将本企业产品合格率、期间费用率、净资产利润率等指标与同行业先进单位的相应指标对比，找出差距，加以改进治理结构等。可见，把各种相对指标结合起来使用，能全面地反映该企业生产经营活动的情况。

第三节　平　均　指　标

一、平均指标的概念和作用

（一）平均指标的概念

平均指标又称统计平均数，用以反映社会经济现象总体各单位某一数量标志在一定时间、地点条件下所达到的一般水平的综合指标（图 4－1）。如粮食平均亩产量代表粮食生产的一般水平，某种商品的平均价格代表该种商品价格的一般水平，工业产品的平均单位成本代表工业生产消耗的一般水平等。可见，平均指标是表明总体综合数量特征的重要指标之一，它不说明个别单位的数量，而是反映总体的一般水平。

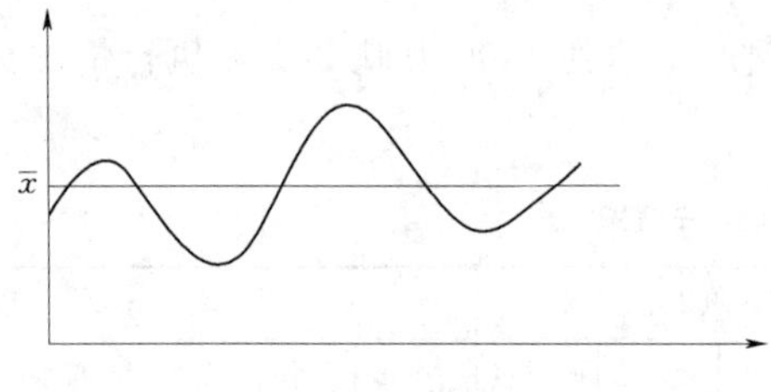

图 4－1　平均数

（二）平均指标的特点

（1）在现象总体内，将各单位的数量差异抽象化了。在社会经济现象的某一总体中各个单位的数量标志有不同的具体表现。如某企业职工的工资各不相同，要说明企业职工工资的一般水平，只能将职工之间不同工资的差异抽象化，用平均工资来说明该企业职工工资的一般水平。

（2）平均指标可能与各单位标志值都不同，但又作为代表值来反映这些单位标志的一般水平。从总体变量分布的情况看，多数现象的分布服从钟形分布，不管用什么方法求得的平均数，都靠近分布的中间，而不会在两头，这就说明多数标志值集中在平均数附近，所以平均指标通常是用来描述静态数列分布集中趋势的综合指标。

（3）现象计算的同质性。要使平均指标真正成为反映总体数量特征的代表值，它就不是随便对什么现象总体都可以计算，而只能对同质性总体来确定。社会经济现象的同质性是计算和应用平均指标的基本要求。

（三）平均指标的作用

（1）反映总体各单位变量分布的集中趋势。通常标志值很小或很大的单位都比较少，而逐渐靠近平均数的单位就逐渐增加，标志值围绕在平均数周围的单位占最大比重。平均数体现了标志值变动的相对集中的态势。

（2）比较同类现象在不同单位的发展水平，可以消除因总体规模不同而带来的总体数量差异，从而使不同规模的总体具有可比性，用来说明生产水平、经济效益或工作质量的差距。

（3）分析现象间的依存关系。事物都是在一定条件下相互影响、相互依存的，为了研究事物之间相互依存关系的数量表现，也常常需要平均指标。

二、平均指标的种类

平均指标有多种计算方法，如算术平均数、调和平均数、几何平均数、众数和中位数等，它们都用来反映现象的一般水平。算术平均数、调和平均数、几何平均数是根据总体所有标志值计算的，称为数值平均数；而众数和中位数是根据标志值所处的位置来计算的，所以称为位置平均数。算术平均数是统计研究中最常用的指标。

三、平均指标的计算

（一）算术平均数

1. 算术平均数的概念和特点

（1）概念。统计中，算术平均数是总体标志总量除以总体单位总量，它是计算社会经济现象平均指标最常用和最基本的形式。这是因为许多社会经济现象和过程的平均水平，都是总体各个单位标志值的总和来加以平均的。其公式如下：

$$算术平均数 = \frac{总体标志总量}{总体单位总量} \qquad (4-7)$$

算术平均数的计算特点正是符合客观现象这种数量对比关系的。因此，当谈到平均指标而又未说明是哪一种形式时，一般就是算术平均数。

（2）算术平均数与强度相对数比较。算术平均数是两个总量指标的对比关系，和强度相对数有相似的地方，但实质上是不相同的。平均数是在一个同质总体中标志总量和单位总量的对比。它要求标志总量和单位总量相适应。强度相对数是两个不同总体但又有联系的总体现象总量的对比。

2. 算术平均数的计算

算术平均数根据所拥有的资料不同，其计算方法有两种：

（1）简单算术平均数。它是对每一个标志值——加总得到的标志总量除以单位总量求出的平均指标。其计算公式如下：

$$\bar{x} = \frac{\sum x}{n} \qquad (4-8)$$

式中　$\bar{x}$——算术平均数；

71

x——标志值；

$\sum$——总和符号；

n——总体单位数。

【例 4-10】 某企业 5 名生产工人，日加工零件数分别为 17 件、20 件、22 件、24 件、27 件，求平均每个工人的日产量件数。

$$\overline{x}=\frac{\sum x}{n}=\frac{17+20+22+24+27}{5}=22（件）$$

（2）加权算术平均数。计算简单算术平均数的原始资料意味着每一个标志值只出现一次。如果是有些标志值出现了若干次的资料，就应该运用加权算术平均数的公式计算：

$$\overline{x}=\frac{\sum xf}{\sum f}或\overline{x}=\sum\left(x\frac{f}{\sum f}\right)（比重形式）\tag{4-9}$$

式中　　f——权数；

$\dfrac{f}{\sum f}$——比重。

在实际计算中会有单项数列和组距数列计算加权算术平均数两种情况。

1）单项数列计算加权算术平均数。

【例 4-11】 某建筑工地有 10 台起重机在工作，其中一台的起重重量为 40 吨，2 台为 25 吨，3 台为 10 吨，其余 4 台为 5 吨，资料见表 4-5，求平均每台起重机的起重量。

表 4-5　　　　　　　　　　　　某建筑工地起重量情况

起重量 x（吨）	台数 f	起重总量 xf（吨）	起重机台数构成 $\dfrac{f}{\sum f}$	$x\dfrac{f}{\sum f}$
40	1	40	0.1	4
25	2	50	0.2	5
10	3	30	0.3	3
5	4	20	0.4	2
合计	10	140	1.0	14

根据表格资料和加权平均数公式计算如下：

$$\overline{x}=\frac{\sum xf}{\sum f}=\frac{140}{10}=14（吨）$$

$$\overline{x}=\sum\left(x\frac{f}{\sum f}\right)=14（吨）$$

以上计算表明，首先，平均数的大小决定于总体各单位的标志值，同时也决定于各标志值的次数。次数多的意味着对平均数的影响要大些。标志值次数的多少，对平均数的大小有权衡轻重的作用，所以各组次数也称为权数（f），这种用权数计算算术平均数的方法称为加权算术平均数。

其次，权数可以用绝对数表示外，也可以用比重（频率）来表示。各组的标志值乘以比重（频率）后相加的和就是加权算术平均数。在同一总体资料，用这两种权数计算的加权算术平均数完全相同。另外，当各组的权数相等时，权数也就失去了作用。所以可以说当各组权数相等时，加权算术平均数就是简单算术平均数。所以说简单算术平均数是加权算术平均数的特殊形式。

2）组距数列计算加权算术平均数。在组距分配数列条件下，计算加权算术平均数，照理可将各组的实际平均数乘以相应的权数来计算，但在实际编制组距数列中，很少计算组平均数。在缺乏组平均数资料的情况下，可用各组的组中值代替各组的实际平均数。这种替代不可避免地会存在一定程度的误差，因此组中值具有近似值的性质。

计算加权算术平均数会遇到权数的选择问题。在分配数列条件下，一般来说，次数就是权数。但也有次数是不合适的权数，这在从相对数或平均数求平均数时经常遇到。

【例 4 - 12】 某市某局所属 15 个企业产值计划完成程度的组距数列资料见表 4 - 6，求该局 15 个企业产值的平均计划完成程度。

表 4 - 6   某局 15 个企业产值计划完成程度情况

计划完成程度（％）	组中值 x（％）	企业数（个）	计划任务数 f（万元）	实际完成数 xf（万元）
90～100	95	5	100	95
100～110	105	8	800	840
110～120	115	2	100	115
合计		15	1000	1050

本例的平均对象是各企业完成产值的计划百分比。为了计算该局产值平均计划完成程度，是用企业数作权数呢，还是用计划产值作权数？企业数虽是完成产值计划不同程度的次数，但并不是合适的权数。因为各企业的规模大小不同，产值多少也有差别，正确计算产值平均计划完成百分比，需用计划产值来加权，这样才是适合于这一指标的性质，即从实际产值和计划产值的对比中来确定。计算如下：

$$\bar{x}=\frac{\sum xf}{\sum f}=\frac{95\%\times 100+105\%\times 800+115\%\times 100}{100+800+100}=\frac{1050}{1000}=105\%$$

（二）调和平均数

1. 调和平均数的概念

调和平均数是标志值倒数的算术平均数的倒数，又称倒数平均数。有简单调和平均数和加权调和平均数两种。在社会经济统计中，主要使用的是权数为特定形式（$m=xf$）的加权调和平均数。这里，我们把调和平均数作为算术平均数的变形使用，它仍然是依据算术平均数的基本公式即总体标志总量除以总体单位总量来计算。

2. 调和平均数的计算

调和平均数的计算公式和它与算术平均数的关系如下：

$$\bar{x}=\frac{\sum m}{\sum \frac{m}{x}}=\frac{\sum xf}{\sum \frac{1}{x}xf}=\frac{\sum xf}{\sum f} \qquad (4-10)$$

式（4 - 10）表示，加权算术平均数以各组单位数 f 为权数，加权调和平均数以各组标志总量 m 为权数，但计算内容和结果都是相同的。作为算术平均数变形的加权调和平均数，一般运用于没有直接提供被平均标志值的相应单位数的场合。

【例 4 - 13】 某厂 50 个工人的工资资料见表 4 - 7，求 50 名工人的平均工资。

表 4 - 7　　　　　　　　　　　某厂 50 个工人工资情况

技术级别	月工资 x （元）	工资总额 m （元）	工人数 $\frac{m}{x}$ （人）
1	146	730	5
2	152	2280	15
3	160	2880	18
4	170	1700	10
5	185	370	2
合计	—	7960	50

根据以上资料计算如下：

$$\overline{x}=\frac{\sum m}{\sum \frac{m}{x}}=\frac{7960}{50}=159.2（元）$$

【例 4 - 14】　某厂三个车间一季度生产情况资料见表 4 - 8，要求计算一季度三个车间产量平均计划完成百分比和平均单位产品成本。

表 4 - 8　　　　　　　　　某厂三个车间一季度生产情况

车　　间	计划完成百分比（%）	实际产量（件）	单位产品成本（元/件）
第一车间	90	198	15
第二车间	105	315	10
第三车间	110	220	8

根据以上资料分别用加权调和平均数公式和加权算术平均数公式进行计算，其结果如下：

$$\overline{x}=\frac{\sum m}{\sum \frac{m}{x}}=\frac{198+315+220}{\frac{198}{0.9}+\frac{315}{1.05}+\frac{220}{1.1}}=733/720=101.81\%$$

三个车间产量平均计划完成百分比为 101.81%。

$$\overline{x}=\frac{\sum xf}{\sum f}=\frac{15\times198+10\times315+8\times220}{198+315+220}=7880/733=10.75（件/人）$$

三个车间平均单位产品成本为 10.75 件/人。

（三）几何平均数

几何平均数是计算平均指标的又一种方法，它不同于算术平均数和调和平均数。几何平均数计算时是 n 个变量值的连乘积的 n 次方根。其计算公式为：

$$\overline{x}=\sqrt[n]{x_1 \cdot x_2 \cdot x_3 \cdots x_n}=\sqrt[n]{\Pi x} \qquad (4-11)$$

几何平均数大多用于计算平均发展速度，详见第八章"动态数列"。

（四）中位数和众数

1. 概念

（1）中位数是把现象总体中的各单位标志值按大小顺序排列起来，处于数列中点位置的标志值。中位数的概念表明，数列中有一半单位的标志值小于中位数，另一半单位的标志值大于中位数，许多场合，我们用中位数来表示现象的一般水平。例如在研究社会居民收入水平时，居民收入中位数比按算术平均数计算的平均收入更能代表居民收入水平。

（2）众数是现象总体中重复出现次数最多的标志值。在实际工作中，我们可以利用众数表明现象的一般水平。例如为了掌握市场上某商品的价格水平，我们大可不必计算加权平均数，只需了解该日市场上最普遍的成交价格即可。假定有 70% 的成交量为每斤 5 元，这 5 元即可代表这种商品的一般水平。

2.中位数和众数的计算

中位数和众数的计算公式都有上限公式和下限公式，但计算结果完全一致，为方便起见，分别都以下限公式为例说明中位数和众数的计算。

（1）中位数的下限公式为：

$$M_e = L_{m_e} + \frac{\frac{\sum f}{2} - S_{m_e-1}}{f_{m_e}} \times d_{m_e} \tag{4-12}$$

式中　M_e——中位数；

　　　L_{m_e}——中位数所在组的下限；

　　　f_{m_e}——中位数所在组的次数；

　　S_{m_e-1}——累计到中位数所在组前一组止的次数；

　　　d_{m_e}——中位数所在组组距。

（2）众数的下限公式为：

$$M_0 = L_{m_0} + \frac{f_{m_0} - f_{m_0-1}}{(f_{m_0} - f_{m_0-1}) + (f_{m_0} - f_{m_0+1})} d_{m_0} \tag{4-13}$$

式中　M_0——众数；

　　　L_{m_0}——众数组的下限；

　　　d_{m_0}——众数所在组组距；

　　f_{m_0-1}——众数组前一组的次数；

　　　f_{m_0}——众数组的次数；

　　f_{m_0+1}——众数组后一组的次数。

【例 4-15】 某乡农民家庭年人均收入情况分组资料见表 4-9，计算相应的中位数和众数。

表 4-9　　　　　　　　　　　某乡农民家庭年人均收入情况

农民家庭按人均纯收入分组（元）	农民家庭数（户）	向上累计（户）
10000～12000	240	240
12000～14000	480	720
14000～16000	1050	1770
16000～18000	600	2370
18000～20000	270	2640
20000～22000	210	2850
22000～24000	120	2970
24000～26000	30	3000
合计	3000	—

根据以上资料和中位数、众数的下限公式计算如下：

$$M_e = L_{m_e} + \frac{\frac{\sum f}{2} - S_{m_e-1}}{f_{m_e}} \times d_{m_e} = 14000 + \frac{3000/2 - 720}{1050} \times 2000 = 15486(元)$$

$$M_0 = L_{m_0} + \frac{f_{m_0} - f_{m_0-1}}{(f_{m_0} - f_{m_0-1}) + (f_{m_0} - f_{m_0+1})} d_{m_0}$$

$$= 14000 + \frac{1050 - 480}{(1050 - 480) + (1050 - 600)} \times 2000 = 15118(元)$$

3. 中位数和众数的作用

在实践中，中位数和众数常用来代替算术平均数，或者与算术平均数同时使用。特别是当数列存在极大值和极小值时，中位数和众数往往更具有代表性。因为，这些对于总体不太有代表性的标志值会影响算术平均数的数值，但不影响中位数和众数的数值。中位数和众数也就成为非常有价值的统计分析指标。

第四节 变 异 指 标

一、变异指标的概念和作用

（一）变异指标的概念

变异指标又称标志变动度指标或离中趋势指标，综合反映总体各单位标志值差异的程度。我们借助于总量指标和平均指标可以认识现象的总体规模和一般水平，但这些指标不能反映各单位的差异情况，相反的它们却把各单位的差异抽象化了，甚至是相同的总量指标和平均指标却有着个体特征的明显差异。

（二）变异指标的作用

变异指标在统计分析中的作用主要表现在以下几个方面：

（1）变异指标反映各单位标志值分布的离散趋势。变异指标值越大，说明总体各单位的差异程度也越大，单位标志值的分布比较分散，离中趋势明显；反之，变异指标值越小，则单位标志值分布较为集中，离中趋势不显著。

（2）变异指标可以说明平均指标的代表程度。例如，某车间有两个生产小组，都是6名工人，各人日产量分别为：甲组20，25，29，31，32，37；乙组27，27，28，29，31，32。甲、乙两组的平均日产量相等，即29件。但两个班组日生产量的离散程度不一样。即使是直观看，甲组各工人日产量相差大，分布很散；而乙组各工人日产量相差不大，分布相对集中。因此，同样的平均数对甲组来讲代表性要小；而对于乙组来讲代表性较大。

（3）变异指标说明现象变动的均衡性或稳定性程度。例如对产品的质量检测，如汽车轮胎的行驶里程、节能灯泡的耐用时间等，测定其标志变动度，如果其变异指标值大，说明产品质量不稳定；反之，如果其变异指标值小，则产品质量比较稳定。

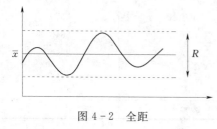

图 4-2 全距

二、常用的变异指标

（一）全距

全距又称极差，是指最大变量值和最小变量值之差，可以说明总体中各单位标志值变动的范围（图4-2）。通常用R表示，计算公式为：

$$R = x_{max} - x_{min} \tag{4-14}$$

计算全距是测定标志变动度最简单的方法。它简便易算，但它只考虑变量的两个极端值的差异，易受极端数值的影响，不能全面反映单位标志值的变异程度。

（二）平均差

平均差是总体内各单位标志值与其算术平均数离差绝对值和的算术平均数，有简单平均差和加权平均差两种形式。平均差与全距不同，它考虑了总体中各单位标志值对其平均指标的变动影响，可以较好地反映总体各单位标志值的平均变动程度（图4-3）。通常用MD表示，计算公式为：

$$MD = \frac{\sum |x - \bar{x}|}{n} \tag{4-15}$$

或

$$MD = \frac{\sum |x - \bar{x}| f}{\sum f} \tag{4-16}$$

较之全距，平均差在计算总体各单位标志值的平均差异时更能说明总体标志值的变异程度，但由于它采取计算离差的绝对值的形式，使平均差在数学处理上很不方便，在实际应用中受到很大限制，因此在实际中应用更多的是标准差指标。

（三）标准差

1. 标准差的概念

在社会经济统计中常用的标志变异指标是标准差。标准差又称均方差，它是总体各单位的标志值对其算术平均数离差的平方和的算术平均数的平方根，通常用σ表示。

标准差也表示总体各单位标志值对算术平均数的平均距离，可以说和平均差的意义基本相同（图4-3）。不同的是平均差采用取绝对值的办法消除离差的正负号，而标准差采用离差平方的方法消除负数，在数学处理上更为妥当合理，因此标准差也是综合反映总体标志变异程度最合理的指标。标准差的平方σ^2称为方差。

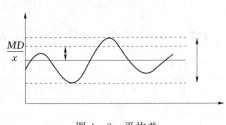

图4-3　平均差

2. 标准差的计算

标准差有两个基本计算公式：

（1）对于未分组的资料公式为：

$$\sigma = \sqrt{\frac{\sum (x - \bar{x})^2}{n}} \tag{4-17}$$

（2）对于已分组的资料公式为：

$$\sigma=\sqrt{\frac{\sum(x-\overline{x})^2 f}{\sum f}} \qquad (4-18)$$

式中　f——权数。

标准差数值越大说明标志变动程度越大，因而平均数代表性就越小；反之标准差越小说明标志变动程度越小，平均数代表性就越大。

【例 4-16】　某生产班组 11 个工人日产量资料见表 4-10，求日产量标准差。

表 4-10　　　　　　　　　某生产班组日产量情况

日产零件数（件）	$x-\overline{x}$	$(x-\overline{x})^2$
(1)	(2) = (1) −22	(3) = (2)²
15	−7	49
17	−5	25
19	−3	9
20	−2	4
22	0	0
22	0	0
23	+1	1
23	+1	1
25	+3	9
26	+4	16
30	+8	64
合计		178

根据资料和标准差公式计算：

$$\overline{x}=\frac{\sum x}{n}=\frac{15+17+19+20+22+22+23+23+25+26+30}{11}=22（件）$$

$$\sigma=\sqrt{\frac{\sum(x-\overline{x})^2}{n}}=\sqrt{\frac{178}{11}}=4.02（件）$$

【例 4-17】　某生产车间 200 个工人日产量分组资料见表 4-11。

表 4-11　　　　　　　　　某生产车间日产量情况

日产量（公斤）	工人数 f（人）	组中值 x（公斤）	xf	$x-\overline{x}$	$(x-\overline{x})^2$	$(x-\overline{x})^2 f$
(1)	(2)	(3)	(4)=(2)×(3)	(5)=(3)−42	(6)=(5)²	(7)=(6)×(2)
20～30	10	25	250	−17	289	2890
30～40	70	35	2450	−7	49	3430
40～50	90	45	4050	+3	9	810
50～60	30	55	1650	+13	169	5070
合计	200	—	8400	—	—	12200

根据资料和标准差公式计算：

$$\overline{x} = \frac{\sum xf}{\sum f} = \frac{8400}{200} = 42（公斤）$$

$$\sigma = \sqrt{\frac{\sum (x-\overline{x})^2 f}{\sum f}} = \sqrt{\frac{12200}{200}} = 7.8（公斤）$$

（四）标准差系数

1. 标准差系数的概念

以上的变异指标都可以计算得到变异系数如全距系数、平均差系数和标准差系数，但最常用的是标准差系数。标准差系数是标准差与其相应的平均数相对比得到的相对指标，用 V_σ 表示。

标准差系数通常应用在对比分析中，对于不同水平即平均指标不相同的总体不宜直接用标准差比较其标志变动度的大小，而需要利用标准差系数进行比较。因为标准差系数是将标准差和相应的平均数进行对比，消除了平均水平高低不同的影响。

2. 标准差系数的计算

标准差系数的计算公式为：

$$V_\sigma = \frac{\sigma}{\overline{x}} \times 100\% \qquad\qquad (4-19)$$

标准差系数数值越大说明标志变动程度越大，因而平均数代表性就越小；反之标准差系数越小说明标志变动程度越小，平均数代表性就越大。

【例 4-18】 某地区工薪阶层人员的月平均收入为 1000 元，标准差为 200 元；个体工商业者的月平均收入为 3000 元，标准差为 300 元。试比较工薪阶层和个体工商业者哪个的月平均收入的代表性更高？

计算两者的标准差系数分别为：

工薪阶层人员： $V_\sigma = \dfrac{\sigma}{\overline{x}} \times 100\% = \dfrac{200}{1000} \times 100\% = 20\%$

个体工商业者： $V_\sigma = \dfrac{\sigma}{\overline{x}} \times 100\% = \dfrac{300}{3000} \times 100\% = 10\%$

计算结果表明，个体工商业者的月平均收入的标准差系数比工薪阶层人员的小，说明个体工商业者收入水平的差异程度比工薪阶层人员的小，其月平均收入水平的代表性要比工薪阶层的高。

理论联系实际

资料一

平均工资是个"真实的谎言"

国家统计局表示，针对社会上对平均工资数据的意见，已着手进行工资统计制度改革。除已开展私营单位工资统计试点外，国家统计局也正在研究如何开展个体户工资统计。（据 5 月 4 日《人民日报海外版》）

每每国家统计局公布平均工资之后，总是能引起公众和舆论的关注。因为作为被统计者，公众总是对平均工资数字上的增长幅度"没感觉"，自然对数据的真实性存在疑虑。

一位人力资源和社会保障部专家在接受《每日经济新闻》采访的时候直接指出，"目前我国有将近60％的城镇雇员人数不在统计口径里面"。这说明统计局刚刚公布的今年一季度全国城镇单位在岗职工的平均工资7399元，同比增长13.4％的"喜人"数据，只是一个局部统计被放大成整体概况的数字和文字游戏。自然，统计口径外的公众根本无法感受到工资增在哪里长在哪里的"喜悦"。

当然，我们不能否认国家统计局的平均工资数据在统计口径范围内是真实的，在这个问题上有关部门甚至有关官员不必要虚作为和不作为。但真实的数据并不等于就是真实的个体情况———一个国企老总的工资如果是月薪10万元，而其企业一个员工的月薪只有2000元，那么统计数据将显示员工的平均月薪是51000元。在这个平均数据下，这个员工会有工资增长的幸福感吗？当然没有！因此可见，在国企高管动辄数百万数千万高薪的背景下，尽管平均工资7399元在口径内是个真实的平均工资统计数据，但也实实在在的具有"真实的谎言"一面！

平均工资不是那种随便看看就过目不想的无所谓数据，而是当下我国计算城镇职工社保、低保、医保比例的硬性依据，与职工福利、企业压力以及一些个体雇员甚至城市低收入人群的切身利益攸关，理应尽量贴近个体真实性。所以，工资统计制度改革必须进行，固然要改变刻意把一部分人排斥在外的选择性统计方式，把私营企业、个体户雇员以及农民工等城镇从业人员工资纳入统计口径，但也不能单纯如往常一揽子拉进来之后取个平均值单纯以概括社会全貌。因为这样的平均工资数据虽然避免了局狭性和以偏概全的误区，却依然没走出小部分高薪人群对整体平均值的提拉假象。

若要真正探求公众的工资水平，统计方法需要多管齐下，应该施行分段统计的方式——1000元以下收入的人群有多少人，1000～2000元、2000～3000元收入的人群分别有多少人……依次类推，得出阶梯式收入人群的基数，这才能真实反映中国人工资收入的个体差异现状，才能让我们真实面对社会经济发展中的问题，适度调整并平衡整个社会各群体之间的利益，保证社会发展过程中的分配公平性。

资料二

统计学与质量管理

企业靠质量取胜，靠的是成功的产品。美国波音公司的董事长威尔森说："从长远看，无论在哪个市场上，唯一能经得起检验的价值标准是质量本身。"1990年，青岛海尔的前身青岛电冰箱总厂荣获"国家质量管理奖"，成为当时我国家电行业唯一获得 ISO－90001 国际质量认证的企业。在张瑞敏到青岛电冰箱总厂时，厂里已经积压了各种缺陷的电冰箱 72 台，他决定将这些电冰箱全部砸碎。海尔的工人说，我们的质量管理是靠张总砸出来的。海尔集团的国家质量管理金牌来之不易。

1997 年的德国科隆国际家电博览会上，海尔底气十足地以质量敲开了世界家电市场的大门。2001 年的科隆博览会上，海尔的质量更加令外商们感到惊叹！海尔的特约维修部遍布全球，有 38000 个。从质量管理的角度出发，100 万只海尔电冰箱产品中，允许的飘离是 3.4 个零件，称为平均不良品率 $\bar{p}$。$\bar{p}$ 是以总产量为分母、不良品数为分子的百分比率，这是控制上限和控制下限之间所允许的值。当然，海尔要提高上岗工人们的操作技术水平，要用最好的机器，要尽量使 $\bar{p}$ 接近零。$\bar{p}=0$ 称零缺陷，这是理想数值，在现实生活中是难以实现的。

如果随机抽取 n 个零部件（也可以是上述中的海尔电冰箱）检查，当不良品率的标准差 σ_p 为 3.4 时，则计算公式如下：

$$\sigma_p = \sqrt{\frac{p'(1-p')}{n}} = 3.4 \qquad (4-20)$$

式中　p'——整个生产过程或总体的平均不良品率。

目前中国的产品一般是以 3σ 作为标准，不良品率质量控制图（P 图）的控制界限的计算公式为：

$$控制上限 = \bar{p} + 3\sqrt{\frac{\bar{p}(1-\bar{p})}{n}} \qquad (4-21)$$

$$控制下限 = \bar{p} - 3\sqrt{\frac{\bar{p}(1-\bar{p})}{n}} \qquad (4-22)$$

实际运用上述公式，不必每日重复计算，只需要查相应的统计表就行。当检查出 $n=3477$ 时，不良品数为 27，则 3σ 的质量合格率为 99.73%。海尔推行 6σ，这是高质量的全球觉醒运动，其质量合格率为 99.9999998%，即 10 亿只海尔电冰箱中，允许有一只零件有缺陷。

美国的医生开出的药方，如果是 3σ 飘离，意味着允许 2 万张处方中，有一张错误；而如果是 6σ 飘离，意味着允许 25 年的处方中，有一起错误。上述实例是运用统计学的知识开玩笑，事实上，美国不允许有医疗事故，否则病人告到法院，医院要赔款。

实际上美国推行 6σ 的觉醒运动至少有四年。现在美国的医院有了进步，6σ 意味着允许的新生婴儿出生时失手跌落到地面为每 100 年 3 例，而以往的 3σ 的质量是允许 1.5 万新生儿中有一起失手跌落事故。美国的统计学家开玩笑说，轮船的 3σ 误差大到从美国的东海岸到西海岸，而 6σ 的误差只是一个普通美国人向前跨四步。

美国通用电器公司（GE 公司）的杰克·韦尔奇总裁，在 60 多岁时，以一位掌舵人的身份，率领员工投身到 6σ 的觉醒运动中，仅 1997 年公司就突破了 15%～16% 的经济增长。他认为，"6σ 是我们努力奋斗的远景"，"公司的雇员参与 6σ 的全面质量管理，是 21 世纪对产品的要求"。他要求中层以上干部首先要参加 6σ 的培训，才有资格在公司任职。由于韦尔奇坚持 6σ 觉醒运动，发展了大量新客户，保持了原有的老顾客。6σ 行动，是增长公司利润的法宝。

如果美国的可视电话公司坚持 3σ 的质量，将导致每周有 10 分钟的差错，不是声音和画面不对号，就是张冠李戴、图像模糊或声音细小；如果以 6σ 的质量来要求，那么 100 年仅有 6 秒钟的故障。

美国的外科医生坚持 3σ 的质量，那么每周将有 500 例医疗事故，而患者希望 6σ 的质量，即每 20 年才有一起医疗事故。

美国的邮件丢失如果是 3σ 质量，经统计每小时将会有 2000 件邮件失踪。用户希望贯彻 6σ 的质量，即每年只有 35 件邮件失踪。

可见质量管理在中外都是企业的难点和热点。工厂要提高产品质量，必须减少残次品。

（资料来源：《中国统计》，陈式龙"统计——企业家的好帮手"）

本 章 小 结

本章涉及了三种统计指标，总量指标、相对指标和平均指标。变异指标在广义上讲也属于这三种，全距属于总量指标，平均差和标准差属于平均指标，变异系数则属于相对指标。

本章对总量指标的概念、作用及其种类进行了介绍，详细描述了相对指标的概念、作用及常见相对指标的性质、特点和计算方法，深入阐述了平均指标的概念、作用及几种平均数的特点和计算方法，同时介绍了变异指标的概念及计算。

本章的重点是相对指标、平均指标和变异指标的计算应用，特别是相对指标中动态相对数和计划完成程度相对数的对比；加权平均数和调和平均数的辨析；标准差和标准差系数的使用。

练 习 题

一、判断题

1. 总体单位总量和总体标志总量是固定不变的，不能互相变换。（   ）

2. 按人口平均的粮食产量是一个平均数。（   ）

3. 用总体部分数值与总体全部数值对比求得的相对指标说明总体内部的组成状况，这个相对指标是比例相对指标。（   ）

4. 相对指标都是用无名数形式表现出来的。（   ）

5. 在特定条件下，加权算术平均数等于简单算术平均数。（   ）

6. 标志变异指标数值越大，说明总体中各单位标志值的变异程度就越大，则平均指标的代表性就越小。（   ）

二、单选题

1. 总量指标数值大小（   ）。

A. 随总体范围扩大而增大

B. 随总体范围扩大而减小

C. 随总体范围缩小而增大

D. 与总体范围大小无关

2. 直接反映总体规模大小的指标是（　　　）。

A. 平均指标 　　　　　　　　　　　 B. 相对指标

C. 总量指标 　　　　　　　　　　　 D. 变异指标

3. 由反映总体各单位数量特征的标志值汇总得出的指标是（　　　）。

A. 总体单位总量 　　　　　　　　　 B. 总体标志总量

C. 质量指标 　　　　　　　　　　　 D. 相对指标

4. 相对指标数值的表现形式有（　　　）。

A. 无名数 　　　　　　　　　　　　 B. 实物单位与货币单位

C. 有名数 　　　　　　　　　　　　 D. 无名数与有名数

5. 下列相对数中，属于不同时期对比指标的有（　　　）。

A. 结构相对数 　　　　　　　　　　 B. 动态相对数

C. 比较相对数 　　　　　　　　　　 D. 强度相对数

6. 按照计划，今年产量比上年增加 30%，实际比计划少完成 10%，同上年比今年产量实际增长程度为（　　　）。

A. 75% 　　　　　　　　　　　　　 B. 40%

C. 13% 　　　　　　　　　　　　　 D. 17%

7. 2009 年某地区下岗职工已安置了 13.7 万人，安置率达 80.6%，安置率是（　　　）。

A. 总量指标 　　　　　　　　　　　 B. 变异指标

C. 平均指标 　　　　　　　　　　　 D. 相对指标

三、多选题

1. 时点指标的特点有（　　　）。

A. 可以连续计数 　　　　　　　　　 B. 只能间断计数

C. 数值的大小与时期长短有关 　　　 D. 数值可以直接相加

E. 数值不能直接相加

2. 时期指标的特点是指标的数值（　　　）。

A. 可以连续计数 　　　　　　　　　 B. 与时期长短无关

C. 只能间断计数 　　　　　　　　　 D. 可以直接相加

E. 与时期长短有关

3. 加权算术平均数的大小受哪些因素的影响（　　　）。

A. 受各组频率和频数的影响 　　　　 B. 受各组标志值大小的影响

C. 受各组标志值和权数的共同影响 　 D. 只受各组标志值大小的影响

E. 只受权数大小的影响

4. 在什么条件下，加权算术平均数等于简单算术平均数（　　　）。

A. 各组次数相等 　　　　　　　　　 B. 各组变量值不等

C. 变量数列为组距数列 　　　　　　 D. 各组次数都为 1

E. 各组次数占总次数的比重相等

5. 中位数是（　　　）。

A. 由标志值在数列中所处位置决定的

B. 根据标志值出现的次数决定的

C. 总体单位水平的平均值

D. 总体一般水平的代表值

E. 不受总体中极端数值的影响

四、计算题

1. 某公司 2008 年、2009 年的产量情况如下：

单位：吨

项　　目	2008 年实际产量	2009 年产量	
		计划	实际
甲	35070	36000	42480
乙	15540	17500	19775
丙	7448	8350	8016

计算各产品的产量动态相对数，2009 年计划完成相对数。

2. 某地区销售某种商品的价格和销售量资料如下：

项　　目	销售价格（元）	各组商品销售量占总销售量的比重（％）
甲	20～30	20
乙	30～40	50
丙	40～50	30

根据资料计算三种规格商品的平均销售价格。

3. 某企业 2009 年某月按工人劳动生产率高低分组的有关资料如下：

按工人劳动生产率分组（件/人）	每组人数（人）	实际产量（件）
50～60	3	8250
60～70	5	6500
70～80	8	5250
80～90	2	2550
90 以上	2	4750

试计算该企业工人平均劳动生产率。

4. 甲、乙两农贸市场某农产品价格及成交量、成交额的资料如下：

品种	价格（元/斤）	甲市场成交额（万元）	乙市场成交量（万斤）
甲	1.2	1.2	2
乙	1.4	2.8	1
丙	1.5	1.5	1
合计	—	5.5	4

试问哪一个市场农产品的平均价格比较高？

5. 甲、乙两个生产小组，甲组平均每个工人的日产量为 36 件，标准差为 9.6 件；乙组工人日产量资料如下：

日产量（件）	工人数（人）	日产量（件）	工人数（人）
10～20	18	30～40	31
20～30	39	40～50	12

计算乙组平均每个工人的日产量，并比较甲、乙两生产小组哪个组的日产量更有代表性。

第五章 抽样推断

1. 了解抽样推断的概念和特点。
2. 明确抽样调查的组织形式。
3. 理解抽样误差的含义及影响因素，掌握抽样平均误差的计算。
4. 掌握对总体平均指标和成数指标的区间估计方法。

1. 能利用样本资料进行抽样平均误差的计算。
2. 能熟练地对总体各项指标进行区间估计。

第一节 抽样推断概述

一、抽样推断的含义

抽样推断又称抽样调查，是按照随机原则，从总体中抽取部分单位进行调查，并用调查所得到的数据资料推断总体数量特征的一种非全面调查方式。例如，根据部分居民的某节目收视率去推断全部居民的该节目收视率；根据部分产品质量去推断全部产品质量等。

二、抽样推断的特点

（一）抽样推断是一种由部分推算整体的研究方法

抽样推断的目的在于对总体数量特征的认识，它和其他统计调查方法有显著的区别。例如统计报表制度、普查虽然可以达到对总体数量的认识，但它们是全面调查，达不到非全面调查可以节省人力、物力、提高时效的效果。而重点调查、典型调查虽然能够收到非全面调查的好处，但却又未必能在数量上推断全体，达到对总体数量特征的认识。而抽样调查既能得到非全面调查的好处，又可以达到对总体数量特征的认识，这就更显示出这种方法的优越性了。例如根据部分职工家庭的消费水平，推算全国上亿职工家庭的消费水平；根据部分面积农作物的实际产量，推算全县、全省乃至全国的农产品总产量；根据重量不超过十分之一克的棉花纤维强度来判断几百公斤的棉花纤维强度；根据重量不到几克的种子发芽率来推断成批种子的发芽率，等等。

（二）抽样推断建立在随机取样的基础上

按随机原则抽取样本单位，是抽样推断的前提。所谓随机原则，是指在抽取调查单位时完全排除调查者的主观判断，每个单位都有同等的被抽中或不被抽中的机会。哪个单位被抽中，哪个单位不被抽中，纯粹是偶然事件。坚持随机原则的原因是，总体各单位有相等的中选机会，才能使抽选出来的部分单位所构成的样本总体的内部结构类似于研究对象总体的内部结构分布特征，使样本成为真正的总体"缩影"，因而，样本对总体具有更大的代表性，抽样的误差也就小了，保证了推断结果的精确度和可靠性。

（三）抽样推断运用的是概率估计的方法

利用样本指标来估计总体参数，在方法上是运用不确定的概率估计法，而不是运用确定的数学分析方法。由于抽样的随机性，从总体中所抽取的样本是不确定的，在随机因素的影响下可以有各种各样的构成，因而样本的观测、调查结果本身也是随机变量，即不同的样本会得出不同的估计值。不确定的估计值与确定的总体数值之间并不存在像自变量与因变量那样的函数关系，因而当用样本指标来估计总体参数时，其可靠性只能以一定的概率保证程度来说明，而非完全肯定。

（四）抽样推断的误差可以事先计算，并加以控制

抽样推断是以部分资料推算全体，虽然也存在一定的误差，但与其他统计估算不同，其抽样误差范围可以事先通过有关资料加以计算，并且我们能够采取各种组织措施来控制这一误差范围，保证抽样推断的结果达到一定的可靠程度。所以我们可以说，抽样调查是根据事先给定的误差允许范围进行设计，而抽样推断是具有一定可靠程度的估计和判断，这些都是其他估算方法所办不到的。

三、抽样推断中的基本概念

（一）总体与样本

总体即统计总体，也称母体，指所要认识对象的全体，是具有某种共同性质的许多单位的集合。总体根据单位数是否有限分为无限总体和有限总体。一般用大写英文字母 N 来表示总体单位数。

样本，又称子样，它是从总体随机抽取出来，代表总体的那部分单位的集合体。样本单位数又称样本容量，一般用小写英文字母 n 来表示。一般说来，样本容量 n 在 30 以下时，称为小样本；达到或超过 30 时称为大样本。对于一个总体，从中所抽取的样本是随机的，因而样本不是唯一的。

（二）参数与统计量

参数也叫全及指标，它是根据总体各单位的标志值或标志特征计算的，反映总体数量特征的综合指标。由于总体是唯一确定的，因此根据总体计算的参数也是唯一确定的。

对于总体中的数量标志，常用的总体参数有总体平均数 $\overline{X}$ 和总体方差 $\sigma_{\overline{X}}^2$（或总体标准差 $\sigma_{\overline{X}}$）。

设总体变量 X 为 X_1，X_2，X_3，$\cdots$，X_N，则有：

$$\overline{X} = \frac{\sum X}{N} = \frac{\sum XF}{\sum F} \qquad (5-1)$$

$$\sigma_{\overline{X}}^2 = \frac{\sum (X - \overline{X})^2}{N} = \frac{\sum (X - \overline{X})^2 F}{\sum F} \qquad (5-2)$$

统计方法与应用

对于总体中的品质标志，常用的总体参数有总体成数 P（或 Q）和总体方差 σ_P^2（或总体标准差 σ_P）。

由于品质标志表现不能用数量来表示，只能用一定的文字加以描述，因此我们引入"成数"这一概念来加以说明。用 P 来表示总体中具有某种性质的单位数在总体全部单位数中所占的比重，以 Q 表示总体中不具有某种性质的单位数在总体中所占的比重。则 P 和 Q 称为总体成数。如将产品按是否合格分为合格产品和不合格产品两组，在此基础上统计出各组的产品数量，再计算产品的合格率和不合格率。这里的合格率和不合格率就是所谓的总体成数。再比如人口按性别分组，分为男性和女性，在此基础上统计出各组的人口数，再计算男性人口所占的比重、女性人口所占的比重。这里的两个比重也是成数。

需要注意的是，这里提到的所谓"具有某一属性"是一种人为的规定，视研究目的不同可以作出不同的解释。如研究产品的合格率时，具有某一属性是指"合格"；但当研究产品的废品率时，具有某一属性又变为"不合格"。在抽样推断中，一般只对两种情况中的其中一种进行研究即可，而不需要对两种情况同时进行研究，因为掌握了总体一个方面的构成，另一个实际上也已经掌握了。如已知产品的合格率是 90%，则产品的不合格率是 10%；已知男性人口占 52%，则女性人口占 48%。在 P 和 Q 中，一般只对 P 进行研究和推断。

设总体 N 个单位中，有 N_1 个单位具有某种性质，N_0 个单位不具有某种性质，$N_1 + N_0 = N$，P 为总体中具有某种属性的单位数所占比重，Q 为不具有某种属性的单位数所占的比重，则总体成数为：

$$P = \frac{N_1}{N} \qquad\qquad (5-3)$$

$$Q = \frac{N_0}{N} = \frac{N - N_1}{N} = 1 - P \qquad\qquad (5-4)$$

如果品质标志表现只有是非两种，如产品质量表现为合格和不合格，性别表现为男和女，则我们可以把"是"的标志表现用 1 表示，"非"的标志表现用 0 表示。那么，成数 P 就可以视为（0，1）分布的平均数，并可以求相应的方差和标准差。

$$\overline{X}_P = \frac{0 \times N_0 + 1 \times N_1}{N} = \frac{N_1}{N} = P \qquad\qquad (5-5)$$

$$\sigma_P^2 = \frac{(0-P)^2 N_0 + (1-P)^2 N_1}{N} = \frac{P^2 N_0 + Q^2 N_1}{N}$$

$$= P^2 Q + Q^2 P = PQ(P+Q) = PQ = P(1-P) \qquad\qquad (5-6)$$

例如，某批零件的合格率 $P = 80\%$，则有：

$$\overline{X}_P = 80\%$$
$$\sigma_P^2 = 80\% \times 20\% = 160\%$$

在抽样推断中，总体参数的具体数值事先是未知的，需要用样本统计量来估计它。

统计量，又叫抽样指标或样本指标，是根据样本各单位标志值或标志特征计算的综合指标。统计量是用来推断总体参数的，因此与常用的总体参数相对应，有样本平均数 $\overline{x}$ 及其方差 $s_{\overline{x}}^2$（或样本标准差 $s_{\overline{x}}$）和样本成数 p 及其方差 s_p^2（或标准差 s_p）。为了与总体参数相区别，一般用小写字母表示，计算方法与总体参数对应指标相同。

88

设样本变量 x 为 x_1，x_2，$\cdots$，x_n，则样本均值为：

$$\overline{x} = \frac{\sum x}{n} = \frac{\sum xf}{\sum f} \tag{5-7}$$

样本方差为：

$$s_{\overline{x}}^2 = \frac{\sum (x - \overline{x})^2}{n} = \frac{\sum (x - \overline{x})^2 f}{\sum f} \tag{5-8}$$

样本成数为：

$$p = \frac{n_1}{n} \tag{5-9}$$

$$q = \frac{n_0}{n} = 1 - p \tag{5-10}$$

样本成数方差为：

$$s_p^2 = p(1-p) = pq \tag{5-11}$$

由于一个总体有很多可能样本，而抽到不同的样本就会得到不同的样本指标，所以样本统计量本身也是随机变量，它的取值不是唯一确定的。

（三）抽样方法和抽样组织形式

根据抽样的方式不同，抽样方法可以分为重复抽样和不重复抽样两种。

重复抽样也称重置抽样。它是指从总体 N 个单位中每次抽取一个单位，把结果登记下来，又重新放回原总体，参加下一次抽取。因此在重复抽样中，每次抽取过程相互之间是独立的，每个单位中选的机会在每次抽取中都完全相等，为 $1/N$。从总体 N 个单位中，用重复抽样的方法，随机抽取 n 个单位构成一个样本，则共可抽取 N^n 个样本。

不重复抽样也称不重置抽样。它是指从总体 N 个单位中要抽取一个容量为 n 的样本，每次从总体中抽取一个单位，连续进行 n 次抽选，构成一个样本，但每次抽出的单位就不再放回参与下一次的抽选。其实质等同于一次性地从总体中抽 n 个单位组成一个样本。连续 n 次抽选的结果不是相互独立的，每次抽取的结果都影响下一次抽取，每抽一次，总体的单位数就少一个，因此每个单位的中选机会在每次抽选中是不同的。从总体 N 个单位中，用不重复抽样的方法，抽取 n 个单位构成一个样本，可能抽取的样本数目为 $N(N-1)(N-2)\cdots(N-n+1)$ 个。

抽样推断的组织形式主要有如下五种。

1. 简单随机抽样

简单随机抽样，又称纯随机抽样。这种抽样方式是不对总体作任何处理，直接按随机原则抽取调查单位。常用的方法有抽签法、随机数表法等。这种方式最能体现抽样的随机原则，是最基本的一种抽样方式，但它不能保证所取得的样本在总体中均匀分布，所抽样本可能缺乏代表性。这种抽样方法比较适合于调查标志在总体各单位分布较均匀、总体单位数不是很多的情况。

2. 类型抽样

类型抽样，又称分层抽样。它是指在抽样之前，先将总体中的所有单位按照某一主要标志分成若干类（或组），然后再从各类（组）中按随机原则抽取样本，由各类（组）内的样本组成一个总的样本。由于类型抽样是按照与调查目的有关的主要标志对总体进行分组处理，使影响抽样误差的组内标志变动减小，所以，它的抽样误差要小于简单随机抽样的误差。在总体单位标志值差异较大时，采用类型抽样较为适宜。

3. 等距抽样

等距抽样，又称机械抽样或系统抽样。它是先将总体各单位按某一标志进行排队，然后按一定顺序和间隔来抽取样本单位。这种抽样方式的随机性主要体现在第一个样本单位的抽选上，第一个样本单位位置确定后，其余样本单位的位置也就确定了。等距抽样具体有两种方法：一是按无关标志排队法，即按与调查目的无关的标志对总体单位进行排队，例如，调查职工生活水平时，职工按姓氏笔画排队。二是按有关标志排队法，即按与调查目的有关的标志对总体单位进行排队，例如，对职工家庭生活水平进行调查，把职工按工资水平的高低进行排队。

4. 整群抽样

整群抽样，也称集团抽样。是指在组织抽样调查时，先根据总体单位的某些特征将总体分为若干个部分，每部分称为一个群，再按群进行抽选，对抽中的群进行全面调查的抽样组织形式。例如，调查某个大学的学生身高，组成总体的基本单位是每个学生，但抽样单位可以是由学生组成的班或系等，将中选的班级或系的全部学生作为样本进行观察。由于整群抽样是在各群之间进行抽样调查，对被抽中群的内部是全面调查，所以，整群抽样误差的大小取决于群间方差的大小和抽出群数的多少，而不受群内方差的影响。

5. 多阶段抽样

多阶段抽样也称多级抽样，它是以整群抽样为基础，先从总体的所有大群中抽取若干大群，抽中的群中再抽取若干小群，抽中的小群中再抽取若干更小的群，如此下去，最后才抽取所要观测个体的一种抽样组织形式。最简单的多阶段抽样是两阶段抽样，即总体抽群，群抽个体。多阶段抽样的特点是整群抽样和分层抽样两种组织形式的综合（如两阶段抽样，前一阶段为整群抽样，后一阶段则相当于分层抽样）。

（四）样本容量和样本个数

样本容量和样本个数是两个既有联系又完全不同的概念。样本容量是指一个样本所包含的单位数。一个样本应该包含多少单位最合适，是抽样设计必须认真考虑的问题。前面我们提到，样本容量在 30 以下时，称为小样本；达到或超过 30 时称为大样本。

样本个数又称样本可能数目，是指从一个总体可能抽取的样本个数。一个总体可能抽取多少样本，与样本容量以及抽样方法等因素都有关系，是一个比较复杂的问题。一个总体有多少样本，则样本统计量就有多少种取值，从而形成了该统计量的分布。

第二节 抽 样 误 差

一、抽样误差

抽样误差是指由于随机抽样的偶然因素使样本各单位的结构不足以代表总体各单位的结构，而引起样本指标和总体指标之间的绝对离差。这种误差的产生，是在遵循抽样的随机性原则的前提下，由于被抽选的样本各种各样，只要被抽中的样本其内部各单位被研究标志的构成比例和总体有出入，就会产生抽样误差。而且这种误差是抽样推断所固有的，不可避免。例如，班级 100 个同学中有 60 个男同学和 40 个女同学，现在随机抽取 10 个同学为样本，由于随机的原因未必都能抽到 6 个男同学和 4 个女同学，使得利用样本计算性别比例指标不能代表班级同学的性别比例指标，而使样本指标与总体指标之间存在绝对离差，这就是抽样误差。

抽样推断一般是由样本的平均数 $\bar{x}$ 来推断总体平均数 $\bar{X}$，用样本的成数 p 来推断总体的成数 P，因此抽样误差的表现形式为：$|\bar{x}-\bar{X}|$ 和 $|p-P|$。由于样本指标是样本的一个函数，不是唯一的，所以抽样误差是一个随机变量。

影响抽样误差大小的因素主要有：第一，总体各单位标志值的差异程度。差异程度越大，则抽样误差也越大，反之则小。第二，样本单位数。在其他条件相同的情况下，样本的单位数越多，则抽样误差越小。第三，抽样方法。抽样方法不同，抽样误差也不同。一般地说，重复抽样的误差比不重复抽样的误差大些。第四，抽样调查的组织形式。有不同的抽样组织形式就有不同的抽样误差，而且同一种组织形式的合理程度也影响抽样误差。

二、抽样平均误差

（一）抽样平均误差的含义

抽样平均误差是反映抽样误差一般水平的指标，是由于抽样的随机性而产生的所有可能样本指标与总体指标之间的平均离差。由于从一个总体可抽取多个不同的样本，因此抽样指标（如抽样平均数、抽样成数）随着样本不同而有不同的取值，因而对总体参数（如总体平均数、总体成数）的离差就有大有小，这就必须用一个指标来衡量所有离差的一般水平。

通常我们用抽样平均数的标准差或抽样成数的标准差来作为衡量其抽样误差一般水平的尺度。按照标准差的一般意义，抽样平均数（或成数）的标准差是按抽样平均数（或成数）与其平均数的离差平方和计算的，但由于抽样平均数的平均数等于总体平均数，而抽样成数的平均数等于总体成数，所以抽样指标的标准差恰好反映了抽样指标和总体指标的平均离差程度。

设以 $\mu_{\bar{x}}$ 表示抽样平均数的平均误差，μ_p 表示抽样成数的平均误差，M 表示全部可能的样本数目，则：

$$\mu_{\bar{x}}=\sqrt{\frac{\sum(\bar{x}-\bar{X})^2}{M}} \tag{5-12}$$

$$\mu_p=\sqrt{\frac{\sum(p-P)^2}{M}} \tag{5-13}$$

以上为抽样平均误差的定义公式。但是由于我们不知道总体平均数和总体成数，而且也无法计算全部样本的抽样指标值，所以按上述公式来计算抽样平均误差实际上是不可能的。在实际运用中，抽样平均误差有特定的计算公式，下面将对这一问题进行介绍。

（二）抽样平均误差的计算

下面分别讨论抽样平均数平均误差和抽样成数平均误差的计算。

1. 抽样平均数的平均误差

分重复抽样和不重复抽样两种情况。

（1）重复抽样。在重复抽样的条件下，抽样平均数的平均误差公式为：

$$\mu_{\bar{x}} = \frac{\sigma}{\sqrt{n}} \qquad (5-14)$$

公式表明，抽样平均误差的大小和总体标准差 σ 成正比，和样本容量 n 的平方根成反比。

【例 5-1】 设有 3 名职工，其月工资分别为 500 元、760 元、840 元。这一总体的平均工资 $\bar{X}$ 和工资标准差 σ 为：

$$\bar{X} = \frac{\sum X}{N} = \frac{500 + 760 + 840}{3} = 700 (元)$$

$$\sigma = \sqrt{\frac{\sum (X - \bar{X})^2}{N}}$$

$$= \sqrt{\frac{(500-700)^2 + (760-700)^2 + (840-700)^2}{3}} = 145.14 (元)$$

现用重复抽样的方法从 3 个工人中随机抽取 2 人构成样本，并计算样本平均工资，以代表 3 人总体的平均工资。所有可能的样本以及平均工资见表 5-1。

表 5-1　　　　　　　　　　　　重复抽样平均误差计算过程

样本序号	样本变量 x		样本平均 $\bar{x}$	平均数离差 $\bar{x} - E(\bar{x})$	离差平方 $[\bar{x} - E(\bar{x})]^2$
1	500	500	500	−200	40000
2	500	760	630	−70	4900
3	500	840	670	−30	900
4	760	500	630	−70	4900
5	760	760	760	60	3600
6	760	840	800	100	10000
7	840	500	670	−30	900
8	840	760	800	100	10000
9	840	840	840	140	19600
合　计	—		6300	0	94800

样本平均数的平均数为：

$$E(\bar{x}) = \frac{\sum \bar{x}}{M} = \frac{6300}{9} = 700 (元)$$

根据定义计算的抽样平均误差为：

$$\mu_{\bar{x}} = \sqrt{\frac{\sum (\bar{x} - \bar{X})^2}{M}} = \sqrt{\frac{94800}{9}} = 102.63 (元)$$

现在直接按重复抽样的抽样平均误差公式计算：

$$\mu_{\bar{x}} = \frac{\sigma}{\sqrt{n}} = \frac{145.14}{\sqrt{2}} = 102.63 (元)$$

所得结果与由定义计算的抽样平均误差完全相同。

从以上计算过程中，我们可以看出几个基本关系：第一，样本平均数的平均数等于总体平均数，即 $E(\overline{x}) = \overline{X}$；第二，抽样平均误差要比总体标准差小很多，仅为总体标准差的 $\dfrac{1}{\sqrt{n}}$；第三，可以通过调整样本单位数 n 来控制抽样平均误差。

（2）不重复抽样。在不重复抽样的条件下，抽样平均数的平均误差不但和总体变异程度、样本容量有关，而且与总体单位数的多少有关。它们的关系如下：

$$\mu_{\overline{x}} = \sqrt{\frac{\sigma^2}{n}\left(\frac{N-n}{N-1}\right)} \tag{5-15}$$

式中　N——总体单位数。

在总体单位数 N 很大的情况下，式（5-15）可以表示为：

$$\mu_{\overline{x}} = \sqrt{\frac{\sigma^2}{n}\left(1-\frac{n}{N}\right)} \tag{5-16}$$

【例 5-2】　现在仍用上述 3 个工人工资的例子，假设用不重复抽样的方法从总体中抽 2 人求平均工资加以验证，计算见表 5-2。

表 5-2　　　　　　　　　　　不重复抽样平均误差计算过程

样本序号	样本变量 x		样本平均 $\overline{x}$	平均数离差 $\overline{x}-E(\overline{x})$	离差平方 $[\overline{x}-E(\overline{x})]^2$
1	500	760	630	-70	4900
2	500	840	670	-30	900
3	760	500	630	-70	4900
4	760	840	800	100	10000
5	840	500	670	-30	900
6	840	760	800	100	10000
合 计	—		4200	0	31600

样本平均数的平均数为：

$$E(\overline{x}) = \frac{\sum \overline{x}}{M} = \frac{4200}{6} = 700(元)$$

根据定义计算的抽样平均误差为：

$$\mu_{\overline{x}} = \sqrt{\frac{\sum (\overline{x}-\overline{X})^2}{M}} = \sqrt{\frac{31600}{6}} = 72.57(元)$$

直接按不重复抽样的抽样平均误差公式计算：

$$\mu_{\overline{x}} = \sqrt{\frac{\sigma^2}{n}\left(\frac{N-n}{N-1}\right)} = \sqrt{\frac{21065.62}{2} \times \left(\frac{3-2}{3-1}\right)} = 72.57(元)$$

两者计算结果完全相同。由此可见，在不重复抽样的条件下，抽样平均数的平均数 $E(\overline{x})$ 仍然等于总体平均数 $\overline{X}$，而它的抽样平均误差 72.57 比重复抽样的平均误差 102.63 小。

在计算抽样平均误差时，我们通常得不到总体标准差的数值，要用样本标准差 s 来代替总体标准差 σ。

$$s = \sqrt{\frac{\sum (x - \overline{x})^2}{n}} \qquad\qquad (5-17)$$

2. 抽样成数的平均误差

抽样成数的平均误差表明各样本成数和总体成数绝对离差的一般水平。由于总体成数可以表现为总体是非标志（0，1）分布的平均数，而且它的标准差也可以从总体成数推算出来，前面已经论证过：

$$\overline{X}_P = P \qquad\qquad (5-18)$$

$$\sigma_P = \sqrt{P(1-P)} \qquad\qquad (5-19)$$

因此我们可以从抽样平均数的抽样平均误差和总体标准差的关系中推算出抽样成数平均误差的计算公式。

在重复抽样条件下：

$$\mu_p = \sqrt{\frac{P(1-P)}{n}} \qquad\qquad (5-20)$$

式中　P——总体成数；

　　　n——样本单位数。

在不重复抽样条件下：

$$\mu_p = \sqrt{\frac{P(1-P)}{n}\left(\frac{N-n}{N-1}\right)} \qquad\qquad (5-21)$$

在总体单位数 N 很大的情况下，公式可以变为

$$\mu_p = \sqrt{\frac{P(1-P)}{n}\left(1-\frac{n}{N}\right)} \qquad\qquad (5-22)$$

在实际计算中，由于总体成数 P 未知，我们可以用样本成数 p 来代替。

【**例 5-3**】　要估计某县 10 万家庭的空调拥有率，随机抽取 100 户家庭，调查结果显示有 85 户拥有空调，求空调拥有率的抽样平均误差。

根据已知条件可得：

$$p = \frac{85}{100} = 85\%$$

$$p(1-p) = 0.85 \times 0.15 = 0.1275$$

在重复抽样下：

$$\mu_p = \sqrt{\frac{p(1-p)}{n}} = \sqrt{\frac{0.1275}{100}} = 0.0357$$

在不重复抽样下：

$$\mu_p = \sqrt{\frac{P(1-P)}{n}\left(1-\frac{n}{N}\right)} = \sqrt{\frac{0.1275}{100}(1-\frac{100}{100000})} = 0.03569$$

计算结果表明，用样本的拥有率来估计总体的拥有率，其抽样误差平均说来为 3.6%左右。

三、抽样极限误差

抽样极限误差是指样本指标和总体指标之间误差的可能范围。由于总体指标是一个确

定的数，而样本指标会随各个可能样本的不同而变动，它是围绕着总体指标上下随机出现的变量。它与总体指标之间既有正离差，也有负离差，样本指标变动的上限或下限与总体指标之差的绝对值就可以表示误差的可能范围，这种以绝对值形式表示的抽样误差可能范围称为抽样极限误差。

设 $\Delta_{\bar{x}}$，Δ_p 分别表示抽样平均数极限误差和抽样成数极限误差，则有：

$$\Delta_{\bar{x}} \geqslant |\bar{x} - \overline{X}| \qquad (5-23)$$

$$\Delta_p \geqslant |p - P| \qquad (5-24)$$

表示样本统计量与总体参数之离差不超过所允许的误差范围。将上面的不等式展开得到：

$$\bar{x} - \Delta_{\bar{x}} \leqslant \overline{X} \leqslant \bar{x} + \Delta_{\bar{x}} \qquad (5-25)$$

$$p - \Delta_p \leqslant P \leqslant p + \Delta_p \qquad (5-26)$$

以上第一式表明被估计的总体平均数 $\overline{X}$ 以样本平均数 $\bar{x}$ 为中心，在 $\bar{x} - \Delta_{\bar{x}}$ 至 $\bar{x} + \Delta_{\bar{x}}$ 之间变动。区间 $(\bar{x} - \Delta_{\bar{x}}, \bar{x} + \Delta_{\bar{x}})$ 称为平均数的估计区间或置信区间。同样，上面第二式表明被估计的总体成数以样本成数 p 为中心，在 $p - \Delta_p$ 至 $p + \Delta_p$ 之间变动。区间 $(p - \Delta_p, p + \Delta_p)$ 称为成数的估计区间或置信区间。

四、抽样概率度和置信度

基于概率估计的要求，抽样极限误差通常需要以抽样平均误差 $\mu_{\bar{x}}$ 或 μ_p 为标准单位来衡量。把极限误差 $\Delta_{\bar{x}}$ 或 Δ_p 分别除以 $\mu_{\bar{x}}$ 或 μ_p 得到相对数 t，表示误差范围为抽样平均误差的 t 倍。t 是测量估计可靠程度的一个参数，称为抽样误差的概率度。

$$t = \frac{\Delta_{\bar{x}}}{\mu_{\bar{x}}} \qquad (5-27)$$

$$\Delta_{\bar{x}} = t\mu_{\bar{x}} \qquad (5-28)$$

$$t = \frac{\Delta_p}{\mu_p} \qquad (5-29)$$

$$\Delta_p = t\mu_p \qquad (5-30)$$

抽样估计的置信度也称为抽样估计的概率保证程度。以样本估计总体，除了要有精度要求外，还有可靠程度的要求，即以多大的概率来保证估计是准确的。

数理统计已经证明：概率度和置信度之间存在着一定的函数关系，即置信度 $F(t)$ 是概率度 t 的函数。t 值一定，$F(t)$ 也随之确定，t 值越大，$F(t)$ 也越大，其值一一对应。最常用的对应值见表 $5-3$。

表 5-3   常用概率度与概率保证程度表

t	$F(t)$	t	$F(t)$
1	68.27%	2	95.45%
1.96	95%	3	99.73%

根据公式 $\Delta_{\bar{x}} = t\mu_{\bar{x}}$（或 $\Delta_p = t\mu_p$）可知，对于一定的抽样平均误差，概率度 t 越大，允

统计方法与应用

许的误差范围即极限误差 Δ 也越大，抽样推断的概率保证程度也就越高；反之，当 μ 一定，t 越小，则 Δ 越小，概率保证程度也越低。这就意味着，在抽样平均误差一定的情况下，要提高抽样推断的可靠程度必然会使抽样估计的精度下降，而要提高抽样估计的精度，相应的概率保证程度只能降低。

<h1 align="center">第三节　抽样估计的方法</h1>

一、总体参数的点估计

点估计的基本特点是，根据样本资料计算样本指标，再以样本指标值直接作为相应的总体指标的估计值。例如，以实际计算的样本平均数作为相应总体平均数的估计值；以实际计算的样本成数作为相应总体成数的估计值等。

设 $\overline{X}$ 表示总体平均数 $\overline{X}$ 的估计量，$\hat{P}$ 表示总体成数 P 的估计量，则有：

$$\overline{x}=\hat{\overline{X}} \tag{5-31}$$

$$p=\hat{P} \tag{5-32}$$

点估计的优点是简单、具体、明确。但要使点估计的结果恰好等于总体参数的值几乎是不可能的，通常总有一定的抽样误差，而点估计本身无法说明抽样误差的大小。若估计总体参数可能落在某一个区间内就有把握多了，因此在实际问题估计中，我们更多地使用区间估计。

二、总体参数的区间估计

（一）区间估计的含义

区间估计，是指用一个具有一定可靠程度的范围来估计总体参数，即对于未知的总体参数如 $\overline{X}$（或 P），想办法找出两个数值 θ_1 和 θ_2（$\theta_1 < \theta_2$），使 $\overline{X}$（或 P）处于这两个数值之间，即 $\theta_1 \leqslant \overline{X}$（或 P）$\leqslant \theta_2$，并同时给出相应的概率保证程度。其中，θ_1 称为置信下限，θ_2 称为置信上限，$[\theta_1, \theta_2]$ 称为置信区间。

具体来看，总体平均数的置信区间为 $[\overline{x}-\Delta_{\overline{x}}, \overline{x}+\Delta_{\overline{x}}]$，总体成数的置信区间为 $[p-\Delta_p, p+\Delta_p]$。

（二）区间估计的步骤

根据给定的概率保证程度进行区间估计，具体步骤是：

第一步，根据样本计算样本指标，并计算样本标准差以求出抽样平均误差。

第二步，根据概率度和抽样平均误差计算抽样极限误差。

第三步，求出总体参数的置信区间。

估计值、抽样误差范围和概率保证程度是总体参数区间估计的三个要素。

【例 5-4】　对某高校学生月消费支出进行调查，抽取了 200 人的样本，调查结果见

表 5-4，试以 95% 的概率保证程度对该校学生的月平均消费支出作出估计。

表 5-4 　　　　　　　　　　　某高校学生月消费支出表

月消费支出（元）	组中值（元）	人数（人）
150 以下	125	4
150～200	175	11
200～250	225	17
250～300	275	24
300～350	325	50
350～400	375	41
400～450	425	25
450～500	475	16
500 以上	525	12
合计		200

第一步，计算样本平均月消费支出：

$$\overline{x} = \frac{\sum xf}{\sum f} = \frac{69000}{200} = 345（元）$$

样本标准差：

$$\sigma = \sqrt{\frac{\sum (x-\overline{x})^2 f}{\sum f}} = \sqrt{\frac{1750000}{200}} = 93.54（元）$$

抽样平均误差

$$\mu_{\overline{x}} = \frac{\sigma}{\sqrt{n}} = \frac{93.54}{\sqrt{200}} = 6.61（元）$$

第二步，根据题目给出的概率保证程度 95%，可得相应的概率度 $t=1.96$，从而抽样极限误差为：

$$\Delta_{\overline{x}} = t\mu_{\overline{x}} = 1.96 \times 6.61 = 12.96（元）$$

第三步，求出置信区间

$$\overline{x} - \Delta_{\overline{x}} = 345 - 12.96 = 332.04（元）$$

$$\overline{x} + \Delta_{\overline{x}} = 345 + 12.96 = 357.96（元）$$

即该校学生月平均消费支出在 332.04～357.96 元之间，概率保证程度为 95%。

【例 5-5】 某学校进行一次英语测验，为了了解学生的考试情况，随机抽选部分学生进行调查，所得资料见表 5-5，试以 95.45% 的可靠性估计该学校英语考试成绩在 80 分以上的学生所占比重的范围。

表 5-5 　　　　　　　　　　　某校学生英语测验成绩情况

考试成绩（分）	学生人数（人）	考试成绩（分）	学生人数（人）
60 以下	10	80～90	40
60～70	20	90～100	8
70～80	22	合计	100

第一步，计算样本成数

$$p = \frac{48}{100} = 48\%$$

抽样平均误差

$$\mu_p = \sqrt{\frac{p(1-p)}{n}} = \sqrt{\frac{0.48 \times 0.52}{100}} = 0.05$$

第二步，根据题目给出的概率保证程度 95.45%，可得相应的概率度 $t=2$，从而抽样极限误差为：

$$\Delta_p = t\mu_p = 2 \times 0.05 = 0.1$$

第三步，求出置信区间

$$p - \Delta_p = 0.48 - 0.1 = 0.38$$
$$p + \Delta_p = 0.48 + 0.1 = 0.58$$

即该校学生成绩在 80 分以上的学生所占比重的范围在 38%～58%之间，概率保证程度为 95.45%。

第四节　样本容量的确定

一、确定样本容量的意义和原则

当进行一项抽样调查时，抽取的样本单位数越多，所得的抽样调查资料的代表性就越高，抽样推断的效果就越好；反之，如果抽样单位数越少，所得的抽样调查资料的代表性就越低。可见，抽样单位数不能过少，过少了抽样推断就不能达到预期的效果。但是，抽样单位数也不能过多，过多了就会增加人力、物力和费用，也影响抽样调查资料的及时提供。因此在抽样调查时，认真研究和确定一个必要的抽样单位数，对于省时、省力又能保证较好的抽样调查效果，无疑是具有很重要意义的。确定必要样本单位数的原则是：在保证抽样推断能达到预期的可靠程度和精确程度的要求下，确定一个恰当的样本单位数目。

二、确定样本容量的计算公式

由于样本单位数是抽样极限误差公式的组成部分，所以可以根据抽样极限误差公式推导出样本单位数。以简单随机抽样为例，推断总体参数所必需的最基本样本单位数公式推导如下：

在重复抽样的条件下，由于 $\Delta_{\bar{x}} = t\mu_{\bar{x}} = t\dfrac{\sigma}{\sqrt{n}}$

$$\Delta_p = t\mu_p = t\sqrt{\frac{p(1-p)}{n}}$$

所以，简单随机重复抽样平均数的必要样本单位数为：

$$n = \frac{t^2 \sigma^2}{\Delta_{\bar{x}}^2} \tag{5-33}$$

简单随机重复抽样成数的必要样本单位数为：

$$n=\frac{t^2 p(1-p)}{\Delta_p^2} \qquad (5-34)$$

同理可得，简单随机不重复抽样平均数的必要样本单位数为：

$$n=\frac{Nt^2\sigma^2}{N\Delta_{\bar{x}}^2+t^2\sigma^2} \qquad (5-35)$$

简单随机不重复抽样成数的必要样本单位数为：

$$n=\frac{Nt^2 p(1-p)}{N\Delta_p^2+t^2 p(1-p)} \qquad (5-36)$$

从上式可以看出，样本容量受抽样极限误差的制约。Δ 要求越小，则样本容量就需要越多。以重复抽样来说，在其他条件不变的情况下，误差范围 Δ 缩小 $1/2$，则样本容量要扩大 4 倍；而 Δ 扩大 1 倍，则样本容量只需原来的 $1/4$。

【例 5-6】 在某市 2009 年高中一年级 3490 名学生的数学统考中，数学成绩标准差为 12.8 分，及格率为 86%。现对这批学生升入二年级后的统考成绩进行抽样估计，要求平均成绩的允许误差最大不超过 2 分，及格率的极限误差为 5%，概率保证程度为 95%。采用重复抽样方法需要抽取多少学生？

解：由于 $\sigma=12.8$，$t=1.96$，$\Delta_{\bar{x}}=2$，$N=3490$，

故平均成绩推算的样本容量为：

$$n=\frac{t^2\sigma^2}{\Delta_{\bar{x}}^2}=\frac{1.96^2\times12.8^2}{2^2}\approx158(人)$$

由于 $p=86\%$，$t=1.96$，$\Delta_p=5\%$，

故及格率推算的样本容量为：

$$n=\frac{t^2 p(1-p)}{\Delta_p^2}=\frac{1.96^2\times0.86\times0.14}{0.05^2}\approx186(人)$$

为了满足平均成绩和及格率两种推算的共同需要，至少应抽查 186 名学生。

理论联系实际

江苏省居民营养与健康现状抽样调查新闻通报

居民营养与健康状况是反映一个地区经济社会发展、卫生保健水平和人口素质的重要内容，促进和提高居民营养与健康状况一直是各级政府追求的发展目标。近 10 年来，随着经济的快速发展，居民的生活方式、膳食结构发生了很大的改变，"营养与健康"已经成为社会时尚。调查表明，我省居民的营养与健康状况已经得到很大的提高。但是，由于居民生活水平的提高，导致部分居民营养不平衡和慢性非传染病发病率上升，也逐渐成为全社会不断关注的公共问题之一。掌握人群膳食营养状况，了解高血压、肥胖和糖尿病等主要慢性病的流行病学特点及变化趋势，对各级政府制定相关社会发展政策，促进经济社会协调发展意义重大。为此，卫生部、科技部和国家统计局于 2002 年 8~12 月，在全国范围内开展了"中国居民营养与健康状况调查"。现将我省按照全国统一"中国居民营养与健康状况调查"方案，抽样调查的居民营养与健康状况通报如下。

一、调查背景

我国于 1959 年、1982 年和 1992 年曾开展过三次全国营养调查，2002 年是我国第四次全国性的营养调查。这次调查是在充分科学论证的基础上，统一组织、设计和实施的，是我国首次进行的营养与健康的综合性调查，它将以往由不同专业分别进行的营养、高血压、糖尿病等专项调查进行有机整合，并结合社会经济发展状况，增加了新的相关指标和内容。通过调查，可以及时了解和掌握居民膳食结构、营养和健康状况及其变化规律，揭示社会经济发展对居民营养和健康的影响，为国家制定相关政策、引导农业及食品产业发展、指导居民健康生活方式提供依据。本次调查的具体目标是：

（1）调查掌握我国城乡及不同地区居民营养状况及其差异。

（2）调查掌握我国城乡及不同地区居民肥胖、高血压、糖尿病等慢性病的患病状况及其差异。

（3）调查了解我国儿童青少年生长发育状况及地区差异。

（4）调查了解我国妇女特别是孕妇乳母营养状况及其影响因素。

（5）调查了解我国老年人健康状况、主要疾病及影响因素。

（6）分析影响我国居民营养及健康状况的主要因素，并提出可行的改善及控制措施。

（7）了解膳食营养、生活方式及经济状况等对慢性病的影响。

二、调查方法

全国营养调查对象是全国 31 个省、自治区、直辖市（不含台湾、香港、澳门）抽中调查家庭中的全部家庭成员。运用分层多阶段不等比例整群随机抽样方法抽样。根据经济发展水平将全国各县/区分成大城市、中小城市、一类农村、二类农村、三类农村、四类农村共 6 类地区，在六类地区中进行抽样。第一阶段利用系统抽样的方法在 6 类地区抽取调查县/区，第二阶段在每个样本县/区中抽取 3 个乡镇/街道，第三阶段在样本乡镇/街道中抽取 2 个村/居委会，第四阶段在样本村/居委会抽取 90 户的调查家庭，其中膳食调查 30 户，非膳食调查 60 户。城市调查点随机抽取 1～2 所幼儿园和 1 所小学中 3～12 岁儿童，每个年龄组各 50 名为调查对象。

按上述方法，全国统一抽样，我省的南京市建邺区、徐州市九里区、江阴市、太仓市、海门市、句容市、睢宁县、泗洪县共八个市（县、区）5995 户家庭被抽取，其中南京市建邺区是全国大城市的抽样点；徐州市九里区是全国中小城市的抽样点；江阴市、太仓市、海门市、句容市是全国一类农村的抽样点；睢宁县、泗洪县是全国二类农村的抽样点。膳食调查户 1451 户、非膳食调查户 2881 户、特殊人群扩大调查户 1663 户，膳食调查户和非膳食调查户中所有家庭成员为调查对象，特殊人群扩大调查户中特殊人群为调查对象。

本次调查包括询问调查、医学体检、实验室检测和膳食调查四个部分。询问调查是采用入户的方法对调查家庭的经济收入、人口，家庭成员的一般情况，主要慢性疾病的现患情况及家族史、吸烟、饮酒、体力活动等情况，营养及慢性病有关知识及饮食习惯，婴幼儿喂养方式及辅食添加情况，孕妇和乳母营养与健康状况等进行询问调查；医学体检是对所有调查对象的身高和体重、3 岁以下儿童头围、15 岁及以上调查对象的腰围和血压进行测量；实验室检测是采集膳食调查对象及 3～12 岁儿童的静脉血，现场测定血红蛋白、空腹血糖，采集非膳食调查对象及孕妇、乳母及婴幼儿的指血，现场测定血红蛋白；膳食调查是采用称重法、24 小时膳食回顾法和食物频率法收集居民各种食物消费频率及消费量，获得个体长期食物消费模式、饮食习惯等等。

全省抽取膳食调查户 1451 户、非膳食调查户 2881 户、特殊人群扩大调查户 1663 户，共有 5995 户 18927 人参加调查，其中体检 12460 人，血压测定 9173 人，血脂测定 4981 人，血红蛋白测定 12285 人，血糖测定 5159 人。

三、调查工作

根据国家调查总体方案，我省成立了由省卫生厅、科技厅和统计局组成的调查领导小组，省卫生厅负责全省调查的组织领导和协调工作，制定了详细的江苏省营养调查工作方案，对全省的调查工作进行了统一部署，下发了《关于开展营养与健康状况调查的通知》（苏卫疾控〔2002〕22 号）、《关于做好"中国居民营养与健康状况调查"有关工作的通知》（苏卫疾控函〔2002〕11 号），各调查点的市、县（市、区）根据当地具体情况制定了调查点营养调查工作方案，成立了由分管局长负责的调查领导小组和调查工作队，确定了调查行政负责人和技术负责人，对调查工作层层动员、宣传和落实。

省疾病控制中心具体负责调查的日常业务工作。2002 年 6～8 月对全省 90 多名调查员进行了调查方法的培训和考核；2002 年 9～12 月现场调查；2003 年 1～4 月采用国家统一的数据录入程序完成全省调查数据录入；2003 年 5～12 月完成调查数据清理和数据库建立；2004 年 1～7 月完成数据统计，8～10 月采用 SAS8.0 统计软件进行数据分析。

四、营养状况的评估

（一）居民膳食与营养状况明显改善

（1）居民的膳食状况有较大提高：随着居民生活水平的提高，我省居民热能与蛋白质摄入基本得到满足，动物性食物品种结构优化，城市畜禽类消费量降低，奶类、蛋类消费量增加，而农村动物性食物人均每日消费量由 1992 年的 135.1g 上升至 176.6g。全省动物性食物消费量达 194.8g，高于全国动物性食物消费的平均水平（159.5g）；水果消费量大幅度提高，从人均每日消费量 23.5g 上升至 51.8g；优质蛋白质比例从 36.8% 提高到 40.5%，碳水化合物供热比由 60.3% 下降为 55.4%。

（2）能量、蛋白质、脂肪、维生素、锌等主要营养素的摄入量基本达到《中国居民膳食营养素》的推荐摄入量标准。并略高于全国平均水平。

（3）营养不良患病率下降：6 岁以下儿童营养不良率低，仅为 1.9%，比 1992 年下降了 68.3%；成年人营养不良发生率也不高，为 4.7%。

（4）居民消费的食物品种多样化，从主食大米、面粉到肉禽蛋鱼等食物的品种丰富，蔬菜水果的消费也比过去有较大的提高。

（二）居民营养与健康问题不容忽视

（1）各地区膳食结构不尽合理，城乡差异较大。我省居民各类食物消费量与中国营养学会提出的中国居民平衡膳食宝塔比较，畜禽肉类、蛋类及鱼虾类食物消费量尚可，蔬菜水果消费量不高，奶类消费偏低；营养素、脂肪量摄入偏高，脂肪供能比已达 31.2%，超过世界卫生组织建议的 30% 上限；钙摄入量总体偏低，仅占钙适宜摄入量的 50% 左右。各种食物消费量不同地区差异很大，南京市建邺区畜禽肉类、奶类、蛋类、鱼虾类每标准人日摄入量分别达 145.9g、81.9g、48.2g、50.5g，而蔬菜为 287.3g，动物性食物消费偏高，蔬菜消费量偏低，脂肪供能比已高达 37.3%；睢宁县动物性食物消费低，畜禽肉类仅 11.1g，奶类及制品为 0.9g，鱼虾类为 11.1g，蔬菜也偏低，膳食结构均不合理。

（2）超重肥胖患病率迅速上升。按世界卫生组织标准评价，我省城市 18 岁及以上成年人超重/肥胖率为 41.3%，农村也达 24.9%，45～60 岁年龄组达 36.2%，成年人超重/肥胖比例过高。而 6～18 岁儿童青少年超重/肥胖问题也比较严重，该年龄组人群城市超重/肥胖率已达 14.5%。

（3）贫血患病率较高。本次调查共测定血红蛋白 12285 人，贫血率为 26.5%；随着年龄的增长，贫血患病率呈上升趋势，60 岁及以上人群贫血患病率最高，达 37.0%；6～18 岁年龄组儿童最低，也达 17.1%。农村高于城市，女性高于男性，其中 18 岁以上成年女性贫血率均在 30% 以上。

（4）与营养相关的各种慢性病患病率呈上升趋势。我省标化高血压患病率、糖尿病患病率、血脂异常率分别为 19.3%、2.6%、17.8%，其中 60 岁以上分别已达 54.4%、7.8%、25.2%；城市成年人慢性病患病率较高，高血压患病率、糖尿病患病率分别为 31.7% 和 6.9%。慢性病患病率高是我省面临的公共卫生问题，控制慢性病已经成为一项紧迫的任务。

五、今后工作

（1）各地要将国民营养与健康改善和慢性病预防工作纳入地方政府的"十一五"发展规划，加强政府的宏观指导，制定相关政策，加强对农业、食品加工、销售流通等领域的科学指导，发挥其在改善营养与提高人民健康水平中的重要作用。

（2）定期开展营养及营养相关疾病的监测及干预工作，指导居民健康的消费。针对我国全面建设小康时期的特点，重点防治营养性贫血、高血压、糖尿病、高血脂以及肥胖等慢性病。同时，今后我省在开展营养调查研究时，希望得到居民的理解和支持。

（3）大力开展营养教育，倡导平衡膳食与健康生活方式，提高居民自我保健意识和能力。营养知识缺乏、膳食不合理是造成我省居民贫血、高血压、糖尿病、高血脂以及肥胖等慢性病的主要原因。今后，我们将通过多种形式宣传中国居民膳食指南，开展营养与健康的咨询活动，倡导食物多样化，采取营养补充剂和食物强化等多种方法，促进居民平衡膳食，并大力提倡人们合理进食和健康的生活方式，进一步提高我省居民的健康水平。

（资料来源：淮安疾控信息网）

本 章 小 结

本章介绍了抽样推断的基本理论和方法。抽样推断是按照随机原则，从总体中抽取部分单位进行调查，并用调查所得到的数据资料推断总体数量特征的一种非全面调查方式。抽样推断的本质就是用可知的但非唯一的样本统计量来推断未知的、唯一的总体参数。进行区间估计必须具备的三个要素为：估计值、抽样误差范围和概率保证程度。

本章的重点是抽样平均误差和抽样极限误差的计算及对总体参数的区间估计。

练 习 题

一、判断题

1. 抽样推断是利用样本资料对总体的数量特征进行估计的一种统计分析方法，因此不可避免地会产生误差，这种误差的大小是不能进行控制的。（　　）

2. 从全部总体单位中按照随机原则抽取部分单位组成样本，只可能组成一个样本。（　　）

3. 在总体方差一定的条件下，样本单位数越多，则抽样平均误差越大。（　　）

4. 样本单位数的多少与总体各单位标志值的差异程度成反比，与抽样极限误差范围的大小成正比。（　　）

5. 在抽样推断中，作为推断的总体和作为观察对象的样本都是确定的、唯一的。（　　）

二、单选题

1. 反映样本指标与总体指标之间的平均误差程度的指标是（　　）。

A. 抽样误差系数　　　　　　　　B. 概率度

C. 抽样平均误差　　　　　　　　D. 抽样极限误差

2. 对甲、乙两个工厂工人平均工资进行纯随机不重复抽样调查，调查的工人数一样，两工厂工资方差相同，但甲厂工人总数比乙厂工人总数多一倍，则抽样平均误差（　　）。

A. 甲厂比乙厂大　　　　　　　　B. 乙厂比甲厂大

C. 两个工厂一样大　　　　　　　D. 无法确定

3. 在简单随机重复抽样条件下，当抽样平均误差缩小为原来的 1/2 时，则样本单位数为原来的（　　）。

A. 2 倍　　　　　　　　　　　　B. 3 倍

C. 4 倍　　　　　　　　　　　　D. 1/4 倍

4. 抽样调查的主要目的是（　　）。

A. 用样本指标来推算总体指标　　B. 对调查单位作深入研究

C. 计算和控制抽样误差　　　　　D. 广泛运用数学方法

5. 对某行业职工收入情况进行抽样调查，得知其中 80% 的职工收入在 800 元以下，抽样平均误差为 2%，当概率为 95.45% 时，该行业职工收入在 800 元以下所占比重是（　　）。

A. 等于 78%　　　　　　　　　　B. 大于 84%

C. 在 76% 与 84% 之间　　　　　D. 小于 76%

6. 假定一个拥有一亿人口的大国和百万人口的小国居民年龄变异程度相同，现在各自用重复抽样方法抽取本国的 1% 人口计算平均年龄，则平均年龄抽样平均误差（　　）。

A. 不能确定　　　　　　　　B. 两者相等

C. 前者比后者大　　　　　　D. 前者比后者小

7. 在其他条件不变的情况下，提高估计的概率保证程度，其估计的精确程度（　　）。

A. 随之扩大　　　　　　　　B. 随之缩小

C. 保持不变　　　　　　　　D. 无法确定

8. 在一定的抽样平均误差条件下（　　）。

A. 扩大极限误差范围，可以提高推断的可靠程度

B. 扩大极限误差范围，会降低推断的可靠程度

C. 缩小极限误差范围，可以提高推断的可靠程度

D. 缩小极限误差范围，不改变推断的可靠程度

三、多选题

1. 在抽样平均误差一定的条件下，（　　）。

A. 扩大极限误差的范围，可以提高推断的可靠程度

B. 缩小极限误差范围，可以提高推断的可靠程度

C. 扩大极限误差的范围，只能降低推断的可靠程度

D. 缩小极限误差的范围，只能降低推断的可靠程度

E. 扩大极限误差的范围与推断的可靠程度无关

2. 总体参数区间估计必须具备的三个要素是（　　）。

A. 样本单位数　　　　　　　B. 样本指标

C. 全及指标　　　　　　　　D. 抽样误差范围

E. 抽样估计的置信度

3. 在抽样推断中（　　）。

A. 抽样指标的数值不是唯一的　　B. 总体指标是一个随机变量

C. 样本有很多种情况　　　　　　D. 统计量是反映样本的数量特征

E. 全及指标又称为统计量

4. 影响抽样误差大小的因素有（　　）。

A. 抽样调查的组织形式　　　　B. 抽取样本单位的方法

C. 总体被研究标志的变异程度　　D. 抽取样本单位数的多少

E. 总体被研究标志的属性

5. 抽样推断的特点是（　　）。

A. 由部分认识总体的一种认识方法

B. 建立在随机取样的基础上

C. 对总体参数进行估计采用的是确定的数学分析方法

D. 可以计算出抽样误差，但不能对其进行控制

E. 既能计算出抽样误差，又能对其进行控制

四、计算题

1. 对一批成品按重复抽样方法抽选 100 件，其中废品 4 件，当概率为 95.45％时，可否认为这批产品的废品率不超过 6％？

2. 外贸公司出口一种食品，规定每包规格不低于 150 克，现在用重复抽样的方法抽取其中的 100 包进行检验，其结果如下：

每包重量（克）	包数	每包重量（克）	包数
148～149	10	151～152	20
149～150	20	总计	100
150～151	50		

要求：

（1）以 99.73％的概率估计这批食品平均每包重量的范围，以便确定平均重量是否达到规格要求。

（2）以同样的概率估计这批食品合格率范围。

3. 为了解某城市分体式空调的零售价格，随机抽取若干个商场中的 40 台空调，平均价格为 3800 元，样本标准差 400 元。

要求：

（1）计算空调价格的抽样平均误差。

（2）以 99.73％（$t = 3$）的可靠性估计该城市分体式空调的价格区间。

4. 某汽车配件厂生产一种配件，多次测试的一等品率稳定在 90％左右。用简单随机抽样形式进行检验，要求误差范围在 3％以内，可靠程度 99.73％，在重复抽样下，必要的样本单位数是多少？

第六章 相关与回归分析

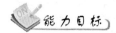学习目标

1. 了解相关关系的概念和种类。
2. 理解相关系数的概念。
3. 掌握相关系数的计算与应用方法。
4. 理解回归系数的含义。
5. 掌握回归分析方法。

能力目标

相关系数与回归分析方法的简单应用。

第一节 相 关 分 析

一、相关关系的概念

宇宙中任何现象都不是孤立地存在的，而是普遍联系和相互制约的。在反映客观事物数量特征的诸变量之间，必然产生和存在一定的关系。在大量的依存关系中，可以区分为函数关系和相关关系。

（一）函数关系

函数关系是变量之间一种完全确定的关系，即一个变量的数值完全由另一个（或一组）变量的数值所确定。函数关系的一般数学表达式为 $y=f(x)$，在这种关系中，自变量 x 的每一个数值，因变量 y 都有一个唯一确定的数值与之相对应。例如，数学中圆的面积 S 和半径 r 之间存在着函数关系 $S=r^2$，即当圆的半径确定以后，圆的面积也随之确定。再如，企业产品销售在实行标准价格 p 的情况下，销售收入 y 与所销售的产品数量 x 之间也存在着函数关系 $y=px$，即当以标准价格销售的产品数量确定以后，该产品的销售收入也成为唯一确定的值。

（二）相关关系

相关关系是变量之间其数量变化受随机因素影响而不能唯一确定的相互依存关系。相关关系因其依存程度的不同而表现出相关程度的差别。有些现象间存在着严格的数据依存关系，比如，在价格不变的条件下销售额、销售量之间的关系。有些现象间的依存关系则没有那么严格。当一种现象的数量发生变化时，另一种现象的数量却在一定的范围内发生

变化。比如身高与体重的关系就是如此。一般来说，身高越高，体重越重，但二者之间的关系并非严格意义上的对应关系，身高 1.75 米的人，对应的体重会有多个数值，因为影响体重的因素不只身高而已，它还会受遗传、饮食习惯等因素的制约和影响。社会经济现象中大多存在这种非确定的相关关系。在统计学中，这些在社会经济现象之间普遍存在的相互联系、相互制约的数量依存关系即为相关关系。它有两个特点：一是现象之间确实存在数量上的依存关系。即如果一个现象发生数量上的变化，则另一个现象也会发生数量上的变化。二是现象之间数量上的关系是不确定的。即它属于变量之间的一种不完全确定的关系。这意味着一个变量虽然受另一个（或一组）变量的影响，却并不由这一个（或一组）变量完全确定。

二、相关关系的种类

现象之间的相互关系很复杂，它们涉及的变动因素多少不同，作用方向不同，表现出来的形态也不同。相关关系大体有以下几种分类。

（一）正相关与负相关

按相关关系的方向分，可分为正相关和负相关。当两个因素（或变量）的变动方向相同时，即自变量 x 值增加（或减少），因变量 y 值也相应地增加（或减少），这样的关系就是正相关。如家庭消费支出随收入增加而增加就属于正相关。如果两个因素（或变量）变动的方向相反，即自变量 x 值增大（或减小），因变量 y 值随之减小（或增大），则称为负相关。如商品流通费用率随商品经营规模的增大而逐渐降低就属于负相关。

（二）单相关与复相关

按自变量的多少分，可分为单相关和复相关。单相关是指两个变量之间的相关关系，即所研究的问题只涉及到一个自变量和一个因变量，如职工的生活水平与工资之间的关系就是单相关。复相关是指三个或三个以上变量之间的相关关系，即所研究的问题涉及到若干个自变量与一个因变量，如同时研究成本、市场供求状况、消费倾向对利润的影响时，这几个因素之间的关系就是复相关。

（三）线性相关与非线性相关

按相关关系的表现形态分，可分为线性相关与非线性相关。线性相关是指在两个变量之间，当自变量 x 值发生变动时，因变量 y 值发生大致均等的变动，在相关图的分布上，近似地表现为直线形式。比如，商品销售额与销售量即为线性相关。非线性相关是指在两个变量之间，当自变量 x 值发生变动时，因变量 y 值发生不均等的变动，在相关图的分布上，表现为抛物线、双曲线、指数曲线等非直线形式。比如，从人的生命全过程来看，年龄与医疗费支出呈非线性相关。

（四）完全相关、不完全相关与不相关

按相关程度分，可分为完全相关、不完全相关和不相关。完全相关是指两个变量之间具有完全确定的关系，即因变量 y 值完全随自变量 x 值的变动而变动，它在相关图上表现为所有的观察点都落在同一条直线上，这时，相关关系就转化为函数关系。不相关是指两个变量之间不存在相关关系，即两个变量变动彼此互不影响，自变量 x 值变动时，因变量 y 值不随之作相应变动。比如，家庭收入多少与孩子多少之间不存在相关关系。不

完全相关是指介于完全相关和不相关之间的一种相关关系。比如，农作物产量与播种面积之间的关系。不完全相关关系是统计研究的主要对象。

三、相关分析的内容

相关分析是指对客观现象的相互依存关系进行分析、研究，这种分析方法叫相关分析法。相关分析的目的在于研究相互关系的密切程度及其变化规律，以便作出判断，进行必要的预测和控制。相关分析的主要内容包括以下几方面。

（一）确定现象之间有无相关关系

这是相关与回归分析的起点，只有存在相互依存关系，才有必要进行进一步的分析。

（二）确定相关关系的密切程度和方向

确定相关关系密切程度主要是通过绘制相关图表和计算相关系数。只有对达到一定密切程度的相关关系，才可配合具有一定意义的回归方程。

（三）确定相关关系的数学表达式

为确定现象之间变化上的一般关系，我们必须使用函数关系的数学公式作为相关关系的数学表达式。如果现象之间表现为直线相关，我们可采用配合直线方程的方法；如果现象之间表现为曲线相关，我们可采用配合曲线方程的方法。

（四）确定因变量估计值误差程度

使用配合直线或曲线的方法可以找到现象之间一般的变化关系，也就是自变量 x 变化时，因变量 y 将会发生多大的变化。根据得出的直线方程或曲线方程我们可以给出自变量的若干数值，求得因变量的若干个估计值。估计值与实际值是有出入的，确定因变量估计值误差大小的指标是估计标准误差。估计标准误差大，表明估计不太精确；估计标准误差小，表明估计较精确。

第二节　简单线性相关分析

一、相关表

相关表有的简单，有的复杂。一般的简单相关表是将具有相关关系的两个变量值按其中一个的大小顺序排列，另一个依其对应关系编排而成的统计表。它是粗略观察现象之间相关程度的一种有效工具，同时也是绘制相关图和测定相关关系的依据。

在统计中，制作相关表或相关图，可以直观地判断现象之间大致存在的相关关系的方向、形式和密切程度。

在对现象总体中两个相关变量作相关分析，以研究其相互依存关系时，如果将实际调查取得的一系列成对变量值的资料顺序地排列在一张表格上，这张表格就是相关表。相关表仍然是统计表的一种。根据资料是否分组，相关表可以分为简单相关表和分组相关表。

（一）简单相关表

简单相关表是资料未经分组的相关表，它是把自变量按从小到大的顺序并配合因变量一一对应平行排列起来的统计表。

【例6-1】 为研究分析产量 x 与单位产品成本 y 之间的关系，把30个同类型企业的产量原始资料按从小到大的顺序排列，可编制简单相关表，结果见表6-1。

表6-1 产量和单位产品成本简单相关表

产量（件）	20	20	20	20	20	20	20	20	20	30	30	30	30	30	40
单位产品成本（元）	15	16	16	16	16	18	18	18	18	15	15	16	16	16	14
产量（件）	40	40	40	40	50	50	50	50	50	50	60	60	60	60	60
单位产品成本（元）	15	15	15	16	14	14	15	15	15	16	14	14	14	14	15

从表6-1中可以看出，随着产量的提高，单位产品成本却有相应降低的趋势，尽管在同样产量的情况下，单位产品成本存在差异，但是两者之间仍然存在一定的依存关系。

（二）分组相关表

在大量观察的情况下，原始资料很多，很难使用简单相关表表示现象之间的关系。这时就要将原始资料进行分组，然后编制相关表，这种相关表称为分组相关表。分组相关表包括单变量分组相关表和双变量分组相关表两种。

（1）单变量分组相关表。在原始资料很多时，对自变量数值进行分组，而对应的因变量不分组，只计算其平均值，根据资料具体情况，自变量可以是单项式，也可以是组距式。

【例6-2】 以上例原始资料为例，将同类型30个企业的产量 x 与单位产品成本 y 原始资料，按产量分组编制单变量分组相关表，结果见表6-2。

表6-2 产量和单位产品成本简单相关表

产量 x（件）	企业数 n（个）	单位产品成本 y（元）
20	9	16.8
30	5	15.6
40	5	15.0
50	6	14.8
60	5	14.2

从表6-2中可以较明显地看出二者之间存在负相关关系。

（2）双变量分组相关表。对两种有关变量都进行分组，交叉排列，并列出两种变量各组间的共同次数，这种统计表称为双变量分组相关表。这种表格形似棋盘，故又称棋盘式相关表。

【例6-3】 仍以原始资料为例，将同类型30个企业的产量 x 与单位产品成本 y 原始资料，编制双变量分组相关表，结果见表6-3。

从表6-3看出，产量集中在左上角到右下角的对角斜线上，表明产量与单位产品成本是负相关关系。

制作双变量分组相关表，须注意自变量为纵栏标题，按变量值从小到大自左向右排列，因变量为横行标题，按变量值从大到小自上而下排列。这样做的目的是将相关表与相关图结合起来，便于一致性判断相关关系的性质。

表 6-3　　　　　　　　产量和单位产品成本双变量分组相关表

单位产品成本 y（元）	产量 x（件）					合计
	20	30	40	50	60	
18	4	—	—	—	—	4
16	4	3	1	1		9
15	1	2	3	3	1	10
14	—	—	1	2	4	7
合计	9	5	5	6	5	30

二、相关图

相关图又称散点图。它是以直角坐标系的横轴代表自变量 x，纵轴代表因变量 y，将

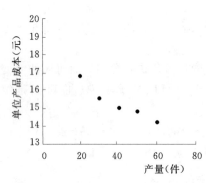

图 6-1　产量和单位产品成本相关图

两个变量间相对应的变量值用坐标点的形式描绘出来，用来反映两变量之间相关关系的图形。它是粗略观察现象之间相关程度和相关形态的一种有效工具，同时为测定相关关系奠定了基础。

相关图可以按未经分组的原始资料来编制，也可以按分组的资料，包括按单变量分组相关表和双变量分组相关表来编制。通过相关图将会发现，当 y 对 x 是函数关系时，所有的相关点都会分布在某一条线上；在相关关系的情况下，由于其他因素的影响，这些点并非处在一条线上，但所有相关点的分布也会显示出某种趋势。所以相关图会很直观地显示现象之间相关的方向和密切程度。

【例 6-4】　由表 6-2 的 30 个企业的产量 x 与单位产品成本 y 原始资料绘制相关图，结果如图 6-1 所示。

从图 6-1 中可以看出，单位产品成本随着产量增加而降低，并且散布点的分布近似地表现为一条直线。由此可以判断产量与单位产品成本两个变量之间存在着直线负相关关系。

三、相关系数

相关表和相关图大体说明变量之间有无关系，但它们的相关关系的紧密程度却无法表达，因此，需运用数学解析方法，构建一个恰当的数学模型来显示相关关系及其密切程度，对现象之间的相关关系的紧密程度作出确切的数量说明。测定现象之间的相关关系有相关系数、相关指数等统计分析指标，下面仅介绍相关系数及其计算方法。

相关系数具有三个特点：两变量为对等关系，可以不区分自变量和因变量，其相关系数只有一个值；相关系数有正负号，反映正相关或负相关；若以抽样调查取得资料，则两变量均应有相同的随机性，这也是对等关系的要求。

对全面统计资料而言，不存在随机性的问题，均为确定性资料。

相关系数的计算方法有若干种，最易理解的一种叫积差法，直接来源于数理统计中相关系数的定义。相关系数的定义（积差法）为：两变量的协方差与两变量各自标准差乘积之比。记为 r。其相应的定义公式为：

$$r = \frac{\sigma_{xy}^2}{\sigma_x \sigma_y} = \frac{\frac{1}{n}\sum(x-\overline{x})(y-\overline{y})}{\sqrt{\frac{1}{n}\sum(x-\overline{x})^2} \times \sqrt{\frac{1}{n}\sum(y-\overline{y})^2}} \tag{6-1}$$

式中　n——资料项数；

$\overline{x}$——x 变量的算术平均数；

$\overline{y}$——y 变量的算术平均数；

σ_x——x 变量的标准差；

σ_y——y 变量的标准差；

σ_{xy}^2——xy 变量的协方差。

在实际问题中，如果根据原始资料计算相关系数，可运用相关系数的简捷法计算，其计算公式为：

$$r = \frac{n\sum xy - \sum x\sum y}{\sqrt{n\sum x^2 - (\sum x)^2}\sqrt{n\sum y^2 - (\sum y)^2}} \tag{6-2}$$

$$= \frac{\sum xy - \frac{1}{n}\sum x\sum y}{\sqrt{\sum x^2 - \frac{1}{n}(\sum x)^2} \times \sqrt{\sum y^2 - \frac{1}{n}(\sum y)^2}}$$

明晰相关系数的性质是进行相关系数分析的前提。现将相关系数的性质总结如下：

（1）相关系数的数值范围，是在 -1 和 $+1$ 之间，即：$-1 \leqslant r \leqslant 1$。

（2）计算结果，当 $r>0$ 时，表示 x 与 y 为正相关；当 $r<0$ 时，x 与 y 为负相关。

（3）相关系数 r 的绝对值越接近于 1，表示相关关系越强；越接近于 0，表示相关关系越弱。如果 $|r|=1$，则表示两个现象完全直线相关。如果 $|r|=0$，则表示两个现象完全不相关（不是直线相关）。

（4）相关系数 r 的绝对值在 0.3 以下是无直线相关，0.3 以上是有直线相关，0.3～0.5 是低度直线相关，0.5～0.8 是显著相关，0.8 以上是高度相关。

【例 6-5】　杭州某连锁商店 5 个分店的商品销售额和销售利润资料，见表 6-4。

表 6-4　　　　　　　　　　　　商品销售额和销售利润率资料

企业编号	产品销售额（万元）	销售利润（万元）
1	430	22.0
2	480	26.5
3	650	40.0
4	950	64.0
5	1000	69.0

试计算商品销售额与利润额的相关系数，并进行分析说明。

解：设销售额为 x，销售利润为 y，列表 6-5 计算。

表 6-5 商品销售额与利润额的相关系数计算

企业编号	产品销售额 x	销售利润 y	xy	x^2	y^2
1	430	22.0	9460	184900	484
2	480	26.5	12720	230400	702.25
3	650	32.0	20800	422500	1024
4	950	64.0	60800	902500	4096
5	1000	69.0	69000	1000000	4761
合计	3510	213.5	172780	2740300	11067.25

计算相关系数

$$r = \frac{n\sum xy - \sum x \sum y}{\sqrt{n\sum x^2 - (\sum x)^2} \times \sqrt{n\sum y^2 - (\sum y)^2}}$$

$$= \frac{5 \times 172780 - 3510 \times 213.5}{\sqrt{5 \times 2740300 - 3510^2} \times \sqrt{5 \times 11067.25 - 213.5^2}}$$

$$= 0.9865$$

说明商品销售额与利润额两者之间存在高度正相关关系。

【例 6-6】 根据 5 位同学西方经济学的学习时间与成绩分数计算出如下资料：

$$n = 5 \quad \sum x = 40 \quad \sum y = 310 \quad \sum x^2 = 370 \quad \sum y^2 = 20700 \quad \sum xy = 2740$$

试计算学习时间和学习成绩之间的相关系数，并解释相关的密切程度和方向。

解：学习时间与学习成绩之间的相关系数：

$$r = \frac{\sum xy - \frac{1}{n}\sum x \sum y}{\sqrt{\sum x^2 - \frac{1}{n}(\sum x)^2} \times \sqrt{\sum y^2 - \frac{1}{n}(\sum y)^2}}$$

$$= \frac{2740 - \frac{1}{5} \times 40 \times 310}{\sqrt{370 - \frac{1}{5} \times 40^2} \times \sqrt{20700 - \frac{1}{5} \times 310^2}} = 0.96$$

说明学习时间 x 和成绩 y 之间存在着高度正相关关系。

第三节 回 归 分 析

一、回归分析的概念

"回归"一词源于 19 世纪英国统计学家 F. 高尔顿的研究成果。高尔顿比较了父母及其后代的身高后发现：成年子女的身高与其父母的身高有密切关系。较高的父母其子女较高，较矮的父母其子女较矮；但很高的父母往往会有较其自身矮的后代，很矮的父母往往会有较其自身高的后代。也就是说，很高或很矮的父母的后代其身高往往会"回归"到父母总体的平均高度。据此，高尔顿对人类后代的身高进行预测。这一分析方法，在后来运用的实践中大大超越了高尔顿所谓身高趋于平均的"回归"现象。现在，回归分析方法被广泛地应用于社会经济生活的各个方面。

回归分析是在研究现象之间相关关系的基础上，对自变量和因变量的变动趋势拟合数学模型进行量的推算的一种统计分析方法。进行回归分析，要以现象之间存在相关关系为前提；然后对自变量和因变量的变动拟合适宜的回归方程，确定其定量关系式；再对拟合的回归方程进行显著性检验；最后利用所求得的关系式进行推算和预测。

二、回归分析与相关分析的区别与联系

就一般意义而言，相关分析包括回归和相关两方面内容，因为回归与相关都是研究两变量相互关系的分析方法。但就具体方法而言，回归分析和相关分析是有明显差别的。相关图表、相关系数能判定两变量之间相关的方向和密切程度，但不能指出两变量相互关系的具体表现形式，也无法从一个变量的变化来推测另一个变量的变化情况。回归分析就是对具有相关关系的两个或两个以上变量的数量变化规律进行测定，确立一个相应的数学表达式，并进行估算和预测的一种统计方法。

回归分析和相关分析是互相补充、密切联系的。相关分析需要回归分析来表明数量关系的具体表现形式，而回归分析则应该建立在相关分析的基础上。只有依靠相关分析，对现象的数量变化规律判明具有密切相关关系后，再进行回归分析，求其相关的具体表现形式，这样才具有实际意义。

三、简单线性回归方程

（一）简单线性回归方程的描述

回归分析建立的数学表达式称为回归方程（或回归模型）。回归方程为线性方程的，称为线性回归；回归方程为非线性方程的，称为非线性回归。两个变量之间的回归称为一元回归（简单回归）；三个或三个以上变量之间的回归称为多元回归。本章只介绍一元线性回归，即简单线性回归分析方法。

一元线性回归模型也称简单线性回归模型，是分析两个变量之间相互关系的数学方程式。

（二）简单线性回归方程的参数估计

简单线性回归方程的参数估计，也就是通常所说的配合直线方程式的问题。若通过观察或实验，得到 n 对数据(x_1, y_1)，(x_2, y_2)，…，(x_n, y_n)的相关图上的散布点接近分布在一条直线上，就可以认为变量 x 与 y 之间存在着线性关系，可设经验公式为

$$\hat{y} = a + bx \qquad\qquad (6-3)$$

式中，a 与 b 为待定参数，也就是需要根据实际资料求解的数值，a 为直线的截距，b 为直线的斜率，也称回归系数，表示自变量 x 每变动一个单位时，因变量 y 的平均变动量。a、b 值确定了直线的位置，a、b 一旦确定，这条直线就被唯一确定了。但用于描述这 n 组数据的直线有许多条，究竟用哪条直线来代表两个变量之间的关系，需要一个明确的原则。我们希望选择距离各散布点最近的一条直线来代表 x 与 y 之间的关系，以便更好地反映变量之间的关系。根据这一思想确定未知参数 a、b 的方法，称为最小二乘法，也就

是通过使得 $Q=\sum(y-\hat{y})^2=\sum(y-a-bx)^2$ 为最小值来确定 a、b 的方法。可见，用最小二乘法得到的直线与所有数据(x_i, y_i)的离差平方和为最小。

要使 Q 为最小值，就要用数学中对二元函数求极值的原理，求 Q 关于 a 和 b 的偏导数，并令其等于 0，整理得出直线回归方程中求解参数 a、b 的标准方程组为

$$\begin{cases} \sum y = na + b\sum x \\ \sum xy = a\sum x + b\sum x^2 \end{cases}$$

解方程组得式（6-4）和式（6-5）

$$b=\frac{\sum(x-\bar{x})(y-\bar{y})}{\sum(x-\bar{x})^2}=\frac{n\sum xy-\sum x\sum y}{n\sum x^2-(\sum x)^2} \qquad (6-4)$$

$$a=\frac{\sum y}{n}-b\frac{\sum x}{n} \qquad (6-5)$$

$\because$ $r=\dfrac{\sigma_{xy}^2}{\sigma_x\sigma_y}=\dfrac{\overline{xy}-\bar{x}\ \bar{y}}{\sigma_x\sigma_y}$，而 $b=\dfrac{\overline{xy}-\bar{x}\ \bar{y}}{\sigma_x^2}$（其中，$\overline{xy}=\dfrac{1}{n}\sum xy$）

$\therefore$ $$r=b\frac{\sigma_x}{\sigma_y} \qquad (6-6)$$

【例 6-7】 根据某公司 10 个企业生产性固定资产价值（x）和总产值（y）资料计算出如下数据：

$\sum x=6525$ $\qquad \sum y=9801$ $\qquad \sum xy=7659156$ $\qquad \sum x^2=5668539$

试建立总产值 y 依生产性固定资产价值 x 变化的直线回归方程，并解释参数 a、b 的经济意义。（单位：元）

解：设直线回归方程为 $\hat{y}=a+bx$，则：

$$b=\frac{n\sum xy-\sum x\sum y}{n\sum x^2-(\sum x)^2}=\frac{10\times 7659156-6525\times 9801}{10\times 5668539-6525^2}=0.90(元)$$

$$a=\frac{1}{n}\sum y-b\frac{1}{n}\sum x=\frac{1}{10}\times 9801-\frac{1}{10}\times 6525\times 0.90=392.85(元)$$

则直线回归方程的一般式为 $\hat{y}=392.85+0.90x$。

参数 $b=0.9$ 表示生产性固定资产每增加 1 元，总产值将增加 0.9 元；参数 $a=392.85$ 表示总产值的起点值。

【例 6-8】 某部门所属 20 个企业全员劳动生产率（x）与销售利润（y）的调查资料经初步加工整理如下：

$n=20$，$\sum x=30.8$，$\sum y=961.3$，$\sum xy=1652.02$，$\sum x^2=52.44$，$\sum y^2=65754.65$

要求：

（1）计算全员劳动生产率与销售利润之间的相关系数，并分析相关的密切程度和方向。

（2）建立销售利润依全员劳动生产率变化的直线回归方程。

解：

（1）全员劳动生产率与销售利润的相关系数

$$r=\frac{n\sum xy-\sum x\sum y}{\sqrt{n\sum x^2-(\sum x)^2}\times\sqrt{n\sum y^2-(\sum y)^2}}$$

$$=\frac{20\times1652.02-30.8\times961.3}{\sqrt{20\times52.44-30.8^2}\times\sqrt{20\times65754.65-961.3^2}}=0.55$$

可以看出，全员劳动生产率与销售利润之间存在着显著的正相关关系。

（2）设销售利润依全员劳动生产率的直线回归方程为 $\hat{y}=a+bx$

$$b=\frac{n\sum xy-\sum x\sum y}{n\sum x^2-(\sum x)^2}=\frac{20\times1652.02-30.8\times961.3}{20\times52.44-30.8^2}=34.27$$

$$a=\frac{1}{n}\sum y-b\frac{1}{n}\sum x=\frac{1}{20}\times961.3-\frac{1}{20}\times30.8\times34.27=-4.71$$

故销售利润依全员劳动生产率的直线回归方程为 $\hat{y}=-4.71+34.27x$。

【例 6-9】 某地区家计调查资料得到，每户平均年收入为 8800 元，方差为 4500 元，每户平均年消费支出为 6000 元，均方差为 60 元，支出对于收入的回归系数为 0.8。
要求：

（1）计算收入与支出的相关系数。

（2）拟合支出对于收入的回归方程。

（3）收入每增加 1 元，支出平均增加多少元。

解：收入为 x，支出为 y，由已知条件知：

$\bar{x}=8800$，$\sigma_x^2=4500$，$\bar{y}=6000$，$\sigma_y=60$，$b=0.8$

（1）计算相关系数：由式（6-6）知

$$r=b\frac{\sigma_x}{\sigma_y}=0.8\times\frac{\sqrt{4500}}{60}=0.89(元)$$

（2）设回归直线方程为 $\hat{y}=a+bx$

$$a=\bar{y}-b\,\bar{x}=6000-0.89\times8800=-1832(元)$$

故支出对于收入的回归方程为 $\hat{y}=-1832+0.8x$。

（3）当收入每增加 1 元时，支出平均增加 0.8 元。

一般来说，建立一元线性回归模型，可以分四步进行。第一，分析变量之间的相互关系，通常是在理论定性分析的基础上采用相关表或相关图进行观察，再计算相关系数；第二，通过检验相关系数的显著性，判断相关系数的客观真实状况；第三，根据研究目的确定自变量和因变量；第四，根据搜集的统计资料估计模型参数，建立回归模型。

我们运用一元线性回归模型还应注意两个问题：一是两个变量不是对等关系。在两个变量中，首先要区分自变量和因变量，因为因变量是依自变量的变动而变动的。究竟哪一个是自变量，哪一个是因变量，可以根据现象之间的因果关系或研究目的而定。二是因变量是随机变量，自变量是确定性的量，可以事先给定或控制。

四、估计标准误差

（一）估计标准误差的意义

回归方程的一个重要作用在于根据自变量的已知值推算因变量的可能值 $\hat{y}$，这个可能值或称估计值、理论值、平均值，它和真正的实际值 y 可能一致，也可能不一致，因而就产生了估计值的代表性问题。当 $\hat{y}$ 与 y 一致时，表明推断准确；当 $\hat{y}$ 与 y 不一致时，表明推断不够准确。显而易见，将一系列 $\hat{y}$ 与 y 加以比较，可以发现其中存在着一系列离差，有的是正差，有的是负差，还有的为零。而回归方程的代表性如何，一般是通过计算估计标准误差指标来加以检验的。估计标准误差指标是用来说明回归方程代表性大小的统计分析指标，也简称为估计标准差或估计标准误差，其计算原理与标准差基本相同。估计标准误差说明理论值（回归直线）的代表性。估计标准误是分析研究现象之间相互关系的逆指标。其计算结果愈小，说明利用回归直线预测的精确度越高；反之，则说明预测的精确度越低。

（二）估计标准误差的计算

估计标准误差，是指因变量实际值与理论值离差的平均数。其计算公式为

$$S_{yx} = \sqrt{\frac{\sum(y - \hat{y})^2}{n-2}} \qquad (6-7)$$

式中　S_{yx}——估计标准差，其下标 yx 代表 y 依 x 而回归的方程；

　　　$\hat{y}$——根据回归方程推算出来的因变量的估计值；

　　　y——因变量的实际值；

　　　n——数据的项数。

估计标准误差的简化计算公式为

$$S_{yx} = \sqrt{\frac{\sum y^2 - a\sum y - b\sum xy}{n-2}} \qquad (6-8)$$

【例 6-10】 已知居民家庭月收入与消费支出资料，见表 6-6。试计算居民家庭月收入与消费支出的相关系数，并建立直线回归方程，计算估计标准误差。

表 6-6　　　　　　　　　　居民家庭月收入与消费支出资料

编号	月收入 x（百元）	消费支出 y（百元）	x^2	y^2	xy
1	15	12	225	144	180
2	18	15	324	225	270
3	20	18	400	324	360
4	25	20	625	400	500
5	30	28	900	784	840
6	40	36	1600	1296	1440
7	62	42	3844	1764	2604
8	75	53	5625	2809	3975
9	88	60	7744	3600	5280
10	92	65	8464	4225	5980
合计	465	349	29751	15571	21429

相关系数 $r = \dfrac{10 \times 21429 - 465 \times 349}{\sqrt{10 \times 29751 - 465^2} \times \sqrt{10 \times 15571 - 349^2}} = 0.99$

根据表 6-6 中的计算结果，得

$$b = \frac{10 \times 21429 - 465 \times 349}{10 \times 29751 - 465^2} = 0.6398$$

$$a = \frac{349}{10} - 0.6398 \times \frac{465}{10} = 5.1493$$

将 a 和 b 代入回归方程式得直线回归方程为：

$$\hat{y} = 5.1493 + 0.6398x$$

估计标准误差为：

$$S_{yx} = \sqrt{\frac{\sum y^2 - a\sum y - b\sum xy}{n-2}}$$

$$= \sqrt{\frac{15571 - 5.1493 \times 349 - 0.6398 \times 21429}{10-2}} = 2.82（元）$$

理论联系实际

资料一

回归分析在绸厂纡子生产定额管理中的应用

浙江是"丝绸之府，鱼米之乡"。丝绸产业是浙江传统的支柱产业，遍布各地的丝织企业为浙江经济社会发展作出了重要的贡献。

在丝织企业的生产管理中，纡子是其半制品质量和定额管理的主要对象之一。在江浙一带的绸厂通常用的管理方法是手感、目测凭经验来检验纡子的质量，并用 100 只纡子的容丝量来推算一批纡子的容丝量。由于空纡管之间的重量偏差、车间干湿度的变化、挡车工的操作技术等因素的影响，纡子之间的重量存在一定偏差，无法精确测定纡子容丝量，而这又是纬准备车间与织造车间的操作工之间原材料消耗计量和质量鉴定的必要环节，传统的方法给生产管理带来一定困难。为此，我们在对浙江湖州多家丝织企业调查分析研究的基础上，拟用统计学中的回归分析方法探索纡子容丝量的计算公式，为纡子生产的定额管理提供较科学的定量分析方法。

我们知道纡子与纡子之间的重量存在偏差，纡管与纡管之间的重量也存在偏差（在纡管上卷上丝就成了纡子），那么我们单就用 100 只纡子的重量减去 100 只纡管的重量，作为 100 只纡子的容丝量，并以此作为基数，用简单相乘的方法来计算一批纡子的容丝量是不够精确的。下面我们对丝织厂常规产品之一 12103 双绉纡子（纡管为塑料竹节式丝织纡管，L=15.5cm）用回归分析方法推出 12103 双绉纡子（以下简称纡子）容丝量的计算公式。

纬准备车间与织造车间的原料结算一般以桶为单位（每桶 30 只纡子），因此，我们用简单随机抽样的方法抽取 20 桶纡管，称出每桶纡管重量，并在桶上做好测试标记，在生产正常条件下，进行卷纬。然后，称出每桶纡子重量，根据测试标记，由相应桶的纡子与纡管重量之差，得出每桶纡子的实际容丝量。设 x 表示纡子的桶数（x 取值为 1，2，…，

20），x 桶纤子的容丝量为 y 克，我们得到以下 1～20 桶纤子的（累加）观测值 y（单位：克）：

333　654　977　1301　648　1967　2292　2613　2943　3272
3598　3923　4257　4600　4935　5281　5621　5960　6308　6649

作散点图（略）发现 x 与 y 呈现较明显的线性关系，我们应用最小二乘法原理建立公式：

$$\hat{y} = a + bx$$

方程中的系数 a、b，以及相关系数 r 与估计标准误差 S_{yx} 的计算结果如下：

$a = -27.69453$ 和 $b = 331.8376$；$r = 0.9999444$ 和 $S_{yx} = 21.26117$

由相关系数临界值表查 $\alpha = 0.01$，$n - 2 = 18$ 时的临界值为 0.561，而相关系数 $r = 0.9999444$，所以 $r > 0.561$，这表明 x 与 y 的线性关系在 $\alpha = 0.01$ 水平上显著。因此，我们得到纤子重量的计算公式：

$$\hat{y} = -27.69453 + 331.8376x$$

当然，此计算公式还有一定的误差，但是我们有 95.45％ 的把握保证纤子的实际容丝量在 $y \pm 2S_{yx}$ 克的置信范围内，即在 $y \pm 42.5$ 克范围内。

例如，湖州某丝织厂纬准备车间发给织造车间某班纤子 18 桶，称得实际容丝量为 5955 克，而由上述公式计算的值为 5945.4 克，置信范围为 5945.4 ± 42.5 克，实际值 5955 克在此范围内，误差只有 9.6 克。

公式 $y = -27.69453 + 331.8376x$ 适用于生产受控制状态下，12103 双绉纤子容丝量的预测和定额额算管理。对其他品种的纤子容丝量的预测规律，可仿照上述方法得到。

资料二

一元线性回归分析法的应用

物流行业的发展与一个国家的经济总量和经济发展水平息息相关。根据国家统计局的资料，2007 年我国的经济总量已经上升到世界的第四位，进出口额位列世界第三位。经济的快速增长和对外贸易的迅速发展使我国的物流需求量增长较快。

物流需求是指在一定时期内，因社会经济活动对生产、流通、消费领域的原材料、成品和半成品、废旧材料等的调配、流转、交换而产生的对物品在空间、时间、作业量和费用方面的要求。若结合预期的进出口额和 GDP 对物流需求进行预测可以了解社会经济活动对于货运能力供给的需求强度，从而进行有效的需求管理，引导投资有目的地进入物流服务领域，改进货运供给系统，减少资源浪费。

预测物流需求可以采用很多方法，其中，一元线性回归分析法可以很简单地预测物流需求量。

年 份	GDPx_1（亿元）	进出口额 x_2（亿元）	全社会物流总额 y（亿元）
表 6-7		宏观经济指标与全社会物流总额表	
1991	21617.8	11127.4	30221
1992	26638.1	13573.5	39088
1993	34634.4	16047.4	54315
1994	46759.4	19402.8	79237
1995	58478.1	23030.5	101975
1996	67884.6	23771.8	110288
1997	74462.6	26654.9	123665
1998	78345.2	26563.9	128732
1999	81910.9	29573.3	138954
2000	90016.2	38892.6	170561
2001	97314.8	41800.3	194513
2002	105172.3	50903.1	232583
2003	116898.4	69799.2	295488
2004	136515	94688.7	383829
2005	182321	115191.7	481121

根据表 6-7 中的数据，可以看出随着 GDP 与进出口额的增长，全社会物流总额也在增长，其相关程度如何？可以先来计算一下全社会物流总额与 GDP 的相关系数以及全社会物流总额与进出口额的相关系数。

对以上原始数据进行处理，可知：

$\sum y = 2564570$；$\sum y^2 = 672541809518$；$\sum x_1 = 1218969$；

$\sum x_2 = 601021.10$；$\sum x_1^2 = 125159780034.88$；$\sum x_2^2 = 37286284564.89$；

$\sum x_1 y = 284809231553.40$；$\sum x_2 y = 158065085492.80$

根据相关系数的计算公式

$$r = \frac{n\sum xy - \sum x \sum y}{\sqrt{n\sum x^2 - (\sum x)^2} \times \sqrt{n\sum y^2 - (\sum y)^2}}$$

可知全社会物流总额与 GDP 的相关系数

$$r_1 = \frac{15 \times 284809231553.4 - 1218969 \times 2564570}{\sqrt{15 \times 125159780034.88 - 1218969^2} \times \sqrt{15 \times 672541809518 - 2564570^2}} = 0.9774$$

全社会物流总额与 GDP 呈高度正相关关系。

全社会物流总额与进出口额的相关系数

$$r_2 = \frac{15 \times 158065085492.8 - 601021.1 \times 2564570}{\sqrt{15 \times 37286284564.89 - 601021.1^2} \times \sqrt{15 \times 672541809518 - 2564570^2}} = 0.9948$$

全社会物流总额与进出口额呈高度正相关关系。

即宏观经济指标的增长会带来更大幅度的物流需求量的增长，经济的迅速发展将产生巨大的对物流服务的需求空间。

当变量间存在显著的线性相关关系时，我们可以用一元线性回归分析法对物流需求量进行简单的预测。

1. GDP 与物流需求预测式

根据表 6-7，利用一元线性回归分析法 $\hat{y}=a+bx$ 对原始数据进行处理分析，得：

$$b=\frac{n\sum x_1\,y-\sum x_1\sum y}{n\sum x_1{}^2-(\sum x_1)^2}=\frac{15\times284809231553.4-1218969\times2564570}{15\times125159780034.88-1218969^2}=2.93$$

$$a=\overline{y}-b\,\overline{x}_1=170971.3-2.93\times81264.59=-66901.1$$

由此可知，GDP 与全社会物流总额间的关系：

某年全社会物流总额＝－66901.1＋293×该年 GDP

利用上述模型，可以很容易地对预期 GDP 情况下的物流总额作出预测。据国家统计局资料初步统计，2008 年我国 GDP 为 300670 亿元。通过上述预测模型，可以得到结论：2008 年我国物流需求总额预计为－66901.1＋2.93×300670＝814062 亿元。

2. 进出口额与物流需求预测式

在进行跨国经营时，需要强大的物流服务作为支撑。物流的需求量与进出口额有着密切关系。一元线性回归分析法同样帮助我们在进出口额与物流总额之间进行预测。

$$b=\frac{n\sum x_2\,y-\sum x_2\sum y}{n\sum x_2^2-(\sum x_2)^2}=\frac{15\times158065085492.8-125159780034.88\times2564570}{15\times37286284564.89-115191.7^2}=4.19$$

$$a=\overline{y}-b\,\overline{x}_2=170971.3-4.19\times40068.07=3144.55$$

由此可知，进出口额与全社会物流总额间的关系为：

某年全社会物流总额＝－3144.55＋4.19×该年进出口额

利用上述模型，可以很容易地对预期进出口额情况下的物流总额作出预测。据中科院的预测，2008 年我国的进出口额增长率为 18%。我国 2007 年进出口额为 152166 万亿元。即 2008 年我国进出口数额预计可以达到 179555.98 亿元。通过上述预测模型，可以得到结论：2008 年我国物流需求总额预计为 3144.55＋4.19×179555.98＝755483.69（万亿元）。

通过此方法，我们可以简单而准确地对物流市场需求进行预测，并将其利用于物流企业的市场分析中，为物流企业决策活动提供参考信息。

（资料来源：王瑞卿，《统计学基础》，2009）

本 章 小 结

本章介绍了社会经济现象之间的相关关系。相关关系的种类有正相关与负相关、单相关与复相关、线性相关与非线性相关、完全相关、不完全相关与不相关。相关分析的主要内容包括：利用相关系数等工具判断现象之间的相关状态和相关关系的密切程度，在此基础上利用回归分析法确定相关关系的数学表达式，并利用估计标准差对这种模拟关系进行误差分析，最后对社会经济现象的发展趋势进行推断。相关系数的两变量为对等关系，具有相同随机性或确定性。一元线性回归模型中的两个变量不是对等关系，因变量 y 是随机变量，自变量 x 是确定性的量，可以事先给定或控制自变量。

本章的重点是相关关系的分析方法，包括相关系数的计算及回归方程的建立。

练　习　题

一、判断题

1. 负相关指的是因素标志与结果标志的数量变动方向是下降的。（　　）

2. 回归系数和相关系数都可以用来判断现象之间相关的密切程度。（　　）

3. 计算相关系数的两个变量，要求一个是随机变量，另一个是可控制的量。（　　）

4. 完全相关即是函数关系，其相关系数为±1。（　　）

5. 估计标准误是说明回归方程代表性大小的统计分析指标，指标数值越大，说明回归方程的代表性越高。（　　）

6. 产品产量随生产用固定资产价值的减少而减少，说明两个变量之间存在正相关关系。（　　）

二、单选题

1. 测定变量之间相关密切程度的指标是（　　）。

A. 估计标准误　　　　　　　　B. 两个变量的协方差

C. 相关系数　　　　　　　　　D. 两个变量的标准差

2. 下列哪两个变量之间的相关程度高？（　　）

A. 商品销售额和商品销售量的相关系数是 0.9

B. 商品销售额与商业利润率的相关系数是 0.84

C. 平均流通费用率与商业利润率的相关系数是 -0.94

D. 商品销售价格与销售量的相关系数是 -0.91

3. 相关系数的取值范围是（　　）。

A. $0 \leqslant r \leqslant 1$　　　　　　　　B. $-1 < r < 1$

C. $-1 \leqslant r \leqslant 1$　　　　　　　D. $-1 \leqslant r \leqslant 0$

4. 现象之间线性依存关系的程度越低，则相关系数（　　）。

A. 越接近于 -1　　　　　　　B. 越接近于 1

C. 越接近于 0　　　　　　　　D. 在 0.5 和 0.8 之间

5. 回归分析中的两个变量（　　）。

A. 都是随机变量

B. 关系是对等的

C. 都是给定的量

D. 一个是自变量，一个是因变量

6. 在回归直线方程 $\hat{y}=a+bx$ 中，b 表示（　　）。

A. 当 x 增加一个单位时，y 增加 a 的数量

B. 当 y 增加一个单位时，x 增加 b 的数量

C. 当 x 增加一个单位时，y 的平均增加量

D. 当 y 增加一个单位时，x 的平均增加量

7. 每吨铸铁成本（元）依铸件废品率（％）变动的回归方程为：$\hat{y}=56+8x$，这意味着（　　）。

A. 废品率每增加 1％，成本每吨增加 64 元

B. 废品率每增加 1％，成本每吨增加 8％

C. 废品率每增加 1％，成本每吨增加 8 元

D. 废品率每增加 1％，则每吨成本为 56 元

8. 估计标准误说明回归直线的代表性，因此（　　）。

A. 估计标准误数值越大，说明回归直线的代表性越大

B. 估计标准误数值越大，说明回归直线的代表性越小

C. 估计标准误数值越小，说明回归直线的代表性越小

D. 估计标准误数值越小，说明回归直线的实用价值小

三、多选题

1. 变量 x 值按一定数量增加时，变量 y 也按一定数量随之增加，反之亦然，则 x 和 y 之间存在（　　）。

A. 正相关关系

B. 直线相关关系

C. 负相关关系

D. 曲线相关关系

E. 非线性相关关系

2. 下列属于正相关的现象有（　　）。

A. 家庭收入越多，其消费支出也越多

B. 某产品产量随工人劳动生产率的提高而增加

C. 流通费用率随商品销售额的增加而减少

D. 生产单位产品所耗工时随劳动生产率的提高而减少

E. 总生产费用随产品产量的增加而增加

3. 下列属于负相关的现象有（　　）。

A. 商品流转的规模愈大，流通费用水平越低

B. 流通费用率随商品销售额的增加而减少

C. 国内生产总值随投资额的增加而增长

D. 生产单位产品所耗工时随劳动生产率的提高而减少

E. 产品产量随工人劳动生产率的提高而增加

4. 变量间的相关关系按其程度划分有（　　）。

A. 完全相关　　　　　　　　B. 不完全相关

C. 不相关　　　　　　　　　D. 正相关

E. 负相关

5. 变量间的相关关系按其形式划分有（　　）。

A. 正相关　　　　　　　　　B. 负相关

C. 线性相关　　　　　　　　D. 不相关

E. 非线性相关

四、计算题

1. 某地居民货币收入与购买商品支出相关表如下表所示：

某地区居民货币收入与购买商品支出资料　　　　　　　　单位：亿元

年份	货币收入 X	购买商品支出 Y	年 份	货币收入 X	购买商品支出 Y
2002	36	30.0	2006	42	34.8
2003	37	31.0	2007	44	36.5
2004	38	32.0	2008	47	39.0
2005	40	33.2	2009	50	41.6

要求：

（1）依据以上统计资料，绘制相关散点图。

（2）计算居民货币收入与购买商品支出的相关系数，并分析相关程度与方向。

2. 某部门所属 20 个企业的可比产品成本降低率（％）与销售利润（万元）的调查资料整理如下（x 代表可比产品成本降低率，y 代表销售利润）：

$$\sum x = 109.8 \quad \sum x^2 = 690.16 \quad \sum xy = 6529.5 \quad \sum y = 961.3$$

要求：

（1）建立销售利润依可比产品成本降低率的直线回归方程，预测可比产品成本降低率为 8％时，销售利润为多少万元？

（2）说明回归系数 b 的经济含义。（要求写出公式和计算过程，结果保留两位小数。）

3. 某地农科所经回归分析，得到某作物的亩产量（用 y 表示，单位为"担/亩"）与浇水量（用 x 表示，单位为"寸"）的直线回归方程为：$\hat{y} = 2.82 + 1.56x$，又知变量 x 的方差为 99.75，变量 y 的方差为 312.82。

要求：

（1）计算浇水量为零时的亩产量。

（2）计算浇水量每增加一寸时平均增加的亩产量。

（3）计算浇水量与亩产量之间的相关系数，并分析相关的密切程度和方向。（要求写出公式和计算过程，结果保留两位小数。）

第七章 指 数 分 析

学习目标

1. 理解指数的概念和作用。
2. 了解指数分类。
3. 掌握综合指数和平均指数的编制方法。
4. 理解指数体系及因素分析的内容。

能力目标

1. 能根据实际资料编制综合指数和平均指数。
2. 能运用指数体系进行总量指标的双因素分析。

第一节 指数的概念和种类

一、指数的概念和作用

(一) 指数的概念

"指数"这个词经常出现在人们的日常生活中。在互联网上用 Google 以"指数"二字为关键词进行搜索,就有 6920 万条结果(而同时,"房价"这个词在同期的搜索结果也只有 6100 万条)。例如,有股票价格指数(如我国的上证综合指数、深圳指数、香港恒生指数、美国的道·琼斯股票价格指数)、物价指数(如居民消费价格指数、商品零售价格指数、工业品出厂价格指数)等一些人们非常熟悉的指数,也有小康指数、和谐指数、平安指数、环境指数、景气指数等一些非常重要的社会管理类指数,还有气象指数(具体又分为高血压指数、晨练指数、舒适度指数、防晒指数等)、情感指数(如魅力指数、快乐指数、幸福指数、单恋指数)、诚信指数、信心指数、人气指数等一些有特殊意思的指数。

那么,到底什么是指数?指数这一概念起源于 18 世纪后半期的欧洲。当时物价变动频繁,出于了解物价变动的实际需要,产生了反映单一商品价格在不同时间上对比的个体物价指数,并逐渐发展演进为反映多种商品价格全面变动的综合指数。随着社会生产的发展,指数的应用不仅涉及多种商品价格综合变动的计算,而且已作为反映各种经济现象在某一时期中相对变动的统计方法。因此,对于指数也有不同的解释。迄今为止,指数的概念可以概括为广义和狭义两种。

广义的指数是指一切用来表明所研究事物发展变化方向及其程度的相对数。例如,上述各种指数虽然难易繁简程度有别，但都能在一定程度上反映所研究事物发展变化的方向和所达到的相对水平。在现实生活中，人们总希望能借助一定的统计指标来反映事物发展变化的方向及其所达到的程度，以便能对事物的发展变化进行客观的比较、定位和认识。例如，人们往往会关心"居民收入水平提高了还是下降了？""1元人民币相当于多少美元（或欧元、英镑）？""空气质量变好了还是变差了？"社会治安状况改善了还是恶化了？"等问题。要回答这些问题，就必须把事物在时间上、空间上的对比通过某一个尺度来反映，这就是统计指数。所以，广义的指数可以指一切用来说明同类事物或现象发展变化程度的相对数。

狭义的指数是特指用来反映不能直接相加的复杂现象总体某一方面数量的综合变化方向和程度的相对数。我们研究商品零售价格水平的变化，并不是只针对一种商品，而是针对所有范围内的商品，即商品零售价格指数是反映所有范围内商品的价格综合变化方向和程度的指标。例如，国家统计局发布的《2008年国民经济和社会发展统计公报》中提到：全国居民消费价格比上年上涨5.9%，其中食品价格上涨14.3%；固定资产投资价格上涨8.9%；工业品出厂价格上涨6.9%，其中生产资料价格上涨7.7%；生活资料价格上涨4.1%；原材料、燃料、动力购进价格上涨10.5%；农产品生产价格上涨14.1%；农业生产资料价格上涨20.3%；70个大中城市房屋销售价上涨6.5%。这些数据加上100%就是各相应的价格指数，都是各种范围内有关商品或产品价格变动综合的结果。

（二）指数的作用

指数主要有如下几个方面的作用：

（1）综合反映社会经济现象总体的变动方向和程度。这是指数的主要作用。指数计算的结果，一般都是用百分数表示的相对数。这个百分数大于或小于100%，表示上升或下降变动的方向，比100%大多少或小多少，就是升降变动的程度。例如，零售物价指数108%，说明许多种商品零售价格有涨有落，总的来讲，涨了8%。

（2）借助指数体系来分析现象的各个构成因素对现象发展变动的影响方向和程度。社会经济现象数量方面的变动受许多因素的影响，如：

$$商品销售额＝商品销售量×商品销售价格$$
$$产品总成本＝产品产量×单位产品成本$$

即商品销售额受商品销售量和销售价格两个因素的影响，产品总成本受产品产量和单位产品成本两个因素的影响。通过反映各因素指数之间的关系，建立指数体系，就可以分析商品销售额变动中受商品销售量和销售价格影响各为多少，产品总成本变动中受产品产量和单位产品成本的影响各为多少。

（3）编制指数数列，对社会经济现象的变动趋势进行分析。利用指数数列可以对某一现象的长期发展趋势进行分析。例如，通过比较农产品收购价格指数数列与工业品零售价格指数数列，可分析工农业产品的综合比价的变动趋势。

二、指数的种类

（一）指数按其所反映的对象范围不同，可以分为个体指数和总指数

个体指数是用来反映个别现象的数量变动的相对数。个体指数通常记作 k，例如：

个体产品产量指数 $k_q = \dfrac{q_1}{q_0}$

个体产品价格指数 $k_p = \dfrac{p_1}{p_0}$

式中 q——产量；

p——产品的单价；

下标 1——报告期；

下标 0——基期。

实际上，个体指数就是之前我们所学过的动态相对数。

总指数是反映复杂现象总体综合数量变动的相对数。例如，要研究 50 种不同种类产品的单位成本变动情况，表明每一种产品单位成本变动的相对数就是个体指数，综合反映这 50 种产品单位成本变动的相对数就是总指数。社会零售商品的价格指数、工业总产量指数、香港恒生指数等都是总指数。总指数的计算形式有综合指数和平均指数两种。

（二）指数按其所表明的指标性质的不同，可以分为数量指标指数和质量指标指数

数量指标指数反映被研究现象总体总规模的变动程度，也可以理解为反映总体某种数量指标变动的指数，如工业产品产量指数、商品销售量指数等。质量指标指数说明总体内涵数量变动的情况，也即反映总体某种质量指标变动的指数，如商品零售价格指数、产品单位成本指数、劳动生产率指数等。

按照我国传统的统计指数理论，数量指标指数和质量指标指数的编制方法是不同的，因此，区分数量指标指数和质量指标指数对于学习指数编制方法是非常重要的。

（三）指数按其采用基期的不同，可以分为定基指数和环比指数

定基指数是指在指数数列中各期指数都是采用某一固定的基期计算的指数，反映社会经济现象的数量在较长时间内的变动情况。环比指数是指在指数数列中各期指数采用报告期的前一期为基础而计算的指数，反映社会经济现象的数量逐期变动的情况。

第二节 综 合 指 数

一、综合指数的概念

总指数的计算形式有两种：综合指数和平均指数。其中，综合指数是总指数的基本形式。

综合指数是将不可同度量的各种经济变量通过另一个有关的称为同度量因素的变量而转换成可以相加的总量指标，然后以总量指标对比所得到的相对数来说明复杂现象总体数量的综合变动，它的编制特点是先综合后对比。

先综合，是指先通过同度量因素，把总体中不能直接相加的各事物或各项目的研究指标综合成为能直接相加的总量指标，解决复杂总体内各事物或各项目的数量不能直接相加或相加后不可比的问题。同度量因素是指把不能直接相加的指标过渡为可以相加的因素，起着媒介的作用。例如，要编制物价指数以反映商品价格的变化，由于不同商品的价格不能直接相加，因此无法进行对比，必须先借助商品销售量这个同度量因素把它转化为商品销售额这个能直接相加的量，进而综合为可比的商品销售总额。同样，如果要编制商品销售量指数以反映商品销售量的变化，也先要把不能直接相加的不同商品的销售量，通过商品价格这个同度量因素转化为销售额这个能相加的量，再综合为可比的商品销售总额。所谓后对比，就是在得到可比的总量指标的基础上，通过固定同度量因素的时间，选择两个合适的总量指标进行对比来得到所需要的指数。

综合指数有两种：数量指标综合指数和质量指标综合指数。这两种综合指数编制的基本原理相同，但在编制方法上略有差异，故分别阐述。

下面以实例来说明如何用综合指数的编制原理来编制数量指标指数和质量指标指数。在指数的编制过程中有关符号说明如下：

k——个体指数 $\bar{k}$——总指数

1——报告期   0——基期

p——质量指标 q——数量指标

二、数量指标指数的编制

【例 7-1】 某厂生产三种产品，各自产量及价格资料见表 7-1，求三种产品产量的总指数。

表 7-1   某厂三种产品产量及价格资料

产品名称	计量单位	产量		出厂价格（元）		总产值（元）			
		基期 q_0	报告期 q_1	基期 p_0	报告期 p_1	$p_0 q_0$	$p_1 q_1$	$p_0 q_1$	$p_1 q_0$
甲	千克	2000	3000	8	9	16000	27000	24000	18000
乙	米	3000	4000	6	8	18000	32000	24000	24000
丙	件	5000	6000	10	9	50000	54000	60000	45000
合计	—	—	—	—	—	84000	113000	108000	87000

解：先计算各种产品的产量个体指数

$$k_{q甲} = \frac{q_1}{q_0} = \frac{3000}{2000} \times 100\% = 150\%$$

$$k_{q乙} = \frac{q_1}{q_0} = \frac{4000}{3000} \times 100\% = 133.33\%$$

$$k_{q丙} = \frac{q_1}{q_0} = \frac{6000}{5000} \times 100\% = 120\%$$

计算结果表明，甲产品的产量报告期比基期增加了 50%，乙产品的产量报告期比基期增加了 33.33%，丙产品的产量报告期比基期增加了 20%。这是各种产品产量个别的变化情况，而三种产品的产量由于其计量单位不同、使用价值不同，无法进行汇总，要综合反映它们的变动，就要编制产量总指数。

利用综合指数来编制总指数，首先要引入一个合适的同度量因素。在此例题中，三种产品的产量是实物量指标，其使用价值不同，不能直接相加，是不同度量现象，但它们的价值指标——产值可以直接相加，是可同度量现象。因此，可以将产量转化成产值进行分析。因为产量×出厂价格＝产值，所以出厂价格在此是产量转化成产值的中间媒介因素，即同度量因素。在此，就将产量的汇总问题转换成产值的汇总问题来研究，从而解决了三种产品的产量不能综合的问题。

为了使计算出来的结果只反映产量的变动，而不受同度量因素的影响，我们必须把同度量因素——价格 p 固定在同一时期，得到如下两个式子：

$$\overline{k}_q = \frac{\sum p_0 q_1}{\sum p_0 q_0} \tag{7-1}$$

$$\overline{k}_q = \frac{\sum p_1 q_1}{\sum p_1 q_0} \tag{7-2}$$

在式（7-1）中，同度量因素 p 固定在了基期，根据表 7-1 的资料可计算出三种产品的产量总指数：

$$\overline{k}_q = \frac{\sum p_0 q_1}{\sum p_0 q_0} = \frac{108000}{84000} = 128.57\%$$

$$\sum p_0 q_1 - \sum p_0 q_0 = 108000 - 84000 = 24000 (元)$$

计算结果表明，三种产品的产量总指数为 128.57%，即三种产品的产量综合增长了 28.57%。由于产量的增长，使得产值增加了 24000 元。

在式（7-2）中，同度量因素 p 是固定在了报告期，根据表 7-1 的资料可计算出三种产品的产量总指数：

$$\overline{k}_q = \frac{\sum p_1 q_1}{\sum p_1 q_0} = \frac{113000}{87000} = 129.89\%$$

$$\sum p_1 q_1 - \sum p_1 q_0 = 113000 - 87000 = 26000 (元)$$

计算结果表明，三种产品的产量总指数为 129.89%，即三种产品的产量综合增长了 29.89%。由于产量的增长，使得产值增加了 26000 元。

很明显，用上述两个式子计算的结果是不同的。在式（7-2）计算过程中，采用了报告期的出厂价格为同度量因素，相对于式（7-1）采用基期的出厂价格为同度量因素来讲，它包含了价格的变动。所以，两者相比较，选择基期的出厂价格为同度量因素，能更确切地反映出产量的变动。

以上例子所述的产量指数的编制原理，同样可用于其他数量指标指数的编制。因此，一般来说，编制数量指标指数，作为同度量因素的质量指标要固定在基期，公式为：

$$\overline{k}_q = \frac{\sum p_0 q_1}{\sum p_0 q_0}$$

三、质量指标指数的编制

仍以［例 7-1］为例，现求三种产品价格总指数。

解：先计算各个产品的价格个体指数

$$k_{p甲} = \frac{p_1}{p_0} = \frac{9}{8} = 112.5\%$$

$$k_{p乙} = \frac{p_1}{p_0} = \frac{8}{6} = 133.33\%$$

$$k_{p丙}=\frac{p_1}{p_0}=\frac{9}{10}=90\%$$

计算结果表明,甲产品的价格报告期比基期提高了 12.5%,乙产品的价格报告期比基期提高了 33.33%,丙产品的价格报告期比基期降低了 10%。这是各种产品价格的个别变动情况,要综合反映三种产品价格的综合变动情况需要编制价格总指数。由于不同产品的价格不能直接相加,也是不同度量现象,因此也需要转化成同度量现象——产值,此时的同度量因素是产量,它将不能直接相加总的价格转化成可以直接加总的产值。和前面编制产量指数所分析的一样,在观察价格变动时,要将产品的产量固定在某一时期,同样可以得到两个式子:

$$\bar{k}_p=\frac{\sum p_1q_1}{\sum p_0q_1} \tag{7-3}$$

$$\bar{k}_p=\frac{\sum p_1q_0}{\sum p_0q_0} \tag{7-4}$$

在式(7-3)中,同度量因素产量 q 固定在报告期,利用表 7-1 资料计算价格总指数:

$$\bar{k}_p=\frac{\sum p_1q_1}{\sum p_0q_1}=\frac{113000}{108000}=104.63\%$$

$$\sum p_1q_1-\sum p_0q_1=113000-108000=5000(元)$$

计算结果表明,三种产品的价格总指数为 104.63%,即三种产品的价格综合提高了 4.63%,由于价格的提高使产值增加了 5000 元。

在式(7-4)中,同度量因素产量 q 固定在基期,利用表 7-1 资料计算价格总指数:

$$\bar{k}_p=\frac{\sum p_1q_0}{\sum p_0q_0}=\frac{87000}{84000}=103.57\%$$

$$\sum p_1q_0-\sum p_0q_0=87000-84000=3000(元)$$

计算结果表明,三种产品的价格总指数为 103.57%,即三种产品的价格综合提高了 3.57%,由于价格的提高使产值增加了 3000 元。

由于式(7-4)将产量固定在基期,因此计算出的结果表明基期生产的产品,其价格在报告期和基期间的变动情况,其绝对数也是说明由于价格的提高使得基期产品的产值发生的变动。而式(7-3)由于把产量固定在了报告期,即结果表明报告期生产的产品,其价格的变动及其对产值产生的影响。相比之下,式(7-3)的结果更具有现实意义,因为我们往往更关注"现在",而不是"过去"。

上例所述的编制原理,同样可用于其他质量指标指数的编制。因此,一般来说,编制质量指标指数,作为同度量因素的数量指标要固定在报告期,公式为:

$$\bar{k}_p=\frac{\sum p_1q_1}{\sum p_0q_1}$$

综合上述,编制综合指数的一般原则是:编制数量指标指数,作为同度量因素的质量指标要固定在基期;编制质量指标指数,作为同度量因素的数量指标要固定在报告期。

第三节 平 均 指 数

一、平均指数的概念

编制综合指数，需要全面的原始资料，但在实际统计工作中，有时由于受统计资料的限制，不能直接利用综合指数公式编制总指数。这时，须改变公式形式，根据综合指数的变形公式——平均指数的形式来计算。

平均指数是以个体指数为基础，采取加权平均数形式编制的总指数。平均指数的计算形式有加权算术平均指数和加权调和平均指数两种。平均指数是计算总指数的另一种形式，有它的独立应用意义。

二、加权算术平均指数

加权算术平均指数一般用来编制数量指标指数，如果掌握的资料是数量指标的个体指数和基期的总量指标，就可以用加权算术平均指数公式计算总指数。

加权算术平均指数公式为：

$$\bar{k}_q = \frac{\sum k_q p_0 q_0}{\sum p_0 q_0} \qquad (7-5)$$

式中 k_q——数量指标的个体指数，$k_q = \frac{q_1}{q_0}$；

$p_0 q_0$——基期总量指标。

若将 $k_q = \frac{q_1}{q_0}$ 代入到 $\frac{\sum k_q p_0 q_0}{\sum p_0 q_0}$ 中，可得：

$$\bar{k}_q = \frac{\sum k_q p_0 q_0}{\sum p_0 q_0} = \frac{\sum \frac{q_1}{q_0} \times p_0 q_0}{\sum p_0 q_0} = \frac{\sum q_1 p_0}{\sum q_0 p_0} \qquad (7-6)$$

由此可见，加权算术平均指数公式与数量指标综合指数公式是相通的。

仍以［例7-1］的资料为例计算产量总指数，说明加权算术平均指数的应用，计算过程见表7-2。

表 7-2 某厂三种产品基期产值及产量资料

产品名称	计量单位	基期产值 $p_0 q_0$（元）	产量个体指数 $k_q = \frac{q_1}{q_0}$（%）	$k_q p_0 q_0$
甲	千克	16000	150	24000
乙	米	18000	133.3333	24000
丙	件	50000	120	60000
合计		84000	—	108000

产量指数：$\bar{k}_q = \frac{\sum k_q p_0 q_0}{\sum p_0 q_0} = \frac{108000}{84000} = 128.57\%$

$$\sum k_q p_0 q_0 - \sum p_0 q_0 = 108000 - 84000 = 24000（元）$$

计算结果表明，三种产品的产量总指数为 128.57%，即三种产品产量综合提高了 28.57%，由于产量的增长，使产值增加了 24000 元。这个结果与综合指数公式计算的结果是一致的。

三、加权调和平均指数

加权调和平均指数一般用来编制质量指标指数，如果掌握的资料是质量指标的个体指数和报告期的总量指标，就可以用加权调和平均指数公式计算总指数。

加权调和平均指数公式为：

$$\overline{k}_p = \frac{\sum p_1 q_1}{\sum \dfrac{p_1 q_1}{k_p}} \tag{7-7}$$

式中　k_p——质量指标的个体指数，$k_p = \dfrac{p_1}{p_0}$；

$p_1 q_1$——报告期总量指标。

将 $k_p = \dfrac{p_1}{p_0}$ 代入到 $\overline{k}_p = \dfrac{\sum p_1 q_1}{\sum \dfrac{p_1 q_1}{k_p}}$ 中，可得：

$$\overline{k}_p = \frac{\sum p_1 q_1}{\sum \dfrac{p_1 q_1}{k_p}} = \frac{\sum p_1 q_1}{\sum \dfrac{p_0}{p_1} p_1 q_1} = \frac{\sum p_1 q_1}{\sum p_0 q_1} \tag{7-8}$$

由此可见，加权调和平均指数公式与质量指标综合指数公式是相通的。

以表 7-1 的资料为例，计算价格总指数，说明加权调和平均指数的应用，计算过程见表 7-3。

表 7-3　　　　　　　　　某厂三种产品报告期产值及价格资料

产品名称	计量单位	报告期产值 $p_1 q_1$（元）	价格个体指数 $k_p = \dfrac{p_1}{p_0}$（%）	$\dfrac{p_1 q_1}{k_p}$
甲	千克	27000	112.5	24000
乙	米	32000	133.333	24000
丙	件	54000	90	60000
合计		113000	—	108000

价格指数：$\overline{k}_p = \dfrac{\sum p_1 q_1}{\sum \dfrac{p_1 q_1}{k_p}} = \dfrac{113000}{108000} = 104.63\%$

$$\sum p_1 q_1 - \sum \frac{p_1 q_1}{k_p} = 113000 - 108000 = 5000（元）$$

计算结果表明，三种产品的价格总指数为 104.63%，即三种产品的价格综合提高了 4.63%，由于价格的提高使产值增加了 5000 元。这个结果与综合指数公式计算的结果是一致的。

四、平均指数的应用

(一) 用于编制工业生产指数

我国 1995 年以后采用加权算术平均指数形式来编制工业生产指数。具体步骤是在产品分类的基础上逐层计算各相应指数，即先计算产品个体指数，再由个体指数计算类指数，最后由类指数或大类指数计算出反映整个工业发展速度的总指数。权数是各相应的基期增加值。

编制公式为：

$$I_q = \frac{\sum k_q q_0 p_0}{\sum q_0 p_0} \qquad\qquad (7-9)$$

式中　k_q——工业产品的个体指数或类指数；

　　　$q_0 p_0$——各产品或各类产品的基期增加值。

为了可比性和简便性，实际中通常把权数相对加以固定（例如 5 年不变），即：

$$I_q = \sum k_q W \qquad\qquad (7-10)$$

式中　W——固定权数，$\sum W = 1$。

(二) 用于编制居民消费价格指数

居民消费价格指数是反映一个国家或地区在一定时期内居民家庭所购买的生活消费品和服务项目的价格变动趋势与程度的一种指数，在国外也称其为居民消费者价格指数。由于居民消费价格指数不仅可以反映居民消费品与服务价格的变化，还可用于反映一个国家或地区通货膨胀状况、货币购买能力及其对居民实际收入的影响，因此它是研究人民生活水平，监测社会经济发展稳定性，进行宏观经济分析和政府制定有关财政、货币、消费、工资、社会保障等政策的重要依据，各国都非常重视居民消费价格指数的编制。除了编制总的居民消费价格指数外，还可分别编制城市居民消费价格指数与农村居民消费价格指数。

我国目前的居民消费价格指数，在分类的基础上，从代表规格品的个体指数开始，逐级计算基本分类指数、中类指数、大类指数和总指数。

代表品的个体价格指数是报告期平均价格与基期平均价格之比，即

$$G_p = \frac{\overline{p_1}}{\overline{p_0}} \qquad\qquad (7-11)$$

基本分类价格指数是各代表品个体指数的简单几何平均数，即

$$\overline{G_p} = \sqrt{G_1 \times G_2 \times G_3 \cdots G_n} \qquad\qquad (7-12)$$

中类指数、大类指数和总指数，都采用基期加权算术平均的方法编制，权数为基期各层次各种消费支出所占的比重。总指数的编制公式为：

$$I_p = \sum k_p W_0 \qquad\qquad (7-13)$$

式中　k_p——各大类的指数；

　　　W_0——基期各大类消费支出占总支出的比重。

指数编制所需的数据资料采用抽样调查和重点调查相结合的方法取得，即在全国选择不同经济区域和分布合理的地区，以及有代表性的商品作为样本，对其市场价格进行定期

调查，以样本推断总体。具体方案为：

（1）调查地区和调查点。按照经济区域和地区分布合理等原则，选出具有代表性的大、中、小城市和县作为国家的调查地区；目前，国家一级抽选出的调查市、县为 226 个，包括 146 个城市和 80 个县。在此基础上选定经营规模大、商品种类多的商场（包括集市和服务网点）作为调查点。

（2）代表商品和代表规格品。代表商品是选择那些消费量大、价格变动有代表性的商品；代表规格品的确定是根据商品零售资料和近 5 万户城市居民、6.7 万户农村居民的消费支出记账资料，按照有关规定筛选的。筛选原则为：①与社会生产和人民生活关系密切；②消费（销售）数量（金额）大；③市场供应稳定；④价格变动趋势有代表性；⑤所选的代表规格品之间差异大。目前，居民消费价格调查按用途划分为 8 大类，251 个基本分类，各地每月调查 600～700 种规格产品价格。8 个大类分别是：食品，烟酒及用品，衣着，家庭设备用品及服务，医疗保健及个人用品，交通和通信，娱乐教育文化用品及服务，居住。

（3）价格调查方式。采用派员直接到调查点登记调查，同时全国聘请近万名辅助调查员协助登记调查。

（4）权数。根据近 12 万户城乡居民家庭消费支出构成确定。

从 2001 年开始，我国居民消费价格指数将对比的基准固定为 2000 年的平均价格水平，以后每隔 5 年或 10 年调整一次。除了编制环比居民消费价格指数外，还编制定基居民消费价格指数。

我国零售商品价格指数的编制方法与居民消费价格指数类似。

表 7-4 是我国 2004 年全国以及分城市、农村的居民消费价格总指数与大类指数。

表 7-4　　　　　　　2004 年居民消费价格分类指数（上年＝100）

项　　目	全　国	城　市	农　村
居民消费价格指数	103.9	103.3	104.8
一、食品	109.9	109.1	111.5
1. 粮食	126.4	125.7	127.7
大米	133.2	132.2	134.9
面粉	124.1	122.9	125.5
2. 淀粉及薯类	106.8	105.6	109.3
……			
16. 其他食品及加工服务费	101.2	101.1	101.4
二、烟酒及用品	101.2	101.2	101.3
三、衣着	98.5	98.5	98.4
四、家庭设备用品及服务	98.6	98.1	99.7
五、医疗保健和个人用品	99.7	99.2	100.5
六、交通和通信	98.5	97.9	99.8
七、娱乐教育文化用品及服务	101.3	100.8	102.1
八、居住	104.9	104.3	105.8

注　资料来源于《中国统计年鉴 2005》，中国统计出版社，2005 年。

五、综合指数与平均指数的关系

综合指数与平均指数是编制总指数的两种形式，它们之间既有区别，又有联系。

从区别上看，一是解决复杂总体不能直接同度量问题的基本思路不同。综合指数是通过引进同度量因素，先计算出总体的总量，然后进行对比，即"先综合，后对比"。而平均指数是在个体指数的基础上计算总指数，即"先对比，后综合"。二是在运用资料的条件上不同。综合指数需要总体的全面资料。平均指数则既适用于全面的资料，也适用于非全面的资料。三是在经济分析中的具体作用不同。平均指数除作为综合指数变形加以应用的情况外，主要是用以反映复杂现象总体的变动方向和程度，一般不用于因素分析。综合指数因用以对比的总量指标有明确的经济内容，因此在经济分析中，不仅用以分析复杂现象总体的变动方向和程度，而且用以因素分析，表明因素变动对结果变动影响的程度。

从联系上看，综合指数和平均指数之间有变形关系。加权算术平均指数，当以数量指标的个体指数与基期总量指标进行加权计算时，可以推导出综合指数中的数量指标指数；加权调和平均指数，当以质量指标的个体指数与报告期总量指标进行加权计算时，可以推导出综合指数中的质量指标指数。在满足上述条件下，平均指数可以说是综合指数的一种变形应用，这种变形应用也是经常采用的方法。

第四节　指数体系与因素分析

一、指数体系的概念

指数体系是由若干个在经济上具有一定联系，并具有一定的数量对等关系的三个或三个以上的指数所构成的一个整体。

在社会现象中，有许多现象的数量变动都可以分解成若干因素变动的共同影响，在实际统计工作中，可以利用这些若干因素指数的相互关系组成的指数体系来分析现象的总变动情况。例如，商品销售额的变动是商品销售量和商品销售价格变动共同影响的结果，因此可以编制商品销售额指数、销售量指数和销售价格指数，以组成指数体系来分析其变动情况，即商品销售额指数＝商品销售量指数×商品销售价格指数。具有这种关系的指数还有许多，如总产值指数＝产量指数×产品价格指数、工资总额指数＝员工人数指数×平均工资指数，概括来讲，就是各因素指数的乘积等于现象总体数量总变动的指数。

二、因素分析的概念及内容

因素分析就是借助指数体系来分析社会经济现象变动中各种因素变动发生作用的影响程度。

因素分析包括相对数分析和绝对数分析。相对数分析，就是把相互联系的指数组成乘积关系的体系即指数体系，从指数计算结果本身指出现象总体总量指标或平均指标的变动是哪些因素变动作用的结果。绝对数分析，是由指数体系中各个指数分子与分母指标之差所形成绝对值上的因果关系，即原因指标指数中分子与分母之差的总和等于结果指标指数分子和分母之差。

三、总量指标变动的因素分析

总量指标变动的因素分析包括双因素分析和多因素分析，本书仅针对双因素分析进行介绍。总量指标是两个原因指标的乘积，进行总量指标变动的双因素分析，就是利用综合指数式，对从数量指标指数和质量指标指数的相互联系中组成的指数体系进行分析。双因素分析的目的是测定各个因素的变动对于现象总变动影响的方向和程度。

例如，工业企业生产总成本的变动，受产品生产量和单位产品成本两个因素变动的影响，于是我们可以分别编制总成本指数、产品生产量指数以及单位产品成本指数来组成指数体系进行分析。产品总产值的变动，取决于产品产量和产品价格的变动影响，这样，也可以编制产品总产值指数、产量指数和价格指数所组成的指数体系，以分析各个因素变动对产品总产值的影响作用。

【例 7 - 2】 以某商店三种商品价格和销售量的假定资料来说明总量指标变动的双因素分析。其资料见表 7 - 5。

表 7 - 5　　　　　　　　　　某商店三种商品价格和销售量情况

商品	计量单位	销售量		价格（元）	
		基期	报告期	基期	报告期
甲	公斤	500	525	20	22
乙	米	750	937	10	8
丙	件	1000	1100	5	5
合计		—	—	—	—

由以上资料可以得出如下指数体系：

$$销售额指数＝销售量指数×销售价格指数$$

分别计算出指数体系中的各个指数：

销售额指数：
$$\bar{k}_{pq}=\frac{\sum p_1 q_1}{\sum p_0 q_0}=\frac{24546}{22500}=109.09\%$$

销售额变动：
$$\sum p_1 q_1 - \sum p_0 q_0 = 24546 - 22500 = 2046(元)$$

销售额的变动，是销售量和销售价格两个因素变动作用的结果，因此我们要进一步计算销售量指数和销售价格指数，并分别分析它们的变动对销售额变动的影响。计算如下：

销售量指数：
$$\bar{k}_q=\frac{\sum p_0 q_1}{\sum p_0 q_0}=\frac{25370}{22500}=112.756\%$$

由于销售量的增长而增加的销售额：$\sum p_0 q_1 - \sum p_0 q_0 = 25370 - 22500 = 2870(元)$

销售价格指数
$$\bar{k}_p=\frac{\sum p_1 q_1}{\sum p_0 q_1}=\frac{24546}{25370}=96.752\%$$

由于价格降低而减少的销售额：$\sum p_1 q_1 - \sum p_0 q_1 = 24546 - 25370 = -824(元)$

根据以上三个指数之间的关系，可以得到以下指数体系的两个表达式：

$$\frac{\sum p_1 q_1}{\sum p_0 q_0}=\frac{\sum p_0 q_1}{\sum p_0 q_0}\cdot\frac{\sum p_1 q_1}{\sum p_0 q_1} \tag{7-14}$$

$$109.09\% = 112.756\% \times 96.752\%$$

$$\sum p_1 q_1 - \sum p_0 q_0 = (\sum p_0 q_1 - \sum p_0 q_0) + (\sum p_1 q_1 - \sum p_0 q_1) \qquad (7-15)$$

$$2046 = 2870 + (-824)$$

上述计算表明，该商店三种商品销售额报告期比基期增长了 9.09%，增加了 2046 元，这是由于销售量提高了 12.76% 和销售价格降低了 3.25% 两个因素共同作用的结果。同时，由于销售量增长使销售额增加了 2870 元，由于销售价格降低使销售额减少了 824 元，两因素共同作用，使销售额增加了 2046 元。

四、平均指标变动的因素分析

平均指标是表明社会经济现象总体某个标志的一般水平。在总体分组情况下，平均指标 $\bar{x}$ 的变动受到两个因素的影响：各组变量水平（x）与各组单位数占总体单位数的比重 $\left(\dfrac{f}{\sum f}\right)$ 的变动影响。例如，平均工资的变动取决于各类职工的工资水平的变动，同时又受各类职工人数在职工总人数中所占比重的影响；劳动生产率的变动不仅受各组劳动生产率水平变动的影响，也受劳动生产水平不同的各组工人数在总体中所占比重变化的影响。平均指标变动的因素分析，就是利用指数分析法，分析在分组情况下平均指标 $\bar{x}$ 受各组变量水平（x）与各组单位数占总体单位数的比重 $\left(\dfrac{f}{\sum f}\right)$ 影响的方向和程度。它包括三个指数：可变构成指数、固定构成指数和结构变动影响指数，并组成如下的指数体系：

可变构成指数＝固定构成指数×结构变动影响指数

可变构成指数是指两个时期的平均指标对比而形成的指数。用公式表示如下：

$$\frac{\bar{x}_1}{\bar{x}_0} = \frac{\dfrac{\sum x_1 f_1}{\sum f_1}}{\dfrac{\sum x_0 f_0}{\sum f_0}} \qquad (7-16)$$

该指数反映了总平均指数的变动方向和程度，它是由各组变量值（x）与各组单位数占总体单位数的比重 $\left(\dfrac{f}{\sum f}\right)$ 的变动共同影响的结果。

固定构成指数是指在两个时期的平均指标对比中，将各组单位数占总体单位数比重 $\left(\dfrac{f}{\sum f}\right)$ 这一结构因素固定起来而只反映各组变量水平（x）的变动对总平均指标变动的影响的指数。用公式表示如下：

$$\frac{\dfrac{\sum x_1 f_1}{\sum f_1}}{\dfrac{\sum x_0 f_1}{\sum f_1}} \qquad (7-17)$$

结构变动影响指数是指在两个时期的平均指标对比中，将各组变量值（x）固定起来而只反映各组单位数占总体单位数的比重 $\left(\dfrac{f}{\sum f}\right)$ 的变动对总平均指标变动的影响的指数。用公式表示如下：

$$\frac{\dfrac{\sum x_0 f_1}{\sum f_1}}{\dfrac{\sum x_0 f_0}{\sum f_0}} \qquad\qquad (7-18)$$

根据指数分析法的一般原理，写出平均指标指数体系的两个表达式如下：

$$\frac{\dfrac{\sum x_1 f_1}{\sum f_1}}{\dfrac{\sum x_0 f_0}{\sum f_0}} = \left(\frac{\dfrac{\sum x_1 f_1}{\sum f_1}}{\dfrac{\sum x_0 f_1}{\sum f_1}}\right) \times \left(\frac{\dfrac{\sum x_0 f_1}{\sum f_1}}{\dfrac{\sum x_0 f_0}{\sum f_0}}\right) \qquad (7-19)$$

$$\frac{\sum x_1 f_1}{\sum f_1} - \frac{\sum x_0 f_0}{\sum f_0} = \left(\frac{\sum x_1 f_1}{\sum f_1} - \frac{\sum x_0 f_1}{\sum f_1}\right) + \left(\frac{\sum x_0 f_1}{\sum f_1} - \frac{\sum x_0 f_0}{\sum f_0}\right) \qquad (7-20)$$

现举例来具体说明平均指标变动的因素分析。

【例 7-3】 表 7-6 是某企业平均工资变动分析的资料：

表 7-6　　　　　　　　　　某企业职工的平均工资与人数资料

工人类别	工人数（人）		平均工资（元）		$x_0 f_0$（元）	$x_1 f_1$（元）	$x_0 f_1$（元）
	基期 f_0	报告期 f_1	基期 x_0	报告期 x_1			
技工	30	40	2800	3000	84000	120000	112000
徒工	20	60	1600	1800	32000	108000	96000
合计	50	100	4400	4800	116000	228000	208000

可变构成指数为：

$$\frac{\overline{x_1}}{\overline{x_0}} = \frac{\dfrac{\sum x_1 f_1}{\sum f_1}}{\dfrac{\sum x_0 f_0}{\sum f_0}} = \frac{2280}{2320} = 98.28\%$$

$$\frac{\sum x_1 f_1}{\sum f_1} - \frac{\sum x_0 f_0}{\sum f_0} = 2280 - 2320 = -40(元)$$

计算结果表明，该企业职工的总平均工资降低了 1.72%，平均每位职工的工资减少了 40 元。

固定构成指数为：

$$\frac{\dfrac{\sum x_1 f_1}{\sum f_1}}{\dfrac{\sum x_0 f_1}{\sum f_1}} = \frac{\dfrac{228000}{100}}{\dfrac{208000}{100}} = 109.615\%$$

$$\frac{\sum x_1 f_1}{\sum f_1} - \frac{\sum x_0 f_1}{f_1} = 2280 - 2080 = 200(元)$$

计算结果表明，由于该企业各组职工的工资水平提高，使得职工的总平均工资提高了 9.62%，平均每位职工的工资增加了 200 元。

结构变动影响指数为：

$$\frac{\dfrac{\sum x_0 f_1}{\sum f_1}}{\dfrac{\sum x_0 f_0}{\sum f_0}} = \frac{\dfrac{208000}{100}}{\dfrac{116000}{50}} = 89.655\%$$

$$\frac{\sum x_0 f_1}{\sum f_1} - \frac{\sum x_0 f_0}{\sum f_0} = 2080 - 2320 = -240(元)$$

计算结果表明，由于该企业职工人数结构的变化，使得职工的总平均工资降低了10.34％，平均每位职工的工资减少了240元。

根据以上三个指数之间的关系，写出指数体系的两个表达式：

$$98.28\% = 89.655\% \times 109.615\%$$
$$-40 = -240 + 200$$

上述计算结果表明，该企业职工的总平均工资报告期比基期降低了1.72％，平均每位职工的工资减少了40元。这是由于该企业各组职工的实际工资水平提高了9.62％，平均每位职工增加工资200元，和各组职工人数的结构变动使得总平均工资降低了10.34％，每位职工的工资减少了240元两者共同影响的结果。

理论联系实际

股 票 价 格 指 数

股票价格指数即股票指数，是由证券交易所或金融服务机构编制的表明股票行市变动的一种供参考的指示数字。由于股票价格起伏无常，投资者必然面临市场价格风险。对于具体某一种股票的价格变化，投资者容易了解，而对于多种股票的价格变化，要逐一了解，既不容易，也不胜其烦。为了适应这种情况和需要，一些金融服务机构就利用自己的业务知识和熟悉市场的优势，编制出股票价格指数，公开发布，作为市场价格变动的指标。投资者据此就可以检验自己投资的效果，并用以预测股票市场的动向。同时，新闻界、公司老板乃至政界领导人等也以此为参考指标，来观察、预测社会政治、经济发展形势。编制股票指数，通常以某年某月为基础，以这个基期的股票价格作为100，用以后各时期的股票价格和基期价格比较，计算出升降的百分比，就是该时期的股票指数。投资者根据指数的升降，可以判断出股票价格的变动趋势。并且为了能实时地向投资者反映股市的动向，所有的股市几乎都是在股价变化的同时即时公布股票价格指数。

计算股票指数，要考虑三个因素：一是抽样，即在众多股票中抽取少数具有代表性的成分股；二是加权，按单价或总值加权平均，或不加权平均；三是计算程序，计算算术平均数、几何平均数，或兼顾价格与总值。

由于上市股票种类繁多，计算全部上市股票的价格平均数或指数的工作是艰巨而复杂的，因此人们常常从上市股票中选择若干种富有代表性的样本股票，并计算这些样本股票的价格平均数或指数，用以表示整个市场的股票价格总趋势及涨跌幅度。计算股价平均数或指数时经常考虑以下四点：①样本股票必须具有典型性、普遍性，为此，选择样本对应综合考虑其行业分布、市场影响力、股票等级、适当数量等因素。②计算方法应具有高度的适应性，能对不断变化的股市行情作出相应的调整或修正，使股票指数或平均数有较好的敏感性。③要有科学的计算依据和手段。计算依据的口径必须统一，一般均以收盘价为计算依据，但随着计算频率的增加，有的以每小时价格甚至更短的时间价格计算。④基期应有较好的均衡性和代表性。

世界上几种著名的股票指数

（一）道·琼斯股票指数

道·琼斯股票指数是世界上历史最为悠久的股票指数，它的全称为股票价格平均数。它是在 1884 年由道·琼斯公司的创始人查理斯·道开始编制的。其最初的道·琼斯股票价格平均指数是根据 11 种具有代表性的铁路公司的股票，采用算术平均法进行计算编制而成，发表在查理斯·道自己编辑出版的《每日通讯》上。其计算公式为：

股票价格平均数＝入选股票的价格之和/入选股票的数量

自 1897 年起，道·琼斯股票价格平均指数开始分成工业与运输业两大类，其中工业股票价格平均指数包括 12 种股票，运输业平均指数则包括 20 种股票，并且开始在道·琼斯公司出版的《华尔街日报》上公布。在 1929 年，道·琼斯股票价格平均指数又增加了公用事业类股票，使其所包含的股票达到 65 种，并一直延续至今。现在的道·琼斯股票价格平均指数是以 1928 年 10 月 1 日为基期，因为这一天收盘时的道·琼斯股票价格平均数恰好约为 100 美元，所以就将其定为基准日。而以后股票价格同基期相比计算出的百分数，就成为各期的股票价格指数，所以现在的股票指数普遍用点来作单位，而股票指数每一点的涨跌就是相对于基准日的涨跌百分数。

道·琼斯股票价格平均指数最初的计算方法是用简单算术平均法求得，当遇到股票的除权除息时，股票指数将发生不连续的现象。1928 年后，道·琼斯股票价格平均数就改用新的计算方法，即在计点的股票除权或除息时采用连接技术，以保证股票指数的连续，从而使股票指数得到了完善，并逐渐推广到全世界。

目前，道·琼斯股票价格平均指数共分四组。第一组是工业股票价格平均指数。它由 30 种有代表性的大工商业公司的股票组成，且随经济发展而变大，大致可以反映美国整个工商业股票的价格水平，这也就是人们通常所引用的道·琼斯工业股票价格平均数。第二组是运输业股票价格平均指数。它包括着 20 种有代表性的运输业公司的股票，即 8 家铁路运输公司、8 家航空公司和 4 家公路货运公司。第三组是公用事业股票价格平均指数，是由代表着美国公用事业的 15 家煤气公司和电力公司的股票所组成。第四组是平均价格综合指数。它是综合前三组股票价格平均指数 65 种股票而得出的综合指数，这组综合指数虽然为优等股票提供了直接的股票市场状况，但现在通常引用的是第一组——工业股票价格平均指数。

道·琼斯股票价格平均指数是目前世界上影响最大、最有权威性的一种股票价格指数，原因之一是道·琼斯股票价格平均指数所选用的股票都具有代表性，这些股票的发行公司都是本行业具有重要影响的著名公司，其股票行情为世界股票市场所瞩目，各国投资者都极为重视。为了保持这一特点，道·琼斯公司对其编制的股票价格平均指数所选用的股票经常予以调整，用具有活力的更有代表性的公司股票替代那些失去代表性的公司股票。自 1928 年以来，仅用于计算道·琼斯工业股票价格平均指数的 30 种工商业公司股票，已有 30 次更换，几乎每两年就要有一个新公司的股票代替老公司的股票。原因之二是，公布道·琼斯股票价格平均指数的新闻载体——《华尔街日报》是世界金融界最有影响力的报纸。该报每天详尽报道其每个小时计算的采样股票平均指数、百分比变动率、每种采样股票的成交数额等，并注意对股票分股后的股票价格平均指数进行校正。在纽约证券交易营业时间里，每隔半小时公布一次道·琼斯股票价格平均指数。原因之三是，这一股票价格平均指数自编制以来从未间断，可以用来比较不同时期的股票行情和经济发展情况，成为反映美国股市行情变化最敏感的股票价格平均指数之一，是观察市场动态和从事股票投资的主要参考。当然，由于道·琼斯股票价格指数是一种成分股指数，它包括的公司仅占目前 2500 多家上市公司的极少部分，而且多是热门股票，且未将近年来发展迅速的服务性行业和金融业的公司包括在内，所以它的代表性也一直受到人们的质疑和批评。

（二）标准普尔股票价格指数

除了道·琼斯股票价格指数外，标准普尔股票价格指数在美国也很有影响，它是美国最大的证券研究机构即标准普尔公司编制的股票价格指数，该公司于 1923 年开始编制发表股票价格指数，最初采选了 230 种股票，编制两种股票价格指数。到 1957 年，这一股票价格指数的范围扩大到 500 种股票，分成 95 种组合。其中最重要的四种组合是工业股票组、铁路股票组、公用事业股票组和 500 种股票混合组。从 1976 年 7 月 1 日开始，改为 400 种工业股票、20 种运输业股票、40 种公用事业股票和 40 种金融业股票。几十年来，虽然有股票更迭，但始终保持为 500 种。标准普尔公司股票价格指数以 1941 年至 1943 年抽样股票的平均市价为基期，以上市股票数为权数，按基期进行加权计算，其基点数为 10。以目前的股票市场价格乘以股票市场上发行的股票数量为分子，用基期的股票市场价格乘以基期股票数为分母，相除之数再乘以 10 就是股票价格指数。

（三）香港恒生指数

香港恒生指数是香港股票市场上历史最久、影响最大的股票价格指数，由香港恒生银行于 1969 年 11 月 24 日开始发表。

恒生股票价格指数包括从香港 500 多家上市公司中挑选出来的 33 家有代表性且经济实力雄厚的大公司股票作为成分股，分为四大类——4 种金融业股票、6 种公用事业股票、9 种地产业股票和 14 种其他工商业（包括航空和酒店）股票。这些股票占香港股票市值的 63.8%，该股票指数涉及到香港的各个行业，具有较强的代表性。恒生股票价格指数的编制是以 1964 年 7 月 31 日为基期，因为这一天香港股市运行正常，成交值均匀，可反映整个香港股市的基本情况，基点确定为 100 点。其计算方法是将 33 种股票按每天的收盘价乘以各自的发行股数为计算日的市值，再与基期的市值相比较，乘以 100 就得出当天的股票价格指数。由于恒生股票价格指数所选择的基期适当，因此，不论股票市场狂升或猛跌，还是处于正常交易水平，恒生股票价格指数基本上能反映整个股市的活动情况。

自 1969 年恒生股票价格指数发表以来，已经过多次调整。由于 1980 年 8 月香港当局通过立法，将香港证券交易所、远东交易所、金银证券交易所和九龙证券所合并为香港联合证券交易所，在目前的香港股票市场上，只有恒生股票价格指数与新产生的香港指数并存，香港的其他股票价格指数均不复存在。

（四）我国的股票指数

（1）上证股票指数系由上海证券交易所编制的股票指数，1990 年 12 月 19 日正式开始发布。该股票指数的样本为所有在上海证券交易所挂牌上市的股票，其中新上市的股票在挂牌的第二天纳入股票指数的计算范围。该股票指数的权数为上市公司的总股本。由于我国上市公司的股票有流通股和非流通股之分，其流通量与总股本并不一致，所以总股本较大的股票对股票指数的影响就较大，上证指数常常就成为机构大户造市的工具，使股票指数的走势与大部分股票的涨跌相背离。上海证券交易所股票指数的发布几乎是和股市行情的变化相同步的，它是我国股民和证券从业人员研判股票价格变化趋势必不可少的参考依据。

（2）深圳综合股票指数系由深圳证券交易所编制的股票指数，1991年4月3日为基期。该股票指数的计算方法基本与上证指数相同，其样本为所有在深圳证券交易所挂牌上市的股票，权数为股票的总股本。由于以所有挂牌的上市公司为样本，其代表性非常广泛，且它与深圳股市的行情同步发布，它是股民和证券从业人员研判深圳股市股票价格变化趋势必不可少的参考依据。在前些年，由于深圳证交所的股票交投不如上海证交所那么活跃，深圳证券交易所现已改变了股票指数的编制方法，采用成分股指数，其中只有40只股票入选并于1995年5月开始发布。现深圳证券交易所并存着两个股票指数，一个是老指数深圳综合指数，一个是现在的成分股指数，但从最近一年多的运行势态来看，两个指数间的区别并不是特别明显。

本 章 小 结

本章介绍了指数的概念、种类，详细介绍了综合指数和平均指数的概念、编制方法，总量指标和平均指标变动的因素分析。指数是指一切用来表明所研究事物发展变化方向及其程度的相对数。综合指数和平均指数是编制总指数的两种方法，都有其独立应用的意义。用综合指数方法编制数量指标指数时，其同度量因素应固定在基期；用综合指数方法编制质量指标指数时，同度量因素应固定在报告期。平均指数是对个体指数进行加权计算的一种总指数，分为加权算术平均指数和加权调和平均指数两种。平均指数是综合指数的变形应用。因素分析就是借助指数体系来分析社会经济现象变动中各种因素变动发生作用的影响程度。因素分析的内容包括相对数分析和绝对数分析。

本章的重点是综合指数和平均指数的编制，指数体系的建立及总量指标变动的双因素分析。

练 习 题

一、判断题

1. 数量指标作为同度量因素，时期一般固定在基期。（   ）

2. 在单位成本指数中，$\sum q_1 p_1 - \sum q_1 p_0$ 表示单位成本增减的绝对额。（   ）

3. 因素分析内容包括相对数和平均数分析。（   ）

4. 一般情况下，数量指标平均指数多用报告期总值加权计算，质量指标平均指数多用基期总值加权计算。（   ）

5. 在编制数量指标指数时，同度量因素是与之相联系的另一数量指标。（   ）

二、单选题

1. 统计指数划分为个体指数和总指数的依据是（   ）。

A. 反映的对象范围不同　　　　B. 指标性质不同

C. 采用的基期不同   D. 编制指数的方法不同

2. 数量指标指数和质量指标指数的划分依据是（　　　）。

A. 指标的性质不同   B. 所反映的对象范围不同

C. 所比较的现象特征不同   D. 编制指数的方法不同

3. 编制总指数的两种形式是（　　　）。

A. 数量指标指数和质量指标指数

B. 综合指数和平均数指数

C. 算术平均数指数和调和平均数指数

D. 定基指数和环比指数

4. 在销售量综合指数中，$\sum q_1 p_0 - \sum q_0 p_0$ 表示（　　　）。

A. 商品价格变动引起销售额变动的绝对额

B. 价格不变的情况下，销售量变动引起销售额变动的绝对额

C. 价格不变的情况下，销售量变动的绝对额

D. 销售量和价格变动引起销售额变动的绝对额

5. 已知单位成本的个体指数和报告期的总成本，则计算单位成本总指数时使用
（　　　）。

A. 综合指数   B. 加权算术平均数指数

C. 加权调和平均数指数   D. 可变构成指数

6. 某市 2002 年的产量比 2001 年增长了 13.6%，总成本增长了 12.9%，则该厂 2002
年产品单位成本（　　　）。

A. 减少 0.62%   B. 减少 5.15%

C. 增加 12.9%   D. 增加 1.75%

7. 在编制数量指标指数时（　　　）。

A. 同度量因素是报告期的数量指标

B. 同度量因素是基期的数量指标

C. 同度量因素是报告期的质量指标

D. 同度量因素是基期的质量指标

8. 在编制质量指标指数时（　　　）。

A. 同度量因素是报告期的数量指标

B. 同度量因素是基期的数量指标

C. 同度量因素是报告期的质量指标

D. 同度量因素是基期的质量指标

三、多选题

1. 指数的作用是（　　　）。

A. 综合反映复杂现象总体数量上的变动情况

B. 分析现象总体变动中受各个因素变动的影响

C. 反映现象总体各单位变量分布的集中趋势

D. 反映现象总体的总规模水平

E. 利用指数数列分析现象的发展趋势

2. 下列属于质量指标指数的是（　　　）。

A. 商品零售量指数

B. 商品零售额指数

C. 商品零售价格指数

D. 职工劳动生产率指数

E. 销售商品计划完成程度指数

3. 编制总指数的方法有（　　　）。

A. 综合指数　　　　　　　　B. 平均指数

C. 质量指标指数　　　　　　D. 数量指标指数

E. 平均指标指数

4. 对某商店某时期商品销售额变动情况分析，其指数体系包括（　　　）。

A. 销售量指数　　　　　　　B. 销售价格指数

C. 总平均价格指数　　　　　D. 销售额指数

E. 个体指数

5. 加权算术平均数指数是一种（　　　）。

A. 综合指数

B. 总指数

C. 平均指数

D. 个体指数加权平均数

E. 质量指标指数

四、计算题

1. 某农贸市场三种农产品零售价格和销售量资料如下：

农产品	基　　期		报　告　期	
	零售价（元/公斤）	销售量（公斤）	零售价（元/公斤）	销售量（公斤）
大白菜	1	1000	0.8	1200
牛肉	20	60	18	80
小黄鱼	18	50	20	40

试计算三种农产品零售价格总指数和销售量总指数。

2. 某公司销售的三种商品的销售额及价格变动资料如下：

商品名称	商品销售额（万元）		价格变动率（％）
	基期	报告期	
A	200	250	+3
B	100	100	−2
C	50	60	+6

试求三种商品的价格总指数以及由于价格变动而影响的商品销售额；三种商品的销售

量总指数。

3. 有三种产品的生产资料如下：

产　品	生产总成本（万元）		产量增长百分比（%）
	基期	报告期	
甲	36	45	25
乙	64	60	0
丙	12	15	50

要求：计算三种产品产量总指数，并分析由于三种产品产量的变动对生产总成本的影响。

4. 已知某企业产值报告期比基期增长了 24%，职工人数增长了 17%，问劳动生产率如何变化？

第八章 动 态 数 列

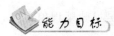 学习目标

1. 了解从数量方面研究社会经济现象发展变化过程和发展趋势是统计分析的一种重要方法。
2. 理解动态数列编制的基本要求。
3. 理解并掌握水平和速度两方面动态分析指标的计算和运用。
4. 了解测定影响动态数列变动的因素，能进行现象变动的趋势分析。

能力目标

1. 能根据实际资料编制动态数列。
2. 掌握序时平均数的计算方法。
3. 能够综合运用动态数列的水平指标和速度指标进行动态分析。

第一节 动态数列的概念和种类

一、动态数列的概念

对于社会经济现象不同时间上的数据资料，我们应用统计方法来研究其数量方面的变化发展过程，认识其发展规律并预见它的发展趋势，这就是动态分析方法。要进行动态分析，我们首先要编制动态数列。

动态数列是指社会经济现象在不同时间上的一系列指标值按时间先后顺序加以排列后形成的数列，又称为时间数列。表 8-1 中的统计资料就是动态数列。

表 8-1　　　　　　　　　　某企业 2010 年上半年统计资料

月　　　份	1	2	3	4	5	6
工业总产值（万元）	580	600	610	608	625	660
月初职工人数（人）	56	50	65	70	65	72
市场占有率（%）	30.2	26	28.4	32	25	29.6
职工平均工资（元）	1860	1900	2000	1880	2100	2050

动态数列总是以统计数据本身的时间限制要素作为排序单位，反映时间变化与数量变化的相互对应关系。因此，动态数列由两部分构成，一部分是反映时间顺序变化的数列，一部分是反映各个指标值变化的数列。

动态数列是计算动态分析指标、考察现象发展方向和速度、预测现象发展趋势的基础。对动态数列的分析有助于我们了解过去的活动规律，评价当前，安排未来，所以是社会经济统计的重要分析方法。

二、动态数列的种类

动态数列按其指标表现形式的不同分为总量指标动态数列、相对指标动态数列和平均指标动态数列三种。其中总量指标动态数列是基本的动态数列，相对指标动态数列和平均指标动态数列是派生数列。

（一）总量指标动态数列

总量指标动态数列是指将总量指标在不同时间上的数值按时间先后顺序排列形成的数列。它反映的是现象在一段时间内达到的绝对水平及增减变化情况。根据总量指标反映社会经济现象性质的不同，又可分为时期指标动态数列和时点指标动态数列，简称为时期数列和时点数列。

1. 时期数列

所谓时期数列是指由时期指标构成的数列，即数列中每一指标值都是反映某现象在一段时间内发展过程的总量，如表 8-1 中的工业总产值序列。

时期数列具有以下特点：

（1）数列中各个指标具有连续统计的特点。由于时期指标反映的是现象在一段时间内发展过程的总量，因此我们就必须在这段时间内把所发生的数量逐一登记后进行累计。

（2）数列中各个时期指标数值可以相加。构成时期数列的每一个指标值具有综合计算不重复的特征，使得彼此相连的指标值可以相加，相加后的观察值表示现象在更长时期内的发展过程的总量。

（3）数列中各个指标值大小与所包括的时期长短有直接关系。时期是指动态数列中每个观察值所包括的时间长度。对于时期数列而言，一般来说，时期越长，指标数值越大；反之，时期越短，指标数值越小。

2. 时点数列

所谓时点数列是指由时点指标构成的数列，即数列中的每一指标值反映的是现象在某一时刻上的总量，如表 8-1 中的月初职工人数序列。

时点数列具有以下特点：

（1）数列中各个指标不具有连续统计的特点。时点数列的各指标数值都是反映现象在某一时刻上的数量，只要在某一时点上进行统计即可，不必连续进行登记。

（2）数列中各个指标值不具有可加性。由于时点指标显示的是社会经济现象在某一时点上所处的水平，因而，将各个不同时点上的数值相加是毫无意义的。

（3）数列中每个指标值的大小与其时间间隔长短没有直接联系。时点数列中的每个指标值只表明现象在某时点上的数量，其数值的大小与时间间隔的长短没有直接的关系。

（二）相对指标动态数列

相对指标动态数列是将一系列同类相对指标值按时间先后顺序排列而形成的数列，它反映的是社会经济现象之间相互联系的发展过程，如表 8-1 中的市场占有率。

（三）平均指标动态数列

平均指标动态数列是将一系列平均指标值按时间先后顺序排列而形成的数列，它反映的是社会经济现象总体各单位某标志一般水平的发展变动程度，如表 8 - 1 中的职工平均工资。

在统计中，我们往往把这三种动态数列结合起来运用，以便于对社会经济现象发展过程进行全面分析。

三、编制动态数列的原则

编制动态数列的重要目的是为了进行动态分析，是要通过各个时期指标值的对比，来研究社会经济现象的发展变化规律。因此，保证数列中各指标值的可比性是编制动态数列的基本原则。可比性的具体原则是：

（一）时间长短应统一

对于时期数列，各个指标值的大小与所包含的时间长短有直接关系，所以，各指标数值包含的时期长短应一致。对于时点数列，要求各时点的间隔尽可能相等，以便准确地研究现象发展变化的趋势。

（二）总体范围应一致

在动态数列中，各个指标所属总体范围前后应一致。如研究某地区国内生产总值时，如果地区的行政区划有变动，则前后指标不能直接对比，要进行调整后才可以进行比较分析。

（三）计算方法要统一

各项指标的计算口径、计量单位和计算方法应一致。

（四）经济含义要统一

各项指标所反映的内容应该一致，否则不能进行对比，必须要经过调整。如劳动生产率有按国内生产总值计算的和按总产出计算的，两者是不同的，是不能直接进行对比的。

在实际工作中，动态数列要反映一段较长的时期过程，各个时期的统计资料难免会发生指标所属时间、总体范围、计算方法及经济内容等的不一致，在编制动态数列时，必须对指标数值加以调整，保证资料的可比性。

第二节　现象发展的水平指标

编制动态数列的目的是要提示社会经济现象的发展过程和发展规律，需要进行一系列的动态分析。动态分析包括现象发展的水平分析和速度分析。水平分析包括发展水平和平均发展水平，速度分析包括增长量、平均增长量、发展速度、增长速度、平均发展速度、平均增长速度等。本节介绍动态数列的水平分析指标。

一、发展水平

发展水平是指动态数列中的每一项具体指标数值，是动态数列的两个构成要素之一，是计算其他动态指标的基础。它既可以用绝对数表示，也可以用相对数或平均数表示。如

表 8-1 中的工业总产值和月初职工人数是用绝对数表示的，市场占有率是用相对数表示的，职工平均工资是用平均数表示的。

动态数列中第一项指标数值称为最初水平，最后一项称为最末水平，其余各项称为中间水平。在动态分析中，将所研究的那一时期的指标值称为报告期水平，而将用来比较的基础时间的指标值称为基期水平。在本章中用 a 表示动态数列中的各项发展水平，a_0 为最初水平，a_n 为最末水平，a_1，a_2，$\cdots$，a_{n-1} 为中间水平。

表 8-2　　　　　　　　某地区 2001～2008 年国内生产总值资料　　　　　　　单位：亿元

年　　份	2001	2002	2003	2004	2005	2006	2007	2008
国内生产总值	9215	9655	10333	15823	15978	18232	20156	24564

由表 8-2 可看出某地区国内生产总值的最初水平 $a_0 = 9215$ 亿元，最末水平 $a_n = 24564$ 亿元，其余项为中间水平。

期初、期末、报告期、基期发展水平都是相对的，会随着研究目的的不同而变化。另外，发展水平在文字上习惯用"增加到"、"增加为"、"降低到"、"降低为"来表示。

二、平均发展水平

平均发展水平又称序时平均数。它是动态数列中各项发展水平的平均数，反映现象在一段时期中发展的一般水平。

序时平均数与一般平均数既有区别又有共同之处，其区别是：序时平均数平均的是现象总体在不同时期上的数量表现，从动态上说明其在某一时期内发展的一般水平；而一般平均数是将总体各单位同一时间的变量值差异抽象化，用以反映总体在具体历史条件下的一般水平。序时平均数是根据动态数列计算的，而一般平均数是根据变量数列计算的。其共同点是：它们都是将各个变量值差异抽象化。

平均发展水平可以用总量指标动态数列计算，也可以用相对指标动态数列或平均指标动态数列计算，其中用总量指标动态数列计算序时平均数是最基本的。

平均发展水平的计算有以下几种方法。

（一）由总量指标动态数列计算序时平均数

由于总量指标动态数列分为时期数列和时点数列，所以形成以下几种计算方法：

1. 由时期数列计算平均发展水平

由于时期数列的各项指标值可以相加，所以，由时期数列计算序时平均数时可采用简单算术平均法。其公式为：

$$\bar{a} = \frac{a_1 + a_2 + \cdots + a_n}{n} = \frac{\sum a}{n} \tag{8-1}$$

式中　$\bar{a}$——序时平均数；

　　　a——各期发展水平；

　　　n——时期项数。

【例 8-1】 根据表 8-2 计算该地区 8 年平均国内生产总值：

$$\bar{a} = \frac{\sum a}{n} = \frac{9215 + 9655 + \cdots 24564}{8} = \frac{123956}{8} = 15494.5（亿元）$$

2. 由时点数列计算平均发展水平

时点数列有连续时点数列和间断时点数列之分，其计算方法也不相同。

（1）由连续时点数列计算平均发展水平。时点数列一般不连续，但如果时点数列的资料是逐日记录、逐日排列的，则称此数列为连续时点数列。由连续时点数列计算平均发展水平有以下两种情况：

1）时点现象的指标数值是逐日登记又逐日给出的，则采用简单算术平均法计算其平均发展水平。其公式为：

$$\bar{a}=\frac{a_1+a_2+\cdots+a_n}{n}=\frac{\sum a}{n} \tag{8-2}$$

式中 $\bar{a}$——序时平均数；

a——各时点指标值；

n——天数。

【例 8-2】 某车间 4 月上旬工人出勤情况见表 8-3：

表 8-3   某车间 4 月上旬工人出勤情况

日期（日）	1	2	3	4	5	6	7	8	9	10
工人数（人）	164	160	172	165	156	176	175	170	165	167

试计算该车间 4 月上旬平均每天出勤人数。

$$\bar{a}=\frac{\sum a}{n}=\frac{164+160+\cdots+167}{10}=\frac{1670}{10}=167（人）$$

2）时点数列的指标数值不是逐日变动的，只在发生变动时才加以登记。对这种情况应以各指标数值持续出现的时间长度为权数，采用加权算术平均法。其计算公式为：

$$\bar{a}=\frac{\sum af}{\sum f} \tag{8-3}$$

式中 $\bar{a}$——序时平均数；

a——各时点指标值；

f——资料持续不变的时间长度。

【例 8-3】 甲企业 4 月的某原材料库存量变动资料见表 8-4，试计算该企业 4 月平均库存量。

表 8-4   甲企业 4 月的某原材料库存量

日期（月.日）	4.1	4.8	4.14	4.20	4.25	4.30
库存量（万件）	45	32	56	26	48	50

平均库存量：

$$\bar{a}=\frac{\sum af}{\sum f}=\frac{45\times7+32\times6+56\times6+26\times5+48\times5+50\times1}{7+6+6+5+5+1}=\frac{1263}{30}=42.1（万件）$$

（2）由间断时点数列计算平均发展水平。

在实际工作中，有时不可能对各种现象在各时点上的变动随时进行登记，往往会隔一段时间进行登记，这种间隔一段时间进行记录所形成的动态数列称为间断的时点数列。由间断的时点数列计算平均发展水平，又有两种情况：

1）由时间间隔相等的间断时点数列计算平均发展水平，则采用"首末折半法"计算。

当掌握的时点资料是间隔相等的期初或期末资料，在计算序时平均数时有一个前提条件，是假设指标值在两个相邻时点间是均匀变化的。计算步骤是：先将相邻的两个期初和期末指标值简单平均，然后再将各时段的序时平均数简单平均，则得到该时点数列的平均发展水平，这种方法叫做简单分层算术平均法或首末折半法。

公式为：

$$\bar{a}=\frac{\frac{a_1+a_2}{2}+\frac{a_2+a_3}{2}+\cdots+\frac{a_{n-1}+a_n}{2}}{n-1}=\frac{\frac{1}{2}a_1+a_2+\cdots+a_{n-1}+\frac{1}{2}a_n}{n-1} \qquad (8-4)$$

式中　$\bar{a}$——序时平均数；

　　　a——各时点指标值；

　　　n——时点指标个数。

【例 8-4】 某企业 2009 年下半年职工人数资料见表 8-5：

表 8-5　　　　　　　　　　某企业 2009 年下半年职工人数资料

月　　　份	7	8	9	10	11	12
月初职工人数（人）	324	350	342	360	340	338

还得知 2010 年 1 月初职工人数为 320 人，试计算该企业 2009 年下半年平均职工人数。

第一步，计算各月的平均职工人数。

$$平均人数=\frac{期初人数+期末人数}{2}$$

如，　　　　　$7\ 月平均人数=\frac{324+350}{2}=337（人）$

$$8\ 月平均人数=\frac{350+342}{2}=346（人）$$

$$……$$

$$12\ 月平均人数=\frac{338+320}{2}=329（人）$$

$$下半年平均人数=\frac{337+346+351+350+339+329}{6}=\frac{2052}{6}=342（人）$$

以上计算过程可以表示为：

$$\bar{a}=\frac{\frac{324+350}{2}+\frac{350+342}{2}+\cdots+\frac{338+320}{2}}{6}=\frac{\frac{1}{2}\times324+350+\cdots+338+\frac{1}{2}\times320}{6}=342（人）$$

2）由时间间隔不等的间断时点数列计算平均发展水平，则应以间隔数为权数进行加权平均计算。公式为：

$$\bar{a}=\frac{\frac{a_1+a_2}{2}f_1+\frac{a_2+a_3}{2}f_2+\cdots+\frac{a_{n-1}+a_n}{2}f_{n-1}}{\sum f} \qquad (8-5)$$

式中 $\bar{a}$——序时平均数；

　　a——各时点指标值；

　　f——间隔的时间长度。

【例 8-5】 某企业 2009 年成品库存量资料见表 8-6：

表 8-6　　　　　　　　　　　某企业 2009 年成品库存量资料

月 份	1	4	6	9	10	12
期初库存量（万件）	86	72	68	90	98	106

另外，2009 年年底库存量为 120 万件。试计算 2009 年全年平均库存量。

平均库存量为：

$$\bar{a}=\frac{\frac{86+72}{2}\times3+\frac{72+68}{2}\times2+\frac{68+90}{2}\times3+\frac{90+98}{2}\times1+\frac{98+106}{2}\times2+\frac{106+120}{2}\times1}{3+2+3+1+2+1}$$

$=85.42$（万件）

（二）由相对指标或平均指标动态数列计算序时平均数

由于这两种动态数列是由总量指标动态数列派生出来的，因此其计算序时平均数的方法也是由总量指标动态数列计算序时平均数的方法派生出来的。其具体方法为：先根据资料分别计算出所对比的两个数列的序时平均数，然后将两个序时平均数进行对比，从而得到相对指标或平均指标动态数列的序时平均数。基本公式为：

$$\bar{c}=\frac{\bar{a}}{\bar{b}} \tag{8-6}$$

式中 $\bar{c}$——相对指标或平均指标动态数列的序时平均数；

　　$\bar{a}$——分子数列的序时平均数；

　　$\bar{b}$——分母数列的序时平均数。

其中，a 数列和 b 数列既可以是时期数列也可以是时点数列。

【例 8-6】 某企业总产值和职工人数的资料见表 8-7：

表 8-7　　　　　　　　　　　某企业总产值和职工人数资料

月 份	3	4	5	6
月总产值（万元）	1150	1170	1200	1370
月末职工人数（千人）	6.5	6.7	6.9	7.1

试计算：

（1）该企业第二季度平均每月全员劳动生产率；

（2）该企业第二季度平均全员劳动生产率。

解：平均每月全员劳动生产率＝月平均总产值÷月平均职工人数

根据公式

$$\bar{c}=\frac{\bar{a}}{\bar{b}}$$

平均每月总产值为：

$$\bar{a} = \frac{\sum a}{n} = \frac{1170+1200+1370}{3} = 1246.67(万元)$$

月平均职工人数为：

$$\bar{b} = \frac{\frac{1}{2}b_1 + b_2 + \cdots + b_{n-1} + \frac{1}{2}b_n}{n-1} = \frac{\frac{6.5}{2} + 6.7 + 6.9 + \frac{7.1}{2}}{4-1} = 6.8(千人)$$

所以，第二季度月平均全员劳动生产率为

$$\bar{c} = \frac{1246.67}{6.8} = 183.33 \ (万元/千人) = 1833.33(元/人)$$

第二季度平均全员劳动生产率＝第二季度总产值÷月平均职工人数

＝第二季度月平均全员劳动生产率×3

＝1833.33×3＝5499.99(元/人)

第三节　现象发展的速度指标

动态数列的速度分析是动态相对数和平均数的具体应用，是从相对数和平均数的角度来分析社会经济现象的发展程度和增长程度。主要有发展速度、增长速度、增长量、平均发展速度和平均增长速度等。

一、发展速度

发展速度是以相对数的形式表现的动态分析指标，它是两个不同时期发展水平指标对比的结果。说明的是报告期水平是基期水平的百分之几或若干倍。

$$发展速度 = \frac{报告期水平}{基期水平} \times 100\% \tag{8-7}$$

在计算发展速度时，由于基期的不同而分为环比发展速度和定基发展速度。

（一）环比发展速度

环比发展速度是报告期水平与前一期水平之比，反映现象逐期的发展变动程度。计算公式为：

$$环比发展速度 = \frac{报告期水平}{前一期水平} \times 100\% \tag{8-8}$$

用符号表示为：

$$\frac{a_1}{a_0}, \frac{a_2}{a_1}, \frac{a_3}{a_2}, \cdots, \frac{a_n}{a_{n-1}}$$

（二）定基发展速度

定基发展速度是各报告期水平同某一固定基期水平对比，说明现象在较长时期内发展的总速度。计算公式为：

$$定基发展速度 = \frac{报告期水平}{固定基期水平} \times 100\% \tag{8-9}$$

用符号表示为：

$$\frac{a_1}{a_0},\ \frac{a_2}{a_0},\ \frac{a_3}{a_0},\ \cdots,\ \frac{a_n}{a_0}$$

在同一动态数列资料下计算的定基发展速度和环比发展速度之间存在着以下的关系：环比发展速度的连乘积等于定基发展速度；相邻两项定基发展速度之商为相应的环比发展速度。公式表示为：

$$\frac{a_1}{a_0}\cdot\frac{a_2}{a_1}\cdot\frac{a_3}{a_2}\cdots\frac{a_n}{a_{n-1}}=\frac{a_n}{a_0} \tag{8-10}$$

$$\frac{a_n}{a_0}\div\frac{a_{n-1}}{a_0}=\frac{a_n}{a_{n-1}} \tag{8-11}$$

【例 8-7】 我国 2000～2009 年年末全国人口数资料见表 8-8：

表 8-8　　　　　　　　　我国 2000～2009 年年末全国人口数资料

年份	全国人口数（亿人）	环比发展速度（%）	定基发展速度（%）	逐期增长量（亿人）	累计增长量（亿人）	环比增长速度（%）	定基增长速度（%）
	a	a_n/a_{n-1}	a_n/a_0	a_n-a_{n-1}	a_n-a_0	$(a_n/a_{n-1})-1$	$(a_n/a_0)-1$
2000	12.66	—	—	—	—	—	—
2001	12.76	100.79	100.79	0.10	0.10	0.79	0.79
2002	12.85	100.71	101.50	0.09	0.19	0.71	1.50
2003	12.93	100.62	102.13	0.08	0.27	0.62	2.13
2004	13.00	100.54	102.69	0.07	0.34	0.54	2.69
2005	13.08	100.62	103.32	0.08	0.42	0.62	3.32
2006	13.14	100.46	103.79	0.06	0.48	0.46	3.79
2007	13.21	100.53	104.34	0.07	0.55	0.53	4.34
2008	13.28	100.53	104.90	0.07	0.62	0.53	4.90
2009	13.38	100.75	105.69	0.10	0.72	0.75	5.69

二、增长量和平均增长量

（一）增长量

增长量是以绝对数形式表示的速度分析指标，是报告期水平与基期水平之差，表明报告期水平比基期水平增减的绝对量。

$$增长量＝报告期水平－基期水平 \tag{8-12}$$

如果增长量是正值，表明报告期比基期绝对量增加；如果是负值，表明报告期比基期绝对量减少。因此，增长量也可以称为"增减量"。

由于采用的基期不同，增长量可分为逐期增长量和累计增长量两种。

1. 逐期增长量

逐期增长量是以前一期水平为基期，即

$$逐期增长量＝报告期水平－前一期水平 \tag{8-13}$$

表明相邻两个时期每一个报告期比前一期增长或减少的绝对数量。

用符号表示为：

$$a_1-a_0,\ a_2-a_1,\ a_3-a_2,\ \cdots a_n-a_{n-1}$$

统计方法与应用

2. 累计增长量

累计增长量是以固定的基期水平计算的，表示现象在较长时期变动的数量。

$$累计增长量＝报告期水平－固定基期水平 \tag{8-14}$$

用符号表示为：

$$a_1 - a_0, \ a_2 - a_0, \ a_3 - a_0, \ \cdots a_n - a_0$$

逐期增长量与累计增长量计算见［例8-7］。

二者的关系为：逐期增长量之和等于累计增长量；相邻两期累计增长量之差等于相应的逐期增长量。公式表示为：

$$(a_1 - a_0) + (a_2 - a_1) + (a_3 - a_2) + \cdots + (a_n - a_{n-1}) = a_n - a_0 \tag{8-15}$$

$$(a_n - a_0) - (a_{n-1} - a_0) = a_n - a_{n-1} \tag{8-16}$$

（二）平均增长量

对增长量还可以加以平均，用来说明某现象在一定时期内平均每期增长的数量，称为平均增长量。

公式为：

$$平均增长量 = \frac{逐期增长量之和}{逐期增长量的个数} = \frac{累计增长量}{逐期增长量的个数} \tag{8-17}$$

在表8-8中，2001～2009年这9年的平均每年增加的人口数为：

$$年平均增加的人口数 = \frac{0.72}{10-1} = 0.08（亿人）$$

三、增长速度

增长速度又称为增长率，是反映现象数量增长方向和程度的最常用动态相对指标，由增长量对比基期水平或发展速度减1（100%）而得。

公式为：

$$增长速度 = \frac{增长量}{基期水平} = \frac{报告期水平－基期水平}{基期水平} = 发展速度 - 1 \tag{8-18}$$

由计算公式可以看出，增长速度与发展速度是不同的。发展速度说明的是报告期水平为基期水平的多少倍或百分之几，增长速度说明的是报告期水平比基期水平增加了多少倍或减少了百分之几。当发展速度大于1时，增长速度为正值，表明现象的增长程度和发展方向是上升的；当发展速度小于1时，增长速度为负值，表明现象减少的程度，其发展方向是下降的，即为负增长。

增长速度由于比较的基期不同，分为环比增长速度和定基增长速度。

（一）环比增长速度

环比增长速度是逐期增长量对前一期发展水平之比，表明现象逐期增长或降低的程度。计算公式为：

$$环比增长速度 = \frac{报告期水平－前一期水平}{前一期水平} \times 100\% = 环比发展速度 - 1 \tag{8-19}$$

用符号表示为：

$$\frac{a_1-a_0}{a_0}, \frac{a_2-a_1}{a_1}, \cdots, \frac{a_n-a_{n-1}}{a_{n-1}} \text{或} \frac{a_1}{a_0}-1, \frac{a_2}{a_1}-1, \frac{a_3}{a_2}-1, \cdots, \frac{a_n}{a_{n-1}}-1$$

（二）定基增长速度

定基增长速度是累积增长量除以某一固定时期的发展水平，或定基发展速度减1，表明现象在一个较长时期内总的增长或降低的程度。计算公式为：

$$\text{定基增长速度} = \frac{\text{报告期水平} - \text{固定基期水平}}{\text{固定基期水平}} \times 100\% = \text{定基发展速度} - 1 \quad (8-20)$$

用符号表示为：

$$\frac{a_1-a_0}{a_0}, \frac{a_2-a_0}{a_0}, \cdots, \frac{a_n-a_0}{a_0} \text{或} \frac{a_1}{a_0}-1, \frac{a_2}{a_0}-1, \frac{a_3}{a_0}-1, \cdots, \frac{a_n}{a_0}-1$$

环比增长速度和定基增长速度计算见［例8-7］。

由于定基增长速度和环比增长速度是发展速度的派生指标，只反映增长部分的相对程度，所以，定基增长速度不等于各环比增长速度的连乘积，两者之间没有直接的相互推导关系。如果要由环比增长速度求定基增长速度，必须将环比增长速度加1后再连乘，然后将所得的结果再减1。

在实际工作中，我们经常使用所谓的"同比"指标进行现象变动速度分析，它是由本期发展水平与去年同期发展水平对比的结果。它可以是今年与去年比，也可以是今年的某日、某月、某季与去年的某日、某月、某季比。同比指标又可称为年距速度指标。

此外，我们还会经常见到"翻番"一词。翻一番即指标数值为原来的两倍，增长一倍；翻二番并非比原来增加两倍，而是在原来增加一倍的基础上再增加一倍，即为原来的四倍，增长三倍。翻三番即指标数值为原来的八倍，增长七倍。可见，翻多番的速度是惊人的。

四、平均发展速度和平均增长速度

（一）平均速度的概念

平均发展速度和平均增长速度统称为平均速度。平均速度是各个时期环比速度的平均数，说明社会经济现象在较长时期内速度变化的平均程度。平均发展速度表示现象逐期发展的平均速度，平均增长速度则反映了现象逐期递增的平均速度。

平均发展速度与平均增长速度的关系是：

$$\text{平均增长速度} = \text{平均发展速度} - 1(\text{或}100\%) \quad (8-21)$$

平均发展速度总是正值，而平均增长速度可以是正值也可以是负值。正值表明现象在一定发展阶段内逐期递增的程度；负值表明现象在一定发展阶段内逐期平均递减的程度。

（二）平均速度的计算

平均速度的计算首先是平均发展速度的计算。

平均发展速度是对各期环比发展速度求平均的结果，也是一种序时平均数。其计算方法有几何平均法和代数平均法，这里只介绍几何平均法。

现象发展的平均速度，一般是用几何平均法计算。平均速度是总速度的平均，但现象发展的总速度不等于各期发展速度之和，而是等于各期环比发展速度的连乘积。因此，我们采用几何平均法计算。计算平均发展速度的公式为：

$$\overline{x} = \sqrt[n]{x_1 \cdot x_2 \cdot x_3 \cdot \cdots \cdot x_n} = \sqrt[n]{\frac{a_n}{a_0}} = \sqrt[n]{R} \qquad (8-22)$$

式中　　　　　$\overline{x}$——平均发展速度；

x_1，x_2，…，x_n——各期环比发展速度；

　　　　　a_n——报告期水平；

　　　　　a_0——基期水平；

　　　　　R——总速度；

　　　　　n——环比发展速度的项数。

【例 8-8】 某地区 2001～2006 年粮食产量资料见表 8-9。

表 8-9　　　　　　　　　某地区 2001～2006 年粮食产量资料

年　　份	2001	2002	2003	2004	2005	2006
粮食产量（万吨）	200					
累计增长量（万吨）	—		31	40		
环比发展速度（%）	—	110			105	93

要求：

（1）利用指标间的关系将表中所缺数字补齐。

（2）计算该地区 2002～2006 年这 5 年期间的粮食产量的年平均增长量以及按几何平均法计算的年平均增长速度。

解：

（1）计算结果见表 8-10：

表 8-10　　　　某地区 2002～2006 年粮食产量年平均增长量及年平均增长速度计算

年　　份	2001	2002	2003	2004	2005	2006
粮食产量（万吨）	200	220	231	240	252	234.4
累计增长量（万吨）	—	20	31	40	52	34.4
环比发展速度（%）	—	110	105	103.9	105	93

（2）年平均增长量＝34.4÷5＝6.88（万吨）

$$年平均增长速度 = \sqrt[n]{\frac{a_n}{a_0}} - 1 = \sqrt[5]{\frac{234.4}{200}} - 1 = 1.032 - 1 = 0.032 \ 或 \ 3.2\%$$

【例 8-9】 已知 1990 年我国国民收入生产额为 14300 亿元，若以平均每年增长 5% 的速度发展，到 2000 年国民收入生产额将达到什么水平？若到 2008 年国民收入生产额要达到 71254.43 亿元，问平均每年增长百分之几才能达到此目标？

解：$a_0 = 14300$，$\overline{x} = 1 + 5\% = 105\%$，$n = 10$

$$a_n = a_0 \cdot (\overline{x})^n = 14300 \times (1.05)^{10} = 23293.2（亿元）$$

$$平均增长速度 = \sqrt[8]{\frac{71254.43}{23293.2}} - 1 = 15\%$$

即平均每年增长 15% 才可以达到此目标。

第四节 动态数列的趋势分析

一、动态数列的因素构成

对动态数列的分析，除了通过水平分析和速度分析计算外，还需要对影响数列变化的各种因素进行分析。社会经济现象的发展通常要受到多种因素的影响，不同因素的作用产生不同的结果，且形成不同的动态数列。在实际工作中，动态数列总变动（Y）一般可以受到以下几个因素的影响。

（一）长期趋势的变动（T）

长期趋势是动态数列变动的基本形式。是指客观现象在一个相当长的时期内，受某种基本因素的影响，所呈现出的一种基本趋势。

（二）季节变动（S）

季节变动是指现象受季节的影响而发生的变动。其变动的特点是，在一年或更短的时间内随着时序的更换，现象呈周期重复的变化。

（三）循环变动（C）

循环变动是指现象发生周期比较长的涨落起伏的变动。循环变动可能由不同的原因引起，这使得变动的周期长短不同，通常在一年以上，甚至7～8年。

（四）不规则变动（I）

动态数列除了以上各种变动外，还有由临时的、偶然因素或不明原因引起的非周期性、非趋势性的随机变动，就是不规则变动，这种变动是无法预知的。

二、长期趋势的测定

长期趋势是动态数列的主要构成因素，是指事物由于受某些根本性因素的影响，在较长时期内持续发展变化的一种趋势或状态。认识和掌握事物的长期趋势，可以把握住现象发展变化的规律性。

当动态数列不能明显地反映出社会经济现象的长期趋势时，需要对原来的动态数列进行加工，以使现象的总趋势呈现出来，这种对动态数列加工的方法，叫作对动态数列的修匀，即测定长期趋势的方法。测定长期趋势的方法主要有：时距扩大法、移动平均法和数学模型法。

（一）时距扩大法

时距扩大法是对长期的动态数列资料进行修匀的一种简便方法。是把原有动态数列中的各时期资料加以合并，扩大每段计算所包括的时间，得出较长时距的新动态数列，以消除由于时距较短受偶然因素影响所引起的波动，清楚地显示现象变动的趋势和方向。

时距扩大修匀可以用扩大时距后的总量指标表示，也可以用扩大时距后的平均指标来表示。前者适用于时期数列，后者可以用于时期数列和时点数列。

【**例8-10**】 某企业2008年各月的生产量资料见表8-11：

表 8 - 11				某企业 2008 年各月的生产量资料						单位：台	
月 份	1	2	3	4	5	6	7	8	9	10	11	12
产量	180	185	182	186	184	188	186	185	192	194	192	198

在这个动态数列中，不能明显反映现象的发展趋势。现我们采用时距扩大法，即将时间间隔由月扩大到季，得到各季的产量，见表 8 - 12：

表 8 - 12	某企业 2008 年各季度的生产量资料			单位：台
季度	一	二	三	四
产量	547	558	563	584

这个新的动态数列就可以明显地反映出该企业生产发展的趋势，即产量是逐季上升的。

（二）移动平均法

移动平均法采用逐期递推移动的方法计算一系列扩大时距的序时平均数，并以这一系列移动平均数作为对应时期的趋势值。

移动平均法的具体做法是：从动态数列第一项数值开始，按一定项数求序时平均数，逐项移动，得出一个由移动平均数构成的新的动态数列，这个派生数列把受某些偶然因素影响所出现的波动修匀了，使整个数列的总趋势更加明显。移动平均法根据资料的特点及研究的任务，可以进行三项、四项、五项乃至更多项移动平均。

设动态数列为 a_1，a_2，a_3，…，a_{n-1}，a_n。若取三项移动平均，则移动平均形成的新数列为：

$$\bar{a}_2 = \frac{a_1 + a_2 + a_3}{3} \quad \bar{a}_3 = \frac{a_2 + a_3 + a_4}{3}$$

依此类推，可得：
$$\bar{a}_{n-1} = \frac{a_{n-2} + a_{n-1} + a_n}{3} \tag{8-23}$$

【例 8 - 11】 某公司 2000～2009 年的销售资料见表 8 - 13，试用三项移动平均法确定反映趋势变动的新数列。

表 8 - 13	某公司 2000～2009 年销售额资料		单位：万元
年 份	销售额	3 年移动合计	3 年移动平均
2000	100	—	—
2001	400	1500	500
2002	1000	2100	700
2003	700	2100	700
2004	400	2400	800
2005	1300	2700	900
2006	1000	3600	1200
2007	1300	4200	1400
2008	1900	4800	1600
2009	1600	—	—

第一个移动平均数为 500，即（100＋400＋1000）/3，可视为第二期（2001 年）的趋

势值；第二个移动平均数为700，即（400＋1000＋700）/3，可视为第三期（2002年）的趋势值；依次类推，直至最后一个移动平均数1600，视为第九期（2008年）的趋势值。

从上表中可以看出，某公司销售额总的发展趋势是逐年上升的。

需注意的是，在采用偶数项移动平均时，因移动平均数对应的中点是在两个时期之间，故其不能直接作为趋势值使用。就四项移动平均而言，第一个移动平均数对应中点是在第二项和第三项之间，第二个移动平均数对应中点则在第三项和第四项之间。因此，我们必须取第一个和第二个移动平均的算术平均值作为第三个时期的趋势值。依此类推，我们就能得到所谓的移正平均数列。

【例8－12】　某商业企业各季冷饮销售额资料见表8－14：

表8－14　　　　　　　　　　某商业企业各季冷饮销售额资料　　　　　　　　　单位：万元

年份	一季度	二季度	三季度	四季度
2005	36	160	120	60
2006	40	220	140	70
2007	50	280	160	84
2008	60	304	190	100

上述资料显示出冷饮销售额受季节因素影响很大。进一步分析可知，销售额还受长期趋势和偶然因素的影响。因此要测定长期趋势，就必须从实际数值中消除季节因素和偶然因素的影响。移动平均法就是消除这种影响最简单的方法，计算过程见表8－15。

表8－15　　　　　　　　　　　　四项移动平均计算表　　　　　　　　　　　　单位：万元

季度顺序	销售额	四项移动平均	四项平均数的两两移动平均
（1）	（2）	（3）	（4）
1	36		
2	160	（36＋160＋120＋60）/4	
3	120	＝94	94.5
4	60	95	102.5
5	40	110	112.5
6	220	115	116.3
7	140	117.5	118.8
8	70	120	127.5
9	50	135	137.5
10	280	140	141.8
11	160	143.5	144.8
12	84	146	149
13	60	152	155.8
14	304	159.5	161.5
15	190	163.5	
16	100		

从上表中可以看出现象的长期趋势。

（三）数学模型法

这是对动态数列进行修匀的方法，是用适当的数学模型给动态数列配合一个方程式，据以计算各期的趋势值，测定长期趋势普遍使用这种方法。数学模型法有直线趋势和非直线趋势的测定，这里主要介绍直线趋势的测定方法。

如果动态数列逐期增长量相对稳定，即现象发展水平按相当固定的绝对速度变化，则我们采用直线作为趋势线，来描述趋势变化，预测前景。

如以时间因素作为自变量 t，把数列水平作为因变量 y，配合的直线趋势方程为：

$$y_c = a + bt$$

用最小平方方法解此关于参数 a，b 的方程组得：

$$\begin{cases} b = \dfrac{n\sum ty - \sum t \sum y}{n\sum t^2 - (\sum t)^2} & (8-24) \\[3mm] a = \dfrac{\sum y}{n} - b\dfrac{\sum t}{n} = \bar{y} - b\bar{t} & (8-25) \end{cases}$$

在已知发展水平 y 和时间序号 t 的情况下，列表计算 $\sum y$，$\sum ty$，$\sum t^2$ 的数值，代入上式即可得到 a，b。

【例 8-13】 某服装厂服装产量资料见表 8-16：

表 8-16　　　　　　　　　　　某服装厂服装产量资料　　　　　　　　　　单位：万件

年份	2002	2003	2004	2005	2006	2007	2008
产量	21	23	25	26	24	23	26

要求：用最小平方方法配合直线趋势方程。

解： 以 2002 年为原点取 t 的值为 1，配合直线趋势方程，计算过程见表 8-17。

表 8-17　　　　　　　　　　最小平方方法直线趋势计算表

年　份	产量 y（万件）	t	t^2	ty（万件）
2002	21	1	1	21
2003	23	2	4	46
2004	25	3	9	75
2005	26	4	16	104
2006	24	5	25	120
2007	23	6	36	138
2008	26	7	49	182
合计	168	28	140	686

计算得：

$$b = \frac{n\sum ty - \sum t \sum y}{n\sum t^2 - (\sum t)^2} = \frac{7 \times 686 - 28 \times 168}{7 \times 140 - 28^2} = \frac{98}{196} = 0.5$$

$$a = \bar{y} - b\bar{t} = \frac{168}{7} - 0.5 \times \frac{28}{7} = 22$$

得配合的直线趋势方程：　　　　　　　$y_c = 22 + 0.5t$

根据此方程还可以预测以后年度的产量。如 2009 年产量预测值为：

$$Y_{2009} = 22 + 0.5 \times 8 = 26（万件）$$

为了简化计算，我们可以采用求解方程参数的简化公式，即把时间顺序重新赋值，使 $\sum t=0$。通常，当动态数列为奇数项时，令 $(n+1)/2$ 项的 t 值为原点 0，原点之前各期 t 值分别为 -1，-2，-3，…，原点之后各期 t 值分别为 1，2，3，…。当动态数列为偶数项时，则令 $n/2$ 和 $(n/2)+1$ 两个中间项的 t 值为原点，即中间两项时间序号用 -1 和 1 表示，其上、下两方的 t 值分别用 -3，-5，-7，…与 3，5，7，…表示。由于本例题为奇数数列，故取中间项的 t 值为 0，即 2005 年的 t 值为 0，前期 t 值分别为 -1，-2，-3，后期 t 值分别为 1，2，3，计算过程见表 8 - 18：

表 8 - 18　　　　　　　　　直线趋势模型的简化法计算表

年　份	产量 y（万件）	t	t^2	ty（万件）
2002	21	-3	9	-63
2003	23	-2	4	-46
2004	25	-1	1	-25
2005	26	0	0	0
2006	24	1	1	24
2007	23	2	4	46
2008	26	3	9	78
合计	168	0	28	14

计算得：

$$b=\frac{n\sum ty-\sum t\sum y}{n\sum t^2-(\sum t)^2}=\frac{\sum ty}{\sum t^2}=\frac{7\times 14}{7\times 28}=0.5$$

$$a=\frac{\sum y}{n}-b\frac{\sum t}{n}=\bar{y}=\frac{168}{7}=24$$

求得配合的直线趋势方程：　　　　$y_c=24+0.5t$

根据此方程可以预测以后年度的产量，如 2009 年产量预测值为：

$$Y_{2009}=24+0.5\times 4=26（万件）$$

三、季节变动的测定

季节变动是指社会经济现象由于季节更替或社会因素的影响而出现的周期性变动。季节变动分析是对时间序列进行整理和分析，从而消除长期趋势因素和偶然因素等对现象发展的影响，使现象因受季节因素的影响而产生的波动显现出来的分析方法。

测定季节变动的主要方法是计算季节比率来反映季节变动的程度，是用分季、分月的资料进行计算，按年计算的资料是不能测定季节变动的。测定的方法有按月（季）平均法和趋势剔除法。这里重点介绍按月（季）平均法。

进行季节变动分析，必须占有较长时间的短时距资料，通常至少应有三个周期以上的各月（季）资料，才能测定季节变动。

按月（季）平均法的一般步骤如下：

第一步，计算各年所有月份（季度）的平均数。在不考虑长期趋势因素的情况下，这

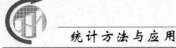

些平均数消除了偶然因素的影响，只受季节因素的影响。

第二步，计算各年所有月份（季度）的总平均数。在不考虑长期趋势因素的情况下，这个总平均数消除了偶然因素和季节因素的影响。

第三步，计算季节比率。季节比率是各年同月（季）的平均数与总平均数之比，是进行季节变动分析的重要数据，通过季节比率可以显示和分析季节变动的规律性。

第四步，加总各月份（季节）的季节比率，其总和应为 1200%（400%）。如果不等于 1200%（400%），则需进一步计算校正系数，并用校正系数对各月份（季度）的季节比率进行调整。

$$季节比率 = \frac{各年同月（季）的平均数}{所有年份月（季）总平均数} \quad\quad (8-26)$$

【例 8-14】 某冷饮厂历年各季度销售额，资料见表 8-19：

表 8-19   某冷饮厂历年各季度销售额   单位：万元

顺序	年份	一季度	二季度	三季度	四季度	各年合计	季平均数
（甲）	（乙）	（1）	（2）	（3）	（4）	（5）	（6）
1	2005	145	235	391	139	910	227.5
2	2206	151	222	417	150	940	235
3	2007	132	210	403	175	920	230
4	2008	121	191	457	131	900	235
5	2009	156	202	342	210	910	227.5
6	合 计	705	1060	2010	805	4580	1145
7	同期平均数	141	212	402	161	916	229
8	季节比率（%）	61.57	92.58	175.55	70.31	400	100

具体计算步骤为：

第一步，计算 5 年同季合计数及平均数，如

各年一季度合计：145＋151＋132＋121＋156＝705

各年一季度平均数：705÷5＝141

第二步，计算各年合计数及总季平均数，如

2005 年合计数 145＋235＋391＋139＝910

2005 年季平均数＝910÷4＝227.5

第三步，求 5 年总季平均数。

总季平均数＝（141＋212＋402＋161）÷4

或 ＝（227.5＋235＋230＋225＋227.5）÷5＝229

第四步，分别以 5 年总季平均数去除各个季度平均数即得季节比率，如

第一季度季节比率＝141÷229＝61.57%

其余季度以此类推可得出各季节比率。它表明该饮料厂一年中以第一季度销售额为最少，季节比率为 61.57%；第三季度为最多，季节比率为 175.55%。

理论联系实际

资料一

通过移动平均线看趋势

移动平均线是用统计处理的方式，将若干天的股票价格加以平均，然后连接成一条线，用以观察股价趋势。移动平均线的理论基础是道·琼斯的"平均成本"概念。移动平均线通常使用买进有 3 日、6 日、10 日、12 日、24 日、30 日、72 日、200 日、288 日、13 周、26 周、52 周等，其目的在取得某一段期间的平均成本，而以此平均成本的移动曲线配合每日收盘价的线路变化分析某一期间多空的优劣形势，以研判股价的可能变化。一般来说，现行价格在平均价之上，意味着市场买力（需求）较大，行情看好；反之，行情价在平均价之下，则意味着供过于求，卖压显然较重，行情看淡。以 10 日移动平均线为例。将第 1 日至第 10 日的 10 个收盘价，累计加起来后的总和除以 10，得到第一个 10 日平均价，再将第 2 日至第 11 日收盘价和除以 10，则为第二个 10 日平均价，这些平均价的连线，即成为 10 日移动平均线。移动平均的期间长短关系其敏感度，期间愈短敏感度越高，一般股价分析者，通常以 6 日、10 日移动平均线观察短期走势；以 10 日、20 日移动平均线观察中短期走势；以 30 日、72 日移动平均线，观察中期走势；以 13 周、26 周移动平均线，研判长期趋势。西方投资机构非常看重 200 天长期移动平均线，以此作为长期投资的依据，行情价格若在长期移动平均线下，属空头市场；反之，则为多头市场。

通常：

（1）平均线由下降逐渐走平而股价自平均线的下方向上突破是买进信号。当股价在移动平均之下时，表示买方需求太低，以至于股价大大低于移动平均线，这种短期的下降给往后的反弹提供了机会。这种情况下，一旦股价回升，便是买进讯号。

（2）当股价在移动平均线之上产生下跌情形，但是刚跌到移动平均之下主又开始反弹，这时，如果股价绝对水平不是很高，那么，这表明买压很大，是一种买进讯号。不过，这种图表在股价水平已经相当高时，并不一定是买进讯号，只能作参考之用。移动平均线处于上升之中，但实际股价发生下跌，未跌到移动平均线之下，接着又立即反弹，这里也是一种买进讯号。在股价的上升期，会出现价格的暂时回落，但每次回落的绝对水平都在提高。所以，按这种方式来决策时，一定要看股价是否处于上升期，是处于上升初期，还是处于晚期。一般来说，在上升期的初期，这种规则适用性较大。

（3）股价趋势线在平均线下方变动加速下跌，远离平均线，为买进时机，因为这是超卖现象，股价不久将重回平均线附近。

（4）平均线走势从上升趋势逐渐转变为盘局，当股价从平均线上方向下突破平均线时，为卖出讯号。股价在移动平均线之上，显示价格已经相当高，且移动平均线和股价之间的距离很大，那么，意味着价格可能太高，有回跌的可能。在这种情况下，股价一旦出现下降，即为抛售讯号。不过，如果股价还在继续上涨，那么，可采用成本分摊式的买进即随着价格上涨程度的提高，逐渐减少购买量，以减小风险。

（5）移动平均线处于下降趋势，股价在下跌过程中曾一度上涨到移动平均线附近，但很快又处于下降状态，这时是一种卖出讯号。一般来说，在股市的下降过程中，常会出现几次这种卖出讯号，这是下降趋势中的价格反弹，是一种短期现象。

（6）股价在平均线上方突然暴涨，向上远离平均线为卖出时机，因此这是超卖现象，股价不久将止涨下跌回到平均线附近。

（7）长期移动平均线呈缓慢的上升状态，而中期移动平均线呈下跌状态，并与长期平均移动平均线相交。这时，如果股价处于下跌状态，则可能意味着狂跌阶段的到来，这里是卖出讯号。须要注意的是，在这种状态下，股价在下跌的过程中有暂时的回档，否则不会形成长期移动平均线和中期移动平均线的交叉。

（8）长期的移动平均线（一般是 26 周线）是下降趋势，中期的移动平均线（一般是 13 周线）在爬升且速度较快的超越长期移动平均线，那么，这可能意味着价格的急剧反弹，是一种买进讯号。出现这种情况一般股价仍在下跌的过程中，只不过中期的下跌幅度要低于长期的下跌幅度。

这种移动平均线的优点在于：

（1）适用移动平均线可观察股价总的走势，不考虑股价的偶然变动，这样可自动选择出入市的时机。

（2）平均线能显示"出入货"的讯号，将风险水平降低。无论平均线变化怎样，但反映买或卖信号的途径则一样。即是，若股价（一定要用收市价）向下穿破移动平均线，便是沽货讯号；反之，若股价向上冲移动平均线，便是入货讯号。利用移动平均线、作为入货或沽货讯号，通常获得颇可观的投资回报率，尤其是当股价刚开始上升或下降时。

（3）平均线分析比较简单，使投资者能清楚了解当前价格动向。

其缺点在于：

（1）移动平均线变动缓慢，不易把握股价趋势的高峰与低谷。

（2）在价格波幅不大的牛皮期间，平均线折中于价格之中，出现上下交错型的出入货讯号。使分析者无法定论。

（3）平均线的日数没有一定标准和规定，常根据股市的特性和发展阶段、分析者思维定性而各有不同，投资者在拟定计算移动平均线的日子前，必须先清楚了解自己的投资目标。若是短线投资者，一般应选用 10 天移动平均线，中线投资者应选用 90 天移动平均线，长期投资者则应选用 250 天移动平均线。很多投资者选用 250 天移动平均线，判断现时市场是牛市或熊市，即是，若股价在 250 天移动平均线之下，则是熊市；相反，若股价在 250 天移动平均线之上，则是牛市。为了避免平均线的局限性，更有效地掌握买卖的时机，充分发挥移动平均线的功能，一般将不同期间的平均线予以组合运用，目前市场上常用的平均线组合有 6 日、12 日、24 日、72 日、220 日平均线组合，10 日、25 日、73 日、146 日、292 日平均线组合等，组内移动平均线的相交与同时上升排列或下跌排列均为趋势确认的讯号。

2000～2009 年我国国民经济发展情况

2000 年，经济增长加快，综合实力增强。全年国内生产总值为 89404 亿元，按可比价格计算，比上年增长 8%，增速加快 0.9 个百分点。其中第一产业增长 2.4%，第二产业增长 9.6%，第三产业增长 7.8%。按现行汇率计算，国内生产总值突破 1 万亿美元。

2001 年，国民经济持续较快增长。全年国内生产总值为 95933 亿元，按可比价格计算，比上年增长 7.3%。其中，第一产业增加值 14610 亿元，增长 2.8%；第二产业增加值 49069 亿元，增长 8.7%；第三产业增加值 32254 亿元，增长 7.4%。

2002 年，国民经济持续较快增长。全年国内生产总值跃上 10 万亿元的新台阶，达到 102398 亿元，按可比价格计算，比上年增长 8%。其中，第一产业增加值 14883 亿元，增长 2.9%；第二产业增加值 52982 亿元，增长 9.9%；第三产业增加值 34533 亿元，增长 7.3%。

2003 年，国民经济较快增长。全年国内生产总值 116694 亿元，按可比价格计算，比上年增长 9.1%，加快 1.1 个百分点。其中，第一产业增加值 17247 亿元，增长 2.5%，减慢 0.4 个百分点；第二产业增加值 61778 亿元，增长 12.5%，加快 2.7 个百分点；第三产业增加值 37669 亿元，增长 6.7%，减慢 0.8 个百分点。在第三产业中，金融保险业增长 6.9%，批发和零售贸易餐饮业增长 6.6%，房地产业增长 5.3%。

2004 年，全年国内生产总值 136515 亿元，按可比价格计算，比上年增长 9.5%。其中，第一产业增加值 20744 亿元，增长 6.3%；第二产业增加值 72387 亿元，增长 11.1%；第三产业增加值 43384 亿元，增长 8.3%。第一、第三产业对国内生产总值增长的贡献率为 9.2% 和 29.0%，分别比上年提高 5.2 个百分点和 2.8 个百分点。

2005 年，全年国内生产总值 182321 亿元，比上年增长 9.9%。其中，第一产业增加值 22718 亿元，增长 5.2%；第二产业增加值 86208 亿元，增长 11.4%；第三产业增加值 73395 亿元，增长 9.6%。第一、第二和第三产业增加值占国内生产总值的比重分别为 12.4%、47.3% 和 40.3%。

2006 年，全年国内生产总值 209407 亿元，比上年增长 10.7%。其中，第一产业增加值 24700 亿元，增长 5.0%；第二产业增加值 102004 亿元，增长 12.5%；第三产业增加值 82703 亿元，增长 10.3%。第一、第二和第三产业增加值占国内生产总值的比重分别为 11.8%、48.7% 和 39.5%。

2007 年，全年国内生产总值 246619 亿元，比上年增长 11.4%。分产业看，第一产业增加值 28910 亿元，增长 3.7%；第二产业增加值 121381 亿元，增长 13.4%；第三产业增加值 96328 亿元，增长 11.4%。第一产业增加值占国内生产总值的比重为 11.7%，与上年持平；第二产业增加值比重为 49.2%，上升 0.3 个百分点；第三产业增加值比重为 39.1%，下降 0.3 个百分点。分季度看，一季度增长 11.1%，二季度增长 11.9%，三季度增长 11.5%，四季度增长 11.2%。

2008 年，全年国内生产总值 300670 亿元，比上年增长 9.0%。分产业看，第一产业增加值 34000 亿元，增长 5.5%；第二产业增加值 146183 亿元，增长 9.3%；第三产业增加值 120487 亿元，增长 9.5%。第一产业增加值占国内生产总值的比重为 11.3%，比上年上升 0.2 个百分点；第二产业增加值比重为 48.6%，上升 0.1 个百分点；第三产业增加值比重为 40.1%，下降 0.3 个百分点。

2009 年，全年国内生产总值 335353 亿元，比上年增长 8.7%。分产业看，第一产业增加值 35477 亿元，增长 4.2%；第二产业增加值 156958 亿元，增长 9.5%；第三产业增加值 142918 亿元，增长 8.9%。第一产业增加值占国内生产总值的比重为 10.6%，比上年下降 0.1 个百分点；第二产业增加值比重为 46.8%，下降 0.7 个百分点；第三产业增加值比重为 42.6%，上升 0.8 个百分点。

可以从国家统计局公布的我国历年的统计公报的部分资料看出，这几年我国国民经济保持了良好快速的增长趋势。

本 章 小 结

本章涉及三种动态数列：总量指标动态数列、相对指标动态数列和平均指标动态数列。总量指标动态数列又可分为时期数列和时点数列。

本章对发展水平的含义及相关的概念作了介绍。详细介绍了平均发展水平的含义、一般平均数的相同点与不同点及计算方法等，深入介绍发展速度和增长速度的概念、种类及计算方法，平均发展速度和平均增长速度的计算方法，也介绍了动态数列的变动趋势分析方法。

本章的重点是平均发展水平、平均发展速度和平均增长速度的计算应用，特别是用几何平均法计算平均发展速度。

练 习 题

一、判断题

1. 动态数列中的发展水平可以是绝对数，也可以是相对数或平均数。（　　）

2. 时期数列中的每一项数值是不可以相加的。（　　）

3. 时点数列中的每一项指标数值的大小和它时间间隔上的长短没有直接关系。（　　）

4. 定基发展速度等于相应各个环比发展速度的连乘积。所以定基增长速度也等于相应的各个环比增长速度的连乘积。（　　）

5. 若逐期增长量每年相等，则其各年的环比发展速度是年年下降的。（　　）

6. 已知某市国内生产总值 2004～2008 年年增长速度分别为 8%、6%、15%、12%、14%。则该市这 5 年来国内生产总值平均增长速度为 11% ［＝(8%＋6%＋15%＋12%＋14%)/5］。（　　）

7. 可以用累计增长量除以动态数列的项数来计算平均增长量。（　　）

二、单选题

1. 下列数列中哪一个属于动态数列（　　）。

A. 学生按成绩分组形成的数列

B. 工业企业按地区分组形成的数列

C. 职工人数按时间先后顺序排列形成的数列

D. 职工按工资水平高低顺序排列形成的数列

2. 2000～2009 年每年年末国家黄金储备是（　　）。

A. 相对数动态数列　　　　　B. 平均数动态数列

C. 时期数列　　　　　　　　D. 时点数列

3. 由时间间隔相等的间断时点数列计算序时平均数应按（　　）计算。

A. 算术平均法　　　　　　　B. 调和平均法

C. 几何平均法　　　　　　　D. 首末折半法

4. 定基发展速度与环比发展速度的关系是（　　）。

A. 两个相邻时期的定基发展速度之商等于相应的环比发展速度

B. 两个相邻时期的定基发展速度之差等于相应的环比发展速度

C. 两个相邻时期的定基发展速度之和等于相应的环比发展速度

D. 两个相邻时期的定基发展速度之积等于相应的环比发展速度

5. 某企业第一、第二季度和下半年的原材料平均库存额分别为 10 万元、15 万元和
20 万元，则全年的平均库存额为（　　）。

A. 15 万元　　　　　　　　　B. 16.25 万元

C. 11.25 万元　　　　　　　 D. 13.85 万元

6. 说明现象在较长时期内发展的总速度的指标是（　　）。

A. 环比发展速度　　　　　　B. 平均发展速度

C. 定基增长速度　　　　　　D. 定基发展速度

7. 以 1970 年为基期，2005 年为报告期，计算某现象的平均发展速度应开（　　）。

A. 33 次方　　　　　　　　　B. 32 次方

C. 35 次方　　　　　　　　　D. 34 次方

8. 动态数列中的平均发展速度是（　　）。

A. 各时期定基发展速度的序时平均数

B. 各时期环比发展速度的算术平均数

C. 各时期环比发展速度的调和平均数

D. 各时期环比发展速度的几何平均数

三、多选题

1. 编制动态数列的具体要求有（　　）。

A. 时间方面可比　　　　　　B. 总体范围可比

C. 计量单位要一致　　　　　D. 保证数列中各数值之间具有可比性

E. 变量的内容、计算口径、计算方法可比

2. 时点数列的特点有（　　）。

A. 数列中各个变量数值不能相加

B. 数列中各个变量数值可以相加

C. 数列中每一个变量数值的大小与其时期长短无直接关系

D. 数列中每一个变量数值的大小与其时期长短有直接关系

E. 数列中每一个变量数值,通常是通过连续不断的登记而取得

3. 下列数列中,属于时期数列的是（　　　）。

A. 全国历年人口数　　　　　　B. 某厂近五年钢产量

C. 北京市近五年企业数　　　　D. 某店各季末商品库存量

E. 某店 2000～2005 年商品销售额

4. 定基发展速度和环比发展速度的关系是（　　　）。

A. 两者都属于速度指标

B. 环比发展速度的连乘积等于定基发展速度

C. 定基发展速度的连乘积等于环比发展速度

D. 相邻两个时期定基发展速度之商等于相应的环比发展速度

E. 相邻两个时期环比发展速度之商等于相应的定基发展速度

5. 计算平均发展速度可采用的公式有（　　　）。

A. $\sqrt[n]{\Pi x}$ 　　　　　　　　　B. $\sqrt[n]{\dfrac{a_n}{a_0}}$

C. $\sqrt[n]{R}$ 　　　　　　　　　D. $\dfrac{\sum a}{n}$

E. $\bar{c} = \dfrac{\bar{a}}{b}$

四、计算题

1. 某工业企业资料如下:

指　标	1 月	2 月	3 月	4 月
工业总产值（万元）	180	160	200	190
月初工人数（人）	600	580	620	600

试计算:

（1）一季度月平均劳动生产率;

（2）一季度平均劳动生产率。

2. 我国城镇居民人均可支配收入资料如下:

年　　份	1997	1998	1999	2000	2001	2002
城镇居民人均可支配收入(元)	5760.3	5425.1	5854.0	6280	6322.6	6860

要求计算:

（1）逐期增长量、累计增长量、全期平均增长量。

（2）定基发展速度、环比发展速度。

（3）定基增长速度、环比增长速度。

（4）年平均发展速度和平均增长速度。

3. 某商店 1996 年商品销售额为 750 万元，到 2003 年要达到 1200 万元，问应以怎样的递增速度向前发展，才能达到此目标？如果照此速度向前发展，到 2010 年商品销售额应是多少？

4. 已知某地区 2000 年生产总值为 1430 亿元，若以平均每年增长 8.5％的速度发展，到 2010 年生产总值将达到什么水平？

第九章 统 计 实 训

实训 1 "分析工具库"的安装和使用

Excel 是美国微软公司（Microsoft）推出的电子表格软件，它不仅具有强大的电子表格处理功能，而且附带有内容丰富的统计数据处理功能，可用于进行数据管理、数据处理、数据分析和绘制图表。在 Excel 提供的统计数据处理分析的宏程序库——"分析工具库"中，包括了比较完备的统计方法，可以基本满足本教材所讲授的统计方法的学习和使用。

Microsoft Excel 的"分析工具库"不属于典型安装的内容，需要另行安装。在开始使用"分析工具库"前，请单击"工具"菜单中的"数据分析"命令。如果"工具"菜单中没有"数据分析"命令，则需要安装"分析工具库"。

一、安装"分析工具库"

在"工具"菜单中，单击"加载宏"命令。如果"加载宏"对话框中没有"分析工具库"，则说明 Excel 电子表格系统尚未加载"分析工具库"宏程序，必须在 Excel 中加载并启动"分析工具库"宏程序。单击"浏览"按钮，定位到"分析工具库"加载宏文件"Analys32. xll"所在的驱动器和文件夹（通常位于 Microsoft Office \ Office \ Library \ Analys32. xll 文件夹中）；如果没有找到该文件，应运行"安装"程序，再进行"分析工具库"程序的加载。

如果"加载宏"对话框中有"分析工具库"，请选中"分析工具库"复选框，然后将 Office 系统光盘插入计算机光盘驱动器中，进行安装。"分析工具库"的加载如图 9-1 所示。

图 9-1 "分析工具库"的加载

图 9-2 "分析工具库"的调用

二、使用“分析工具库”

加载“分析工具库”之后，即可在“工具”的下拉菜单中，单击“数据分析”，调出“数据分析”工具，然后在“分析工具”列表框中，选中需要使用的数据分析工具。“分析工具库”的调用如图 9 - 2 所示。

此外，Excel 还提供了功能强大的统计分析函数，可以简便地用于各类统计分析计算。统计分析函数是 Microsoft Excel 典型安装的内容，不用另行安装就可以直接使用。

实训 2　用 Excel 搜集与整理数据

一、用 Excel 搜集数据

搜集数据的方法有多种，由于抽样调查应用的广泛性，所以我们在这里介绍一下如何用 Excel 进行抽样。

用 Excel 进行抽样，首先要对各个总体单位进行编号。编号可以按随机原则，也可以按有关标志或无关标志。编号后，将编号输入工作表。

【例 9 - 1】 假定有 100 个总体单位，现要从中抽取 15 个单位作为样本。先将每个总体单位编号，共有 1～100 个编号，输入工作表后如图 9 - 3 所示。

	A	B	C	D	E	F	G	H	I	J
1	1	11	21	31	41	51	61	71	81	91
2	2	12	22	32	42	52	62	72	82	92
3	3	13	23	33	43	53	63	73	83	93
4	4	14	24	34	44	54	64	74	84	94
5	5	15	25	35	45	55	65	75	85	95
6	6	16	26	36	46	56	66	76	86	96
7	7	17	27	37	47	57	67	77	87	97
8	8	18	28	38	48	58	68	78	88	98
9	9	19	29	39	49	59	69	79	89	99
10	10	20	30	40	50	60	70	80	90	100

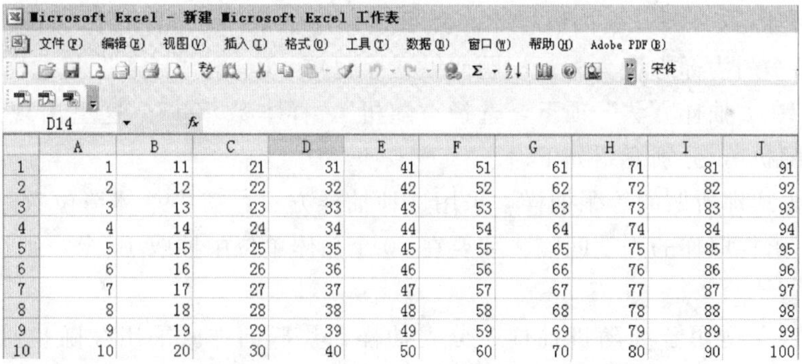

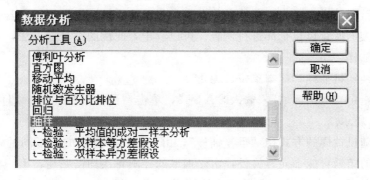

图 9 - 3　总体各单位编号表

图 9 - 4　“数据分析”对话框

输入各单位编号后，可按以下步骤操作：

第一步，单击"工具"菜单，选择"数据分析"选项，从中选择"抽样"，如图 9-4 所示。

第二步，单击"抽样"选项，弹出对话框，如图 9-5 所示。

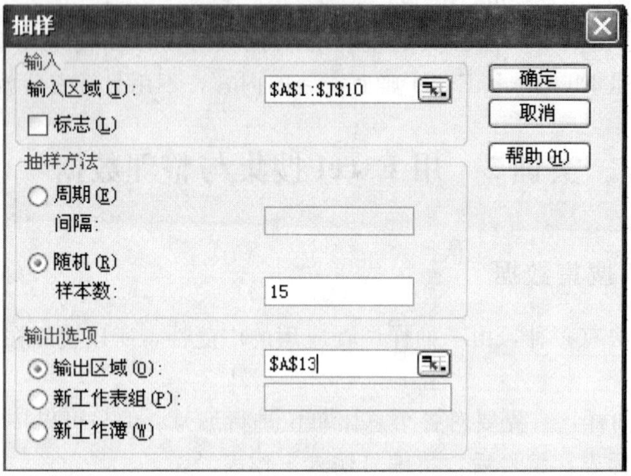

图 9-5 "抽样"对话框

第三步，在"输入区域"中输入总体单位编号所在的单元格区域，在本例是 ＄Ａ＄1： ＄Ｊ＄10，系统将从 A 列开始抽取样本，然后按顺序抽取 B 列至 J 列。如果"输出区域"的第一行或第一列为标志项（横行标题或纵列标题），可单击"标志"复选框。

第四步，在"抽样方法"项下，选择"随机"，样本数填 15。这里出现了两种方法："周期"和"随机"，分别介绍如下。

"周期"模式即所谓的等距抽样，采用这种抽样方法，需将总体单位数除以要抽取的样本单位数，求得取样的周期间隔。如要在 80 个总体单位中抽取 10 个，则在"间隔"框中输入 8。

"随机模式"适用于纯随机抽样、分类抽样、整群抽样。采用纯随机抽样，只需在"样本数"框中输入要抽取的样本单位数即可；若采用分类抽样，必须先将总体单位按某一标志分类编号，然后在每一类中随机抽取若干单位，这种抽样方法实际是分组法与随机抽样的结合；整群抽样也要先将总体单位分类编号，然后按随机原则抽取若干单位作为样本，对抽中的类的所有单位全部进行调查。可以看出，此例的编号输入法，只适用于等距抽样和纯随机抽样。

本例采用纯随机抽样，样本单位数为 15。

第五步，指定"输出区域"，输入 ＄Ａ＄13，单击"确定"按钮后，即可得到抽样结果，如图 9-6 所示。

注意：纯随机抽样的方式指"重复抽样"，由于抽样是随机的，不同的人或同一个人不同时间抽取的结果可能不同；另外，由于抽取的样本每次均需归还，第一次抽到后，第二次仍有同等的机会被抽取。因此，这种抽样获得的样本中，一个单位有可能被多次

Microsoft Excel - 新建 Microsoft Excel 工作表

文件(F) 编辑(E) 视图(V) 插入(I) 格式(O) 工具(T) 数据(D) 窗口(W) 帮助(H) Adobe PDF(B)　　宋体

A13　　fx　99

	A	B	C	D	E	F	G	H	I	J
7	7	17	27	37	47	57	67	77	87	97
8	8	18	28	38	48	58	68	78	88	98
9	9	19	29	39	49	59	69	79	89	99
10	10	20	30	40	50	60	70	80	90	100
11										
12										
13	99									
14	8									
15	83									
16	100									
17	10									
18	90									
19	77									
20	49									
21	13									
22	82									
23	98									
24	42									
25	61									
26	74									
27	48									

图 9-6　纯随机抽样结果

抽取。

　　若是"不重复抽样",可采用随机函数的方式来解决。假定一个班有 30 名学生,从中抽取 8 个计算他们的平均成绩,"不重复抽样"的方法如下:

　　第一步,将这 30 名学生编号,输入到 A2:A31 中(A1 输入"学生编号"),并事先规定随机数较小的前 8 名学生为被抽取对象。

　　第二步,在 B1 输入"随机数",在 B2 中输入"= RAND ( )"并拖动至 B31。此时,对应每一个编号的随机数已产生。

　　第三步,选中 A2:B31,单击"数据"菜单,选择"排序",在主要关键字中选择"随机数",单击"确定"按钮,可得输出结果如图 9-7 所示。

　　从图 9-7 中可以看出被抽中的学生编号为:18、26、2、20、19、8、1、7(由于随机数在每次计算时都会有一个新的数据产生,因此被抽中的学生编号也会不同)。

Microsoft Excel - 新建 Microsoft Excel 工作表

文件(F) 编辑(E) 视图(V) 插入(I) 格式(O) 工具(T) 数据(D) 窗口(W) ... Σ ...

A2　　fx　18

	A	B	C	D	E	F
1	学生编号	随机数				
2	18	0.009605				
3	26	0.02808				
4	2	0.060503				
5	20	0.077784				
6	19	0.11617				
7	8	0.167228				
8	1	0.191819				
9	7	0.196132				
10	28	0.253145				
11	5	0.33496				
12	16	0.462993				
13	12	0.50992				
14	13	0.533125				
15	14	0.565348				
16	21	0.567482				
17	27	0.589675				
18	29	0.631277				
19	30	0.648572				
20	25	0.648733				

图 9-7　不重复抽样结果

二、用 Excel 进行统计分组

　　用 Excel 进行统计分组有两种方法,一是利用 FREQUENCY 函数;二是利用"数据分析"中的"直方图"工具。

【例 9 - 2】 某零售集团 30 家连锁店营业额资料如下（单位：百万元）：

82 102 125 98 108 112 109 108 87 125

99 107 115 104 129 103 116 116 105 113

114 85 119 102 106 117 93 111 107 123

将数据输入 Excel 工作表中，如图 9 - 8 所示。

图 9 - 8 某零售集团各连锁店营业额资料

第一种方法，用 FREQUENCY 函数编制频数表。

根据分配数列的编制方法，对上例资料编制成以营业额为分组标志，以 10 万元为组距的分配数列。

第一步，在图 9 - 8 的基础上，在 B1 单元格输入"分组"，在 C1 单元格输入"频数"标识。

第二步，在 B2：B6 单元格依次输入 90、100、110、120、130，分别表示营业额在 90 万元以下，90 万～100 万元，100 万～110 万元，110 万～120 万元，120 万～130 万元（在此操作前，可运用"数据"菜单中的"排序"命令将数据按升序或降序排序，以找出最大值和最小值）。

第三步，选定 C2：C6 区域，然后在"插入"菜单中打开"函数"命令，在对话框中找到"统计"项中的"FREQUENCY"函数，然后单击"确定"按钮，出现"频数分布"对话框。

第四步，在"频数分布"对话框的数据区域 Data - array 输入"A2：A31"，在数据接收区域 Bins - array 内输入"B2：B6"，这时可以在对话框中相应地看到"3，3，11，9，4"。此时不能直接单击"确定"按钮，应该按住 Ctrl＋Shift 组合键，同时按回车键，就可以得出各组的频数，如图 9 - 9、图 9 - 10 所示。

第二种方法：采用"数据分析"工具做频数分布表。

第一步，在"工具"菜单中单击"数据分析"选项，从其对话框的"分析工具"列表中选择"直方图"，打开"直方图"对话框，如图 9 - 11 所示。

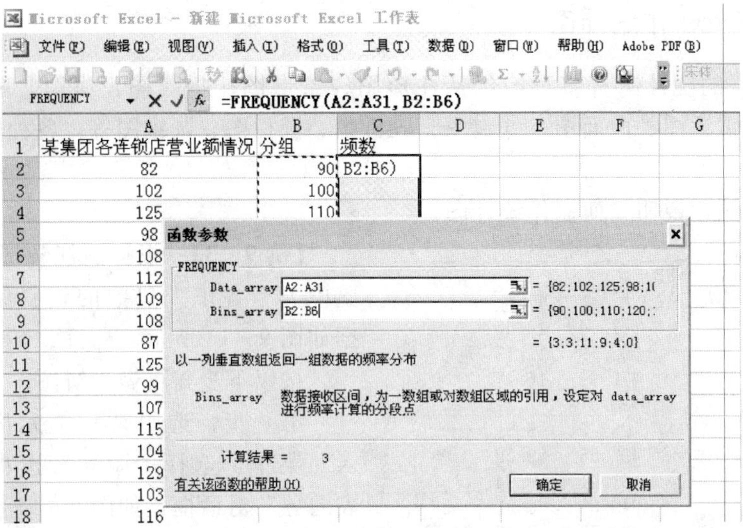

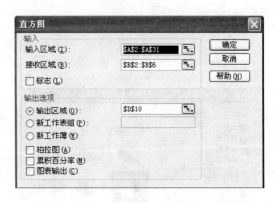

图 9－9　各零售店频数分布情况计算图

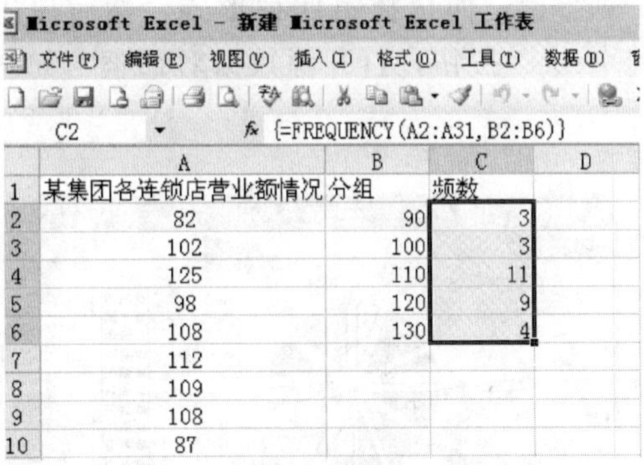

图 9－10　各零售店频数分布情况

图 9－11　“直方图”对话框

第二步，在“输入区域”输入 $A$2:$A$31，在“接收区域”输入 $B$2:$B$6。

第三步，选择“输出选项”，可选择“输出区域”、“新工作表组”或“新工作簿”。选择“输出区域”，可以直接选择一个区域，也可以直接输入一个单元格（代表输出区域的左上角），推荐只输入一个单元格（本例为 D10），因为我们往往事先并不知道具体的输出区域有多大。

第四步，按“确定”按钮，可得输出结果如图 9－12 所示。

	A	B	C	D	E
1	某集团各连锁	分组	频数		
2	82	90			
3	102	100			
4	125	110			
5	98	120			
6	108	130			
7	112				
8	109				
9	108				
10	87			接收	频数
11	125			90	3
12	99			100	3
13	107			110	11
14	115			120	9
15	104			130	4
16	129			其他	0
17	103				

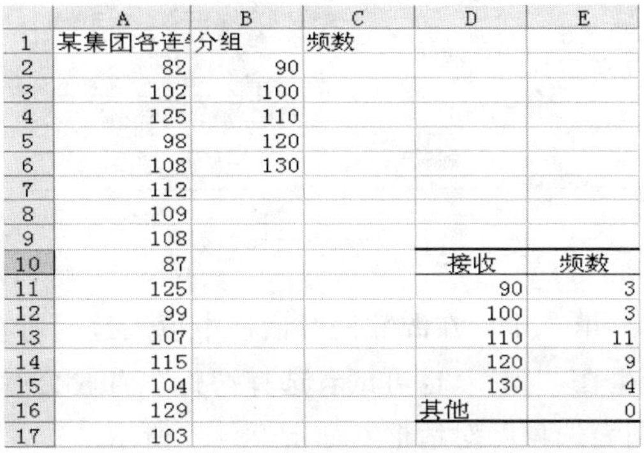

图 9－12　频数分布

三、用 Excel 作统计图

Excel 提供的统计图有多种，包括柱形图、条形图、折线图、饼图、散点图、面积图、环形图、雷达图、曲面图、气泡图、股价图、圆柱图、圆锥图等，各种图的作法大同小异。

以饼图为例，说明如何制作统计图。

	A	B	C	D
1	城市	总人口数（万人）	比重(%)	
2	杭州	677.64	14.45	
3	宁波	568.69	12.13	
4	温州	771.99	16.47	
5	嘉兴	338.07	7.21	
6	湖州	258.5	5.51	
7	绍兴	437.06	9.32	
8	金华	461.41	9.84	
9	衢州	248.85	5.31	
10	舟山	96.77	2.07	
11	台州	574.06	12.24	
12	丽水	255.43	5.45	

图 9-13 浙江省 2009 年各市人口情况

【例 9-3】 根据浙江省 2009 年统计年鉴中关于各市人口数的资料绘制饼图，数据如图 9-13 所示。

按以下步骤可做出饼图：

第一步，选中某一单元格，单击"插入"菜单，选择"图表"选项，弹出"图表向导"对话框，如图 9-14 所示。

第二步，在"图表类型"对话框中选择"饼图"，然后在"子图表类型"中选择一种类型。如选择第四种形式，然后单击"下一步"按钮，打开源数据对话框，如图 9-15 所示。

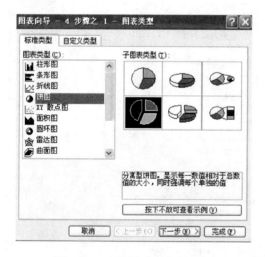

图 9-14 "图表向导"对话框

图 9-15 "源数据"对话框

第三步，在源数据对话框中填入数据所在区域，本例为＄A＄2：＄C＄12，选择系列产生在"列"（也可试着选择"行"看看会有什么样的结果出现），单击下一步按钮，打开"图表选项"对话框，如图 9-16 所示。

第四步，在"图表选项"对话框中，选中"百分比"栏目，右边图形上即会显示每个系列所占的比重数值，然后单击"下一步"按钮，打开"图表位置"对话框，如图 9-17 所示。注意：如果选中"值"栏目，每个系列的具体数值也会显示，同学们可以试试选择

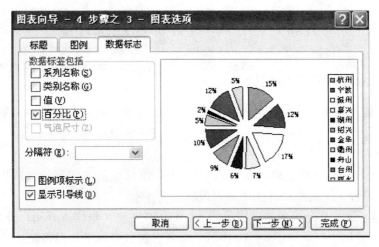

图 9-16 "图表选项"对话框

不同的项目从而了解其用途。

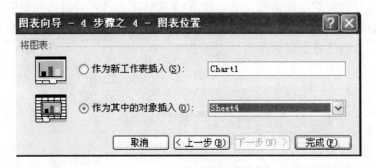

图 9-17 "图表位置"对话框

第五步,在"图表位置"对话框中,确定图表以什么方式显示。本例选择"作为其中的对象插入"。最后单击"完成"按钮,将绘成的图表嵌入工作表中,结束操作。本例绘成的图表如图 9-18 所示。

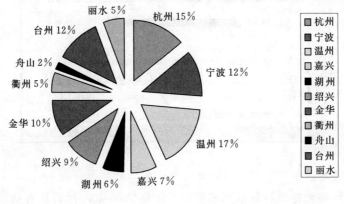

图 9-18 饼图

实训 3 用 Excel 计算描述统计量

一、用 Excel 计算平均指标

平均指标的计算主要包括算术平均数、调和平均数、几何平均数、众数和中位数等五种。

1. 算术平均数

Excel 中求算术平均数是通过调用 AVERAGE 统计函数来实现的。调用 AVERAGE 函数的方式有多种，下面用具体例子分别说明。

【例 9-4】 假设某公司 8 名销售员的 12 月份销售额（单位：万元）分别为 11、11、14、16、11、9、18、17，如图 9-19 所示，求 8 名销售员的平均销售额。

第一种方法：将光标放在数据列末尾的单元格 A10 上，单击工具栏中的函数按钮 f_x 或从"插入"菜单中选择"函数"项。在弹出的对话框"选择类别"列表中选择"常用函数"（或"统计"），在"选择函数"中选择 AVERAGE，进入"函数参数"对话框，就会自动出现下列结果，如图 9-19 所示。显示出的 13.375 就是所求的算术平均数，单击"确定"按钮，该数值就会显示在 A10 单元格中。

图 9-19 求算术平均数示意图一

第二种方法，将光标放在数据列末尾的单元格 A10 上，然后从自动求和工具按钮 Σ 的下拉项中选择"平均值"，这时，矩形框就会将所有的数据套住，并在选定的 A10 单元格上出现 Average 函数和计算的区域，如图 9 - 20 所示，按回车键，就求出了平均值 13.375 万元。

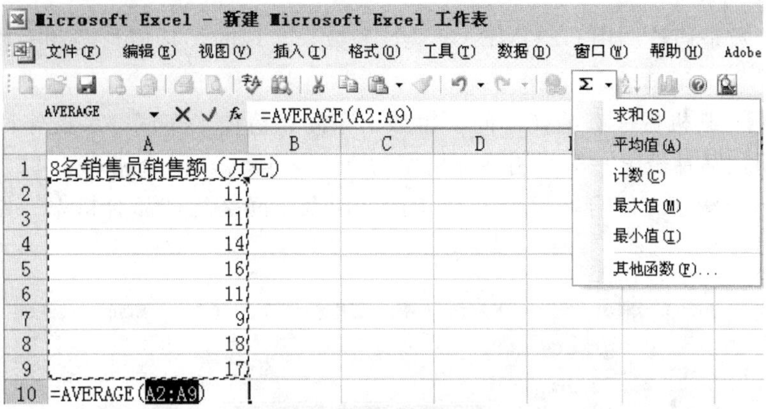

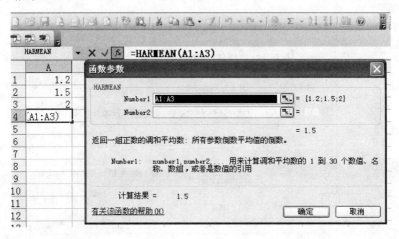

图 9 - 20　求算术平均数示意图二

求算术平均数的第三种方法是在 Excel 工作表上单击任一空单元格并输入"＝AV-ERAGE（A2；A9）"，然后按回车键即可。

2. 调和平均数

求调和平均数是通过调用 HARMEAN 统计函数来实现的。

【例 9 - 5】　某农贸市场三种不同水果的价格分别为 1.2 元/千克、1.5 元/千克、2 元/千克，如果每种水果各买 8 元，计算所买水果的平均价格。

第一种方法，将光标放在数据列末尾的单元格 A4 上，单击工具栏中的函数按钮 f_x 或从"插入"菜单中选择"函数"项。在弹出的对话框"选择类别"列表中选择"统计"，在"选择函数"中选择 HARMEAN，进入"函数参数"对话框，就会自动出现结果，如图 9 - 21 所示。显示出的 1.5 就是所求的调和平均数，单击"确定"按钮，该数值就会显示在 A4 单元格中。

图 9 - 21　求调和平均数

求调和平均数的第二种方法是在 Excel 工作表上单击任一空单元格并输入"＝HARMEAN（A1：A3）"，然后按回车键即可。

3. 几何平均数

几何平均数是通过调用 GEOMEAN 统计函数来实现的，其他与调和平均数的计算步骤完全一样。

【例 9-6】 某机械厂有毛坯车间、粗加工车间、精加工车间、装配车间四个流水连续作业的车间，某月份第一车间制品合格率为 95%，第二车间合格率为 92%，第三车间合格率为 90%，第四车间合格率为 85%，计算四个车间平均产品合格率。如图 9-22 所示，计算结果为 90.43%。

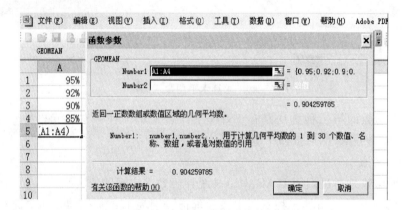

图 9-22　求几何平均数

4. 众数和中位数

众数和中位数分别通过调用 MODE 和 MEDIAN 函数来实现的，其实现方式与上述三个数值平均数的计算步骤完全一致。

【例 9-7】 某班组 11 人 2 月生产零件个数分别为：109、111、124、122、117、108、118、116、115、113，求中位数。计算过程如图 9-23 所示，中位数为 115.5。

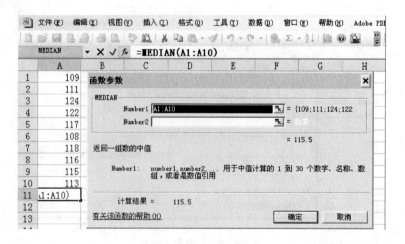

图 9-23　求中位数

由于本例不存在众数，所以调用 Mode 函数求得的结果为无效数值"♯N/A"。

二、用 Excel 测定离中趋势

反映离中趋势的指标包括全距、平均差、标准差、标准差系数等。这里，我们将介绍最常用的标准差的计算过程。标准差的计算分为总体和样本两种情况。对总体而言，计算公式的分母为总体单位总量 N；对样本而言，计算公式的分母为变量的自由度，即样本容量减 1。

【例 9-8】 某学习小组 6 名学生的统计学成绩分别为：80、82、89、78、88、87。若将分数值作为总体数据来看，则应调用 STDEVP，其调用方法与上述计算平均指标的过程相同，结果如图 9-24 所示，$\sigma=4.2$ 分。

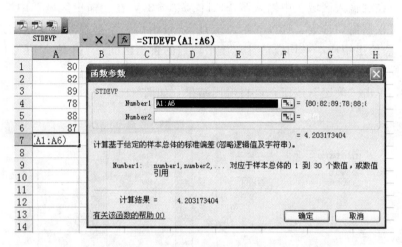

图 9-24 求总体标准差

如果将分数值视作样本，则调用的统计函数是 STDEV，得到的结果为 $s=4.6$ 分，如图 9-25 所示。

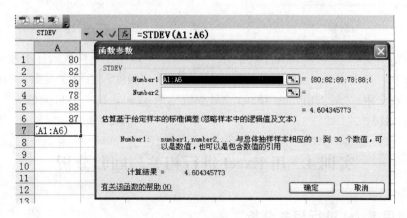

图 9-25 求样本标准差

三、描述统计菜单项的使用

【例 9-9】 为了解某高等院校新毕业大学生的工资情况，随机抽取 30 人，月工资如下：

1560	1340	1600	1410	1590	1410	1610	1570	1710	1550
1490	1690	1380	1680	1470	1530	1560	1250	1560	1350
1560	1510	1550	1460	1550	1570	1980	1610	1510	1440

将数据输入到 A1：A30 单元格，然后按以下步骤操作：

第一步，在工具菜单中选择"数据分析"选项，从其对话框中选择"描述统计"，单击"确定"按钮后打开"描述统计"对话框，如图 9-26 所示。

第二步，在"输入区域"中输入＄A＄1：＄A＄30，在"输出区域"中选择＄C＄8，其他复选框可根据需要选定，选择"汇总统计"，可给出一系列描述统计量；选择"平均数置信度"，会给出用样本平均数估计总体平均数的置信区间；"第 K 大值"和"第 K 小值"会给出样本中第 K 个大值和第 K 个小值。

第三步，单击"确定"按钮，可得输出结果，如图 9-27 所示。

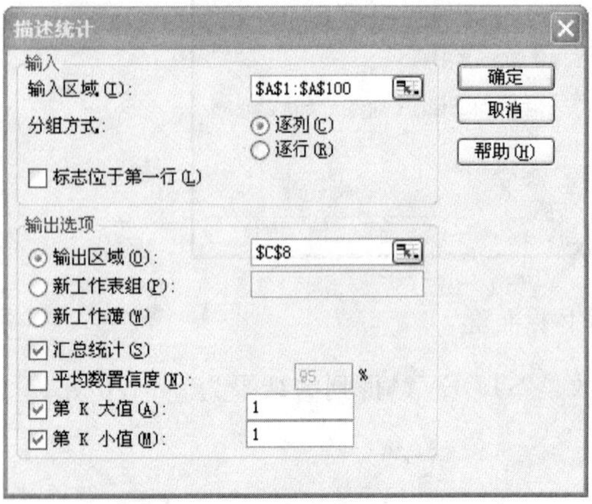

图 9-26　"描述统计"对话框 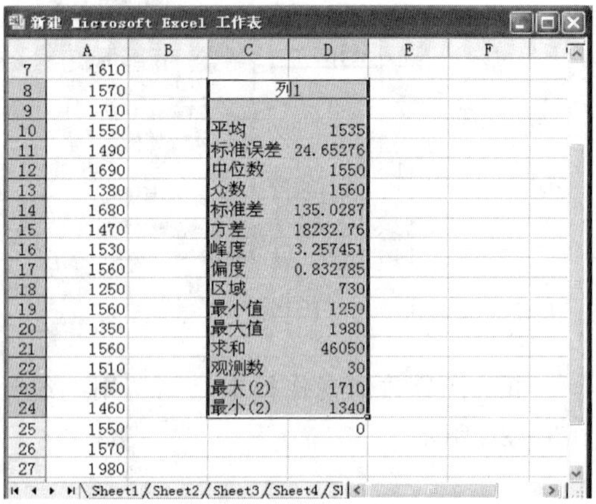　　　　图 9-27　描述统计输出结果

上面的结果中，"平均"指样本均值；"标准误差"指样本平均数的标准差；"标准差"指样本标准差，自由度为 $n-1$；"峰度"即峰度系数；"偏度"指偏度系数；"区域"实际上是极差，或全距；"最大值"为 1980，"最小值"为 1250，第二个最大值为 1710，第二个最小值为 1340。

实训 4　用 Excel 进行相关与回归分析

一、利用 Excel 进行相关分析

研究现象之间相关程度时最常用的指标为相关系数。在测定相关系数时有两种方法：

"相关系数"函数法和"相关系数"工具法。

【例9-10】　10个学生身高和体重的情况见表9-1,分别采用"相关系数"函数法和"相关系数"工具法对两者进行相关分析。

表9-1　　　　　　　　　　　　学 生 身 高 与 体 重 表

学生编号	身高（厘米）	体重（千克）	学生编号	身高（厘米）	体重（千克）
1	171	53	6	175	66
2	167	56	7	163	52
3	177	64	8	152	47
4	154	49	9	172	58
5	169	55	10	160	50

把有关数据输入Excel的单元格中,如图9-28所示。

1. 函数法计算相关系数

函数法求相关系数用到的函数为CORREL函数。

第一步:单击任意一个空白单元格,本例中选定F5单元格;单击"插入"菜单,选择"函数"选项,在"插入函数"对话框的"选择类别"中选择"统计"选项,在下方的"选择函数"中选择CORREL函数,单击"确定"按钮,出现CORREL对话框。如图9-29所示。

第二步,在CORREL对话框中的Array1和Array2框中分别输入需要进行相关分析的两组数据所在的单元格区域,本例分别为B2:B11、C2:C11,在对话框的下方即显示出计算结果。

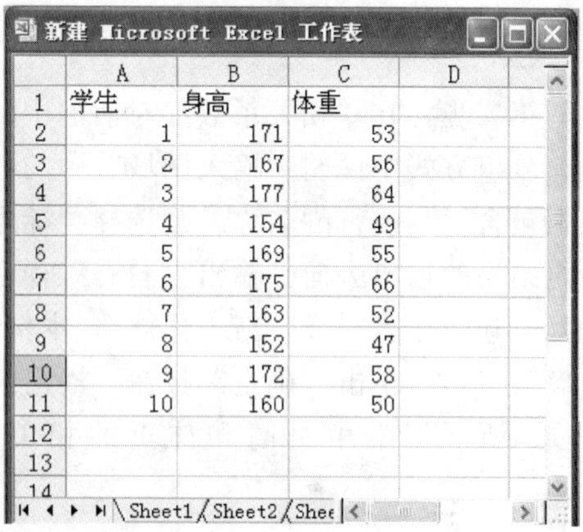

图9-28　Excel数据集

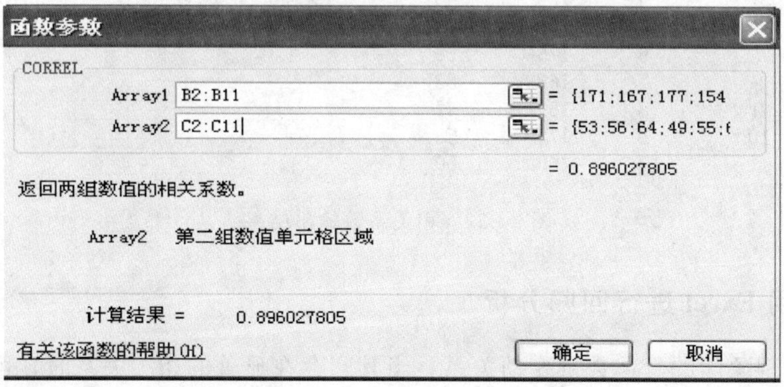

图9-29　"函数参数"对话框

第三步,单击CORREL对话框的"确定"按钮,在已选定的F5单元格中即可显示出本例需计算的相关系数。

2."相关系数"工具计算相关系数

第一步：单击"工具"菜单，选择"数据分析"，在"数据分析"对话框列表中选择"相关系数"，如图 9-30 所示，单击"确定"按钮，打开"相关系数"对话框，如图 9-31 所示。

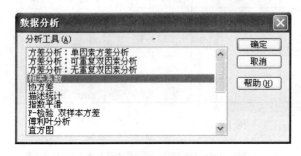

图 9-30　"数据分析"对话框　　　　　图 9-31　"相关系数"对话框

第二步：在"相关系数"对话框中的"输入区域"项中输入分析数据所在的单元格区域。分组方式中说明"输入区域"中的数据是按行还是按列排列的。若"输入区域"中的数据包含了列或行的名称，则选择"标志位于第一行"复选框。在"输出选项"项中可以指定结果的输出去向。输出去向有三种，可以在"输出区域"中指定输出单元格，也可以选择"新工作表"或"新工作簿"。本例选择"输出区域"，区域的左上角定在 E4 单元格。

第三步：单击"确定"按钮，输出结果即显示在"输出区域"当中的指定位置，如图 9-32 所示。学生身高和体重的相关系数通过以上两种方法的分析结果相同，都为 0.8960。

	A	B	C	D	E	F	G
1	学生	身高	体重				
2	1	171	53				
3	2	167	56				
4	3	177	64			身高	体重
5	4	154	49		身高	1	
6	5	169	55		体重	0.896028	1
7	6	175	66				
8	7	163	52				
9	8	152	47				
10	9	172	58				
11	10	160	50				

图 9-32　相关系数输出结果

二、利用 Excel 进行回归分析

为了说明现象间的具体数量变动关系，当其间存在显著的相关关系时，可以配合一定的数学模型进行回归分析。

【例 9-11】 2008 年国内 10 个饮料生产厂家广告费用和销售量情况见表 9-2，试对二者进行回归分析。

表 9 - 2				广告费用与销售量表					
广告费用（万元）	120	67.8	101.2	76.8	8.7	1.1	22.2	1.9	5.6	1.8
销售量（万箱）	35.9	21	16.4	13.9	7.9	7.3	5.8	4.7	4.5	4.6

先对广告费用与销售量两变量进行相关分析，得到相关系数为 0.8923，如图 9 - 33 所示，说明二者存在高度相关关系，故可进一步进行回归分析。

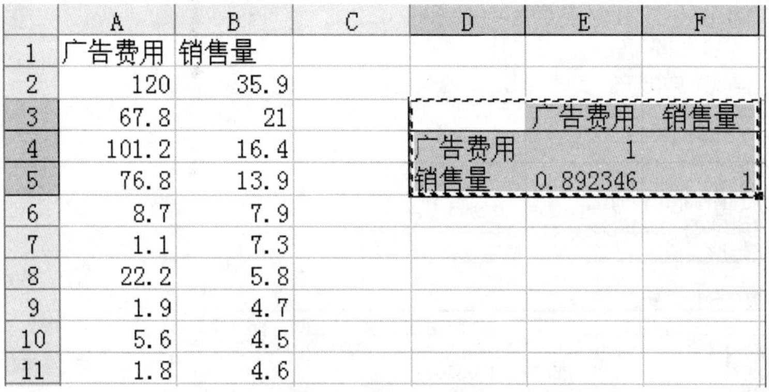

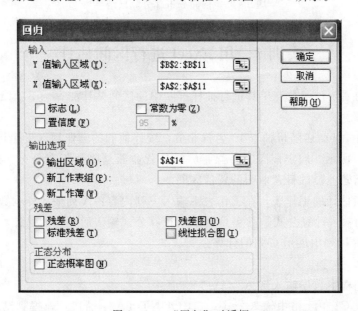

图 9 - 33　广告费与销售量相关分析结果

第一步：单击"工具"菜单，选择"数据分析"，在"数据分析"对话框列表中选择"回归"，单击"确定"按钮，打开"回归"对话框，如图 9 - 34 所示。

图 9 - 34　"回归"对话框

第二步：将因变量所在区域填在"回归"对话框中的"Ｙ值输入区域"，将自变量所在区域填在"Ｘ值输入区域"中。

"输入"选项中其他复选框说明：若输入区域中的数据包含了行或列的名称，则选择

"标志"复选框；若要求回归直线过原点，则选择"常数为零"复选框；若要求输出置信度，则选择"置信度"复选框。

"输出选项"中输出去向有三种，可以在"输出区域"中指定输出单元格，也可以选择"新工作表"或"新工作簿"。本例选择"输出区域"，区域的左上角定在 A4 单元格。

第三步：单击"确定"按钮，输出结果即显示在"输出区域"中的指定位置，如图 9-35所示。本例中，回归方程为 $\hat{y}=4.26+0.2x$。

14	SUMMARY OUTPUT							
15								
16	回归统计							
17	Multiple	0.892346						
18	R Square	0.796281						
19	Adjusted	0.770816						
20	标准误差	4.830793						
21	观测值	10						
22								
23	方差分析							
24		df	SS	MS	F	gnificance F		
25	回归分析	1	729.7275	729.7275	31.26971	0.000515		
26	残差	8	186.6925	23.33656				
27	总计	9	916.42					
28								
29		Coefficien	标准误差	t Stat	P-value	Lower 95%	Upper 95%	下限 95.0% 上限 95.0%
30	Intercept	4.257555	2.08591	2.041102	0.075545	-0.55256	9.067673	-0.55256 9.067673
31	X Variabl	0.195098	0.034889	5.591932	0.000515	0.114643	0.275553	0.114643 0.275553

图 9-35　回归分析部分输出结果

实训 5　用 Excel 进行区间估计

用 Excel 的"统计函数"工具进行抽样推断中的区间估计测算。下面结合实例来说明具体的操作步骤。

【例 9-12】　某商店随机抽查 10 名营业员，统计他们的营业额（千元）如图 9-36 中的"A2：A11"所示。假定该商店各营业员的日营业额是服从正态分布，试以 95% 的置信水平估计该店营业员的日营业额的置信区间。

为构造区间估计的工作表，在工作表中输入下列内容：A 列输入样本数据，B 列输入变量名称，C 列输入计算公式，其实 C 列中当计算公式输入后显现的是计算结果，为了说明计算过程，在 D 列中展示 C 列的计算公式。

步骤：

第一步：把样本数据输入到 A2：A11 单元格。

第二步：在 C2 单元格中输入公式"＝COUNT（A2：A11）"，得到结算结果"10"。"COUNT"是计算函数，得出样本容量（n＝10）。

第三步：在 C3 单元格中输入"＝AVERAGE（A2：A11）"，在 C4 中输入"＝STDEV（A2：A11）"，在 C5 中输入"＝C4/SQRT（C2）"，在 C6 中输入 0.95，在 C7 中输入"＝C2－1"，在 C8 中输入"＝TINV（1－C6，C7）"，在 C9 中输入"＝C8＊C5"，

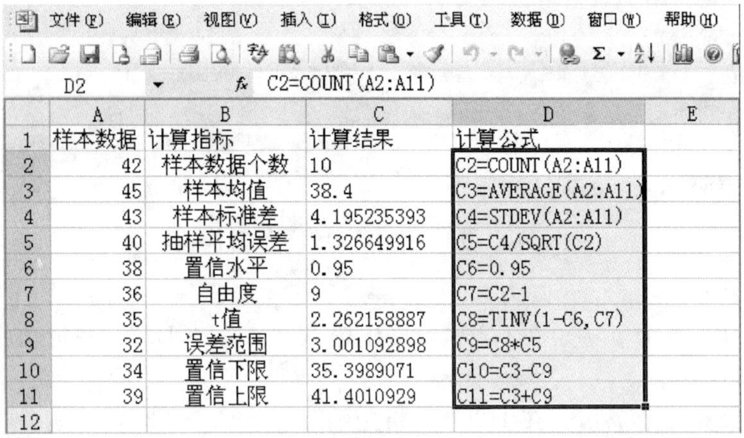

	A	B	C	D	E
1	样本数据	计算指标	计算结果	计算公式	
2	42	样本数据个数	10	C2=COUNT(A2:A11)	
3	45	样本均值	38.4	C3=AVERAGE(A2:A11)	
4	43	样本标准差	4.195235393	C4=STDEV(A2:A11)	
5	40	抽样平均误差	1.326649916	C5=C4/SQRT(C2)	
6	38	置信水平	0.95	C6=0.95	
7	36	自由度	9	C7=C2-1	
8	35	t值	2.262158887	C8=TINV(1-C6,C7)	
9	32	误差范围	3.001092898	C9=C8*C5	
10	34	置信下限	35.3989071	C10=C3-C9	
11	39	置信上限	41.4010929	C11=C3+C9	
12					

图 9-36　用 Excel 进行区间估计资料及结果

在 C10 中输入“＝C3－C9”，在 C11 中输入“＝C3＋C9”。在输入每一个公式回车后，便可得到相应结果，见表 9-3。

表 9-3　　　　区间估计资料及结果

样本数据	计算指标	计算公式	计算结果
42	样本数据个数	C2＝COUNT（A2：A11）	10
45	样本均值	C3＝AVERAGE（A2：A11）	38.4
43	样本标准差	C4＝STDEV（A2：A11）	4.195235393
40	抽样平均误差	C5＝C4/SQRT（C2）	1.326649916
38	置信水平	C6＝0.95	0.95
36	自由度	C7＝C2－1	9
35	t 值	C8＝TINV（1－C6，C7）	2.262158887
32	误差范围	C9＝C8＊C5	3.001092898
34	置信下限	C10＝C3－C9	35.3989071
39	置信上限	C11＝C3＋C9	41.4010929

从上面的结果我们可以知道，该商店营业员的日营业额的置信下限为 35.3989071 千元，置信上限为 41.4010929 千元。计算结果可以得出，我们有 95％的把握认为该商店营业员的日营业额平均在 35.3989071 千～41.4010929 千元之间。

在表 9-3 中，对于不同的样本数据，依上表的格式，只要输入新的样本数据，再对 C 列公式略加修改，置信区间就会自动给出。

实训 6　用 Excel 进行指数分析

一、用 Excel 计算总指数

【例 9-13】 如图 9-37 所示是某企业甲、乙、丙三种产品的生产情况，以基期价格

p 作为同度量因素，计算生产量指数。

	A	B	C	D	E	F	G	H
1	产品	计量单位	基期单位成本p0	基期产量q0	报告期单位成本p1	报告期产量q1	p0*q0	p0*q1
2	甲	万件	8	20	6	24	160	192
3	乙	万吨	10	8	8	11	80	110
4	丙	万吨	20	4	17	5	80	100
5							320	402
6	生产量指数		1.25625					

图 9 - 37　用 Excel 计算总指数资料及结果

计算步骤：

第一步：计算各个 $p_0 q_0$。在 G2 单元格中输入"＝C2＊D2"，并拖动将公式复制到 G2：G4 区域。

第二步：计算各个 $p_0 q_1$。在 H2 单元格中输入"＝C2＊F2"，并拖动将公式复制到 H2：H4 区域。

第三步：计算 $\sum p_0 q_0$ 和 $\sum p_0 q_1$。选定 G2：G4 区域，单击工具栏上的 $\sum$ 按钮，在 G5 单元格出现该列的求和值。选定 H2：H4 区域，单击工具栏上的 $\sum$ 按钮，在 H5 单元格出现该列的求和值。

第四步：计算生产量综合指数 $\bar{k}_q = \sum p_0 q_1 / \sum p_0 q_0$。在 C6 单元格中输入"＝H5/G5"便可得到生产量综合指数。

注意，在输入公式时，不要忘记等号，否则就不会出现数值。

二、用 Excel 计算平均指数

现以生产量平均指数为例，说明加权算术平均法的计算方法。

【例 9 - 14】　图中的 A1：A4 区域内是某企业生产情况的统计资料，我们要以基期总成本为同度量因素，计算生产量平均指数，如图 9 - 38 所示。

	A	B	C	D	E	F	G
1	产品	计量单位	基期生产量q0	报告期生产量q1	基期总成本p0q0	k=q1/q0	k*p0*q0
2	甲	万件	20	24	160	1.2	192
3	乙	万吨	8	11	80	1.375	110
4	丙	万吨	4	6	80	1.5	120
5					320		422
6							
7	生产量指数		1.31875				

图 9 - 38　用 Excel 计算平均指数资料及结果

计算步骤：

第一步：计算个体指数 $k = q_1 / q_0$。在 F2 单元格中输入"＝D2/C2"，并拖动将公式复制到 F2：F4 区域。

第二步：计算 $k p_0 q_0$ 并求和。在 G2 单元格中输入"＝F2/E2"，并拖动将公式复制到 G2：G4 区域。选定 G2：G4 区域，单击工具栏上的 $\sum$ 按钮，在 G5 列出该列的求和值。

第三步：计算生产量平均指数。在 C7 单元格中输入"＝G5/E5"即得到所求的值。

三、用 Excel 进行因素分析

【例 9 - 15】　我们仍然使用上面的例子，有关资料如图 9 - 39 所示。

	A	B	C	D	E	F	G	H	I
1	产品	计量单位	基期单位成本p0	基期生产量q0	报告期单位成本p0	报告期生产量q1	p0*q0	p0*q1	p1*q1
2	甲	万件	8	20	6	24	160	192	144
3	乙	万吨	10	8	8	11	80	110	88
4	丙	万吨	20	4	17	6	80	120	102
5							320	422	334
6	总成本指数		1.04375						
7	产量指数		1.31875						
8	单位成本指数		0.791469194						

图 9 - 39　用 Excel 进行因素分析资料及结果

进行因素分析的计算步骤如下：

第一步：计算各个 p_0q_0 和 $\sum p_0q_0$。在 G2 单元格中输入 "C2 * D2"，并拖动将公式复制到 G2：G4 区域。选定 G2：G4 区域，单击工具栏上的 $\sum$ 按钮，在 G5 单元格出现该列的求和值。

第二步：计算各个 p_0q_1 和 $\sum p_0q_1$。在 H2 中输入 "=C2 * F2"，并拖动将公式复制到 H2：H4 区域。选定 H2：H4 区域，单击工具栏上的 $\sum$ 按钮，在 H5 单元格出现该列的求和值。

第三步：计算各个 p_1q_1 和 $\sum p_1q_1$。在 I2 中输入 "=E2 * F2"，并拖动将公式复制到 I2：I4 区域。选定 I2：I4 区域，单击工具栏上的 $\sum$ 按钮，在 I5 单元格出现该列的求和值。

第四步：计算总成本指数。在 C6 单元格中输入 "=I5/G5"，即求得总成本指数。

第五步：计算产量指数。在 C7 单元格中输入 "=H5/G5"，即求得产量指数。

第六步：计算单位成本指数。在 C8 单元格中输入 "=I5/H5"，即求得单位成本指数。

实训 7　用 Excel 进行动态数列分析

一、计算时期指标动态数列的序时平均数

【例 9 - 16】　表 9 - 4 为我国 2000～2005 年的社会固定资产投资额。

表 9 - 4　　　　　　　　　　　2000～2005 年全社会固定资产投资额

年份	全社会固定资产投资额（亿元）	年份	全社会固定资产投资额（亿元）
2000	32917.7	2003	55566.6
2001	37213.5	2004	70477.4
2002	43499.9	2005	88773.6

要求：利用简单算术平均法计算各年平均全社会固定资产投资额。操作步骤如下：

第一步：打开一个 Excel 空白工作表，将上表中的资料输入工作表中。

第二步：计算年平均全社会固定资产投资。方法为：选中 B8 单元格，点击工具栏的

"插入"，选择"函数"，打开"插入函数"对话框，从常用函数列表中选择 AVERAGE，打开"函数参数"对话框，在 Number1 中输入 B2：B7，计算结果如图 9-40 所示。

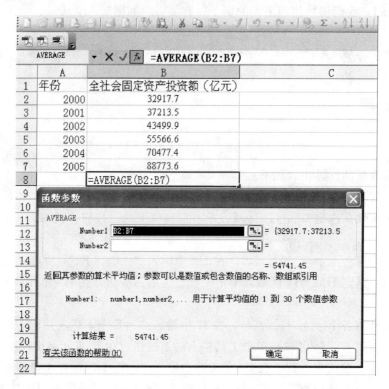

图 9-40　2000～2005 年全社会年平均固定资产投资额计算图

二、计算间隔相等时点指标动态数列的平均数及相对数动态数列的平均数

【例 9-17】　以表 9-5 的数据为例，求该生产企业第二季度平均每月的技工人数和技术人员占全员人数的平均比重。

表 9-5　　　　　　　　　　　　　某企业 2008 年工人统计资料

时间	3 月末	4 月末	5 月末	6 月末
技工人数（人）	360	410	480	560
其他人数（人）	310	330	360	410
合计	670	740	840	970

第一步：将资料输入工作表中。除资料栏外，再增加三列，一列是该企业第二季度平均技工人数，另两列是该企业第二季度平均全员人数及技工占全员人数的平均频率。

将该企业 3～6 月技工人数、全员人数及技工占全员人数频率填入表中，如图 9-41 所示。

第二步：计算第二季度平均技工人数及平均全员人数。操作方法：在 G2 单元格中输入公式"=ROUNDUP（（（SUM（D2：E2）+C2/2+F2/2）/3，0）"确定后（按 Enter 键）计算出第二季度平均技工人数；在 H3 单元格中输入公式"=ROUNDUP（（（SUM

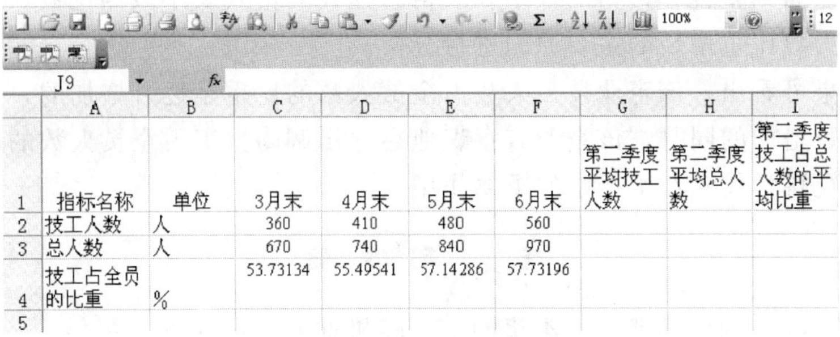

图 9-41 频率及相关数据资料图

（注：总人数一栏数据由技工人数加其他人数得到）

（D3：E3）＋C3/2＋F3/2）/3，0）"，确定后（按 Enter 键）计算出第二季度平均全员人数，如图 9-42 所示。该公式使用了两个函数嵌套的方式，函数"ROUNDUP（ ）"是将计算结果向上进位，第二个参数为 0，表示保留到整数。例如，ROUNDUP（3.2，0），表示将 3.2 向上舍入，小数位为 0，结果得到"4"；ROUNDUP（3.14159，3），表示将 3.14159 向上舍入，保留三位小数，结果得到"3.142"；ROUNDUP（31415.92654，－2），表示将 31415.92654 向上舍入到小数点左侧两位，结果得到"31500"。

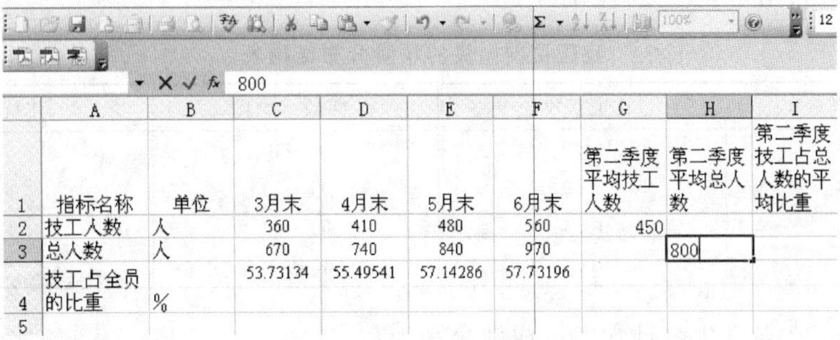

图 9-42 各种平均水平的计算过程图（一）

第三步：计算第二季度技工人数占全员人数的平均比重。操作方法：在 I4 单元格中输入公式"＝G2/H3"，确定后即完成该企业第二季度技工占全员人数的平均比重的计算，得到平均比重结果为 0.5625。

具体计算过程如图 9-43 所示。

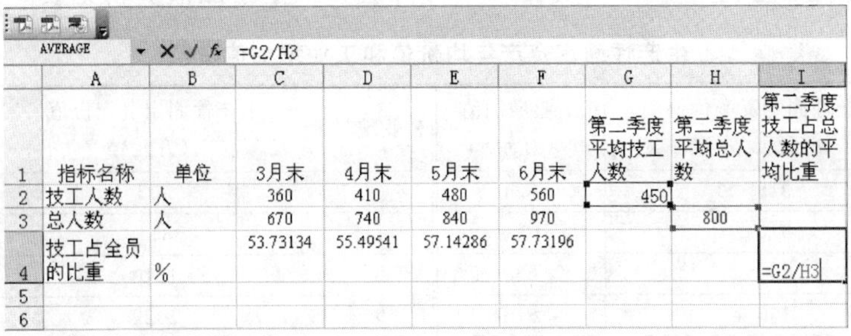

图 9-43 各种平均水平的计算过程图（二）

第四步：适当调整各单元格的数字和表格边框线的格式及小数点位数，并对该企业技工人数占全员人数比重增长的主要原因进行分析。

从计算结果可看出，该企业技工人数占全员人数的比重是逐月增加的，其主要原因是在各月全员人数增加的同时，该企业有意识地在逐步调高技工占全员人数的比重，说明该企业越来越重视科学技术在生产中的重要作用。

练 习 题

1. 运用 Excel 的抽样功能，从本班同学中随机抽取 8 位同学。

2. 现有某管理局下属 40 个企业产值计划完成百分比资料如下：

97　123　119　112　113　117　105　107　120　107　125　142
103 115　119　88　　115　158　146　126　108　110　137　136
108 127　118　87　　114　105　117　124　129　138　100　103
92　95　　127　104

据此编制频数分布表（分组情况为：90 以下，90～100，100～110，110～120，120～130，130～140，140～150，150～160）。

3. 据中国互联网络信息中心 2006 年 6 月底的统计，我国目前网民的年龄分布见表 9 - 6，根据资料利用 Excel 绘制饼图。

表 9 - 6　　　　　　　　　　我国目前网民的年龄分布结构表

年龄（岁）	比重（%）	年龄（岁）	比重（%）
18 以下	14.9	36～40	7.5
18～24	38.9	41～50	7
25～30	18.4	51～60	2.4
31～35	10.1	60 以上	0.8

4. 设某班 40 名学生统计学考试成绩分别为：

66　89　88　84　86　87　75　73　72　68
75　82　97　58　81　54　79　76　95　76
71　60　90　65　76　72　76　85　89　92
64　57　83　81　78　77　72　61　70　81

对该班学生的考试成绩进行描述统计分析。

5. 有 10 个同类企业生产性固定资产年均价值和工业增加值资料见表 9 - 7。

表 9 - 7　　　　　　　　生产性固定资产年均价值和工业增加值资料

企业编号	生产性固定资产价值（万元）	工业增加值（万元）	企业编号	生产性固定资产价值（万元）	工业增加值（万元）
1	318	524	6	502	928
2	910	1019	7	314	605
3	200	638	8	1210	1516
4	409	815	9	1022	1219
5	415	913	10	1225	1624

要求：根据资料计算相关系数，并编制直线回归方程。

6. 某饭店在 7 星期内抽查 49 位顾客的消费额（元）如下：

15　24　38　26　30　42　18　30　24　26　34　44　20　35　24　26　34　48　18

28　46　19　30　36　42　24　32　45　36　21　47　26　28　31　42　45　36　24

28　27　32　36　47　53　22　24　32　46　26

求在概率 90％的保证下，顾客平均消费额的区间。

附录　正态分布概率表

t	$F(t)$	t	$F(t)$	t	$F(t)$	t	$F(t)$
0.00	0.0000	0.37	0.2886	0.76	0.5527	1.13	0.7415
0.01	0.0080	0.38	0.2961	0.77	0.5587	1.14	0.7457
0.02	0.0160	0.39	0.3035	0.78	0.5646	1.15	0.7499
0.03	0.0239	0.40	0.3108	0.79	0.5705	1.16	0.7540
0.04	0.0319	0.41	0.3182	0.80	0.5763	1.17	0.7580
0.05	0.0399	0.42	0.3255	0.81	0.5821	1.18	0.7620
0.06	0.0478	0.43	0.3328	0.82	0.5878	1.19	0.7660
0.07	0.0558	0.44	0.3401	0.83	0.5935	1.20	0.7699
0.08	0.0638	0.45	0.3473	0.84	0.5991	1.21	0.7737
0.09	0.0717	0.46	0.3545	0.85	0.6047	1.22	0.7775
0.10	0.0797	0.47	0.3616	0.86	0.6102	1.23	0.7813
0.11	0.0376	0.48	0.3688	0.87	0.6157	1.24	0.7850
0.12	0.0955	0.49	0.3759	0.88	0.6211	1.25	0.7887
0.13	0.1034	0.50	0.3829	0.89	06265	1.26	0.7923
0.14	0.1113	0.51	0.3899	0.90	0.6319	1.27	0.7959
0.15	0.1192	0.52	0.3969	0.91	0.6372	1.28	0.7995
0.16	0.1271	0.53	0.4039	0.92	0.6424	1.29	0.8030
0.17	0.1350	0.54	0.4108	0.93	0.6476	1.30	0.8064
0.18	0.1428	0.55	0.4177	0.94	0.6528	1.31	0.8098
0.19	0.1507	0.56	0.4215	0.95	0.6579	1.32	0.8132
0.20	0.1585	0.57	0.4313	0.96	0.6629	1.33	0.8165
0.21	0.1663	0.58	0.4381	0.97	0.6680	1.34	0.8198
0.22	0.1741	0.59	0.4488	0.98	0.6729	1.35	0.8230
0.23	0.1819	0.60	0.4515	0.99	0.6778	1.36	0.8262
0.24	0.1897	0.61	0.4581	1.00	0.6827	1.37	0.8293
0.25	0.1974	0.62	0.4647	1.01	0.6875	1.38	0.8324
0.26	0.2051	0.63	0.4713	1.02	0.6923	1.39	0.8355
0.27	0.2128	0.64	0.4778	1.03	0.6970	1.40	0.8385
0.28	0.2205	0.65	0.4843	1.04	0.7017	1.41	0.8415
0.29	0.2282	0.66	0.4907	1.05	0.7063	1.42	0.8445
0.30	0.2358	0.67	0.4971	1.06	0.7109	1.43	0.8473
0.31	0.2334	0.68	0.5035	1.07	0.7154	1.44	0.8501
0.32	0.2510	0.69	0.5098	1.08	0.7199	1.45	0.8529
0.33	0.2586	0.70	0.5611	1.09	0.7243	1.46	0.8557
0.34	0.2661	0.71	0.5223	1.10	0.7287	1.47	0.8584
0.35	0.2737	0.72	0.5285	1.11	0.7330	1.48	0.8611
0.36	0.2812	0.73	0.5346	1.12	0.7373	1.49	0.8638
		0.74	0.5407			1.50	0.8664
		0.75	0.5467			1.51	0.8690

t	$F(t)$	t	$F(t)$	t	$F(t)$	t	$F(t)$
1.52	0.8715	1.79	0.9265	2.12	0.9660	2.66	0.9922
1.53	0.8740	1.80	0.9281	2.14	0.9676	2.68	0.9926
1.54	0.8764	1.81	0.9297	2.16	0.9692	2.70	0.9931
1.55	0.8789	1.82	0.9312	2.18	0.9707	2.72	0.9935
1.56	0.8812	1.83	0.9328	2.20	0.9722	2.74	0.9939
1.57	0.8836	1.84	0.9342	2.22	0.9736	2.76	0.9942
1.58	0.8859	1.85	0.9357	2.24	0.9749	2.78	0.9946
1.59	0.8882	1.86	0.9371	2.26	0.9762	2.80	0.9949
1.60	0.8904	1.87	0.9385	2.28	0.9774	2.82	0.9952
1.61	0.8926	1.88	0.9399	2.30	0.9786	2.84	0.9955
1.62	0.8948	1.89	0.9142	2.32	0.9197	2.86	0.9958
1.63	0.8969	1.90	0.9426	2.34	0.9807	2.88	0.9960
1.64	0.8990	1.91	0.9439	2.36	0.9817	2.90	0.9962
1.65	0.9011	1.92	0.9451	2.38	0.9827	2.92	0.9965
1.66	0.9031	1.93	0.9464	2.40	0.9836	2.94	0.9967
1.67	0.9051	1.94	0.9476	2.42	0.9845	2.96	0.9969
1.68	0.9070	1.95	0.9488	2.44	0.9853	2.98	0.9971
1.69	0.9090	1.96	0.9500	2.46	0.9861	3.00	0.9973
1.70	0.9109	1.97	0.9512	2.48	0.9869	3.20	0.9986
1.71	0.9127	1.98	0.9523	2.50	0.9876	3.40	0.9993
1.72	0.9146	1.99	0.9534	2.52	0.9883	3.60	0.99968
1.73	0.9164	2.00	0.9545	2.54	0.9889	3.80	0.99986
1.74	0.9181	2.02	0.9566	2.56	0.9895	4.00	0.99994
1.75	0.9199	2.04	0.9587	2.58	0.9901	4.50	0.999993
1.76	0.9216	2.06	0.9606	2.60	0.9907	5.00	0.999999
1.77	0.9233	2.08	0.9625	2.62	0.9912		
1.78	0.9249	2.10	0.9643	2.64	0.9917		

参 考 文 献

[1] 鲁尼恩，科尔曼，皮腾杰. 行为统计学基础 ［M］. 王星，译 . 北京：中国人民大学出版社，2007.

[2] 李金昌，苏为华. 统计学 ［M］. 北京：机械工业出版社，2009.

[3] 王瑞卿，刘珍刚，秦玉权. 统计学基础 ［M］. 北京：北京大学出版社，2009.

[4] 李国柱. 统计学 ［M］. 北京：科学出版社，2009.

[5] 黄良文，陈仁恩. 统计学原理 ［M］. 北京：中央广播电视大学出版社，2006.

[6] 贾俊平. 统计学 ［M］. 北京：清华大学出版社，2006.

[7] 黄良文，曾五一. 统计学原理 ［M］. 北京：中国统计出版社，2000.

[8] 李金昌. 新编统计学教程 ［M］. 杭州：浙江大学出版社，1999.

[9] 李金昌. 抽样调查与技术 ［M］. 北京：中国统计出版社，1996.

[10] 迟艳芹，高文华，李凤燕. 统计学原理与应用 ［M］. 北京：清华大学出版社，2005.

[11] 刘春英. 应用统计学 ［M］. 北京：中国金融出版社，2007.

[12] 李洁明，祁新娥. 统计学原理 ［M］. 上海：复旦大学出版社，1999.

[13] 李强，王吉利，方宽. 统计基础知识与统计实务 ［M］. 北京：中国统计出版社，2009.

[14] 刘雅漫. 新编统计基础 ［M］. 大连：大连理工大学出版社，2009.

[15] 杜欢政，宁自军. 统计学 ［M］. 北京：科学出版社，2008.

[16] 梁前德. 基础统计 ［M］. 北京：高等教育出版社，2004.

[17] 徐国祥. 统计学 ［M］. 上海：上海人民出版社，2007.

[18] 卢小广，刘元欣. 统计学教程 ［M］. 北京：清华大学出版社，2006.